sports & more

regensburg

D1666073

Bildnachweis: LAS-Verlag, www.adpic.de
Umschlag: Jutta Metzger-Brewka

© 1. Auflage 2005, Lauf- und Ausdauersportverlag, Müllerstr. 21, D-93059 Regensburg • Tel (09 41) 8 30 52-40 • Fax (09 41) 8 30 52-42 • www. las-verlag.com • info@las-verlag.com

Dankeschön!

Allen Inserenten, die diesen Preis möglich gemacht haben
(in alphabetischer Reihenfolge):
- Airsport Michael Fröhler, S. 181
- AOK Regensburg, S. 149
- Ausrüster, Wörth, S. 13
- BAUWERK STRUNZ, Regensburg, S. 17
- bicycle company, Regensburg, S. 97
- BIKEHAUS, Regensburg, S. 121
- KEHRER PLANUNG, Regensburg, S. 17
- KIESER TRAINING, Regensburg, S. 177
- Raiffeisenbank Regensburg–Wenzenbach, S. 175
- RFZ Rückenzentrum, Regensurg, S. 172/173
- SIEMENS VDO, U 2
- SPORTS EXPERTS, S. 5 (mit Rabatt-Gutschein)
- Stadler, Zweirad-Center, S. 9 (mit Gutschein)
- STADTBUCH-Verlag, Eilsbrunn, S. 73

Allen, die an der Erarbeitung dieses Buches mitgewirkt haben:
Insbesondere:
- Claudia Kraushaar und Stefan Feix von »Nordic Active Sports«:
  für die Erstellung der Nordic-Walking-Strecken
- Giso Merkl von »Adrenalin«: für die Beratung bei der Erstellung der
  Inline-Strecken
- Oliver Gref von der »bicycle company«: für die Erstellung der
  Mountainbike-Strecken.

Allen Interviewpartnern (siehe Inhaltsverzeichnis S. 4).

Herrn Bernhard Plutz, Sportamt Regensburg, und Herrn Alfred Merkel,
Stadtgartenamt, die jederzeit für Auskünfte zur Verfügung standen.

Inhalt

(weiter auf S. 6)

Interviews »Nachgefragt bei: ...«

Hinweis zu den Strecken:

Schwierigkeitsgrade

◯ leicht   ◯◯ mittel   ◯◯◯ schwer

Sport in Regensburg

Warum Sport? Es gibt verschiedene Meinungen über den Königsweg zu einem langen gesunden Leben. Welche Rolle dabei Ernährung, soziale Beziehungen und ein gutes Maß an Zufriedenheit spielen, darüber wird immer wieder diskutiert. Aber in einem sind sich alle Experten einig: Bewegung! Bewegung ist ein Muss. Und Bewegung heißt für die meisten von uns heutzutage: Sport treiben!

Regensburg liegt für viele Sportarten geradezu ideal. Die flachen Regionen um die Flüsse Naab, Regen, Laber und vor allem Donau wechseln sich ab mit den Hügeln der Jura-Ausläufer und den Bergen des Vorderen Bayerischen Waldes.

Outdoor-Sportler wie Läufer, Biker, Nordic Walker und Skater finden hier optimale Bedingungen und Strecken in Hülle und Fülle für alle Leistungsklassen vom Freizeitsportler bis hin zum Top-Athleten vor.

Die Regensburger Vereinslandschaft ist äußerst vielfältig, vom Bundesliga-Club bis zum kleinen Spezialisten-Verein. Für fast alle gängigen Haupt-Sportarten ist in und um Regensburg Platz: ein Fußballstadion, ein Baseballstadion, ein Universitätssportzentrum, zwei Eishallen und drei Sportanlagen mit Kunststoffbahnen, ein Erlebnisbad mit einer 50-Meter-Sportbahn, ein Freibad und ein Hallenbad, 47 Sporthallen, über 70 Sportplätzen und Sondersportanlagen für Kanu, Rudern, Reiten, Bowling etc.

Falls Sie bereits aktive Sportlerin oder Sportler sind, geben wir Ihnen mit diesem Buch viele Hinweise mit auf den Weg.

Falls Sie mit dem Sport (wieder) beginnen: Betrachten Sie dieses Buch als Wegweiser zu Ihrer Sportart, oder dem Verein bzw. dem Fitnessclub Ihrer Wahl.

Wir wünschen Ihnen auf jeden Fall viel Spaß!

Noch eine Bitte:

Wir haben uns örtlich fast ausschließlich auf Vereinsangebote innerhalb der Stadtgrenzen Regensburgs beschränkt. Falls Sie Ihren Verein, Ihre Sportart oder Ihre Lieblingsstrecke vermissen, lassen Sie es uns wissen. Wir prüfen Ihr Angebot gerne für die nächste Auflage. Überhaupt freuen wir uns über alle Ihre Verbesserungsvorschläge, Wünsche und Anregungen!

Ihr

Dr. Siegfried Brewka

Lauf- und Ausdauersportverlag, Müllerstr. 21, D-93059 Regensburg • Tel (09 41) 8 30 52-40 • Fax (09 41) 8 30 52-42 • www. las-verlag.com • info@las-verlag.com

Sport in Regensburg im Überblick (Karte S. 10/11)

Sportanlagen

A Sportboothafen Sinzing

B Tennishalle Eckert, Puricellistraße

C Trimmplatz, Oberer Wöhrd

D Parksquash Gewerbepark

E Trimmpfad Keilberg, Hohe Linie

F Squasheria Liebigstr. 8a

Vereine mit Sportanlagen

1 1. Athleten-Club Regensburg 1965 e.V.;Geschäftsstelle: Frobenius-Forster-Str. 1a

2 Ball-Spiel-Club Regensburg; Sportheim BSC, Haidhofweg 3

3 Billard-Club 1926 Regensburg e.V.; Billardcafé: Schottenstr. 4

4 1. Bowling-Verein 1968 e.V. Regensburg; Golden Bowl/Bowling-Center, Dr. Gessler-Str. 2/ Super Bowl, Im Gewerbepark 24

5 Galaxy Gym e.V.; Günzstr. 4

6 Budokan Regensburg; Fitnessstudio Bodystyle Tegernheim

7 DJK Nord Regensburg e.V.; Sportgelände Amberger Straße (Am Regen)

8 DJK Sportbund Regensburg e.V.; Sportgelände Weinmannstr. 3

9 DJK SV Keilberg Regensburg e.V.; Sportgelände Alfons-Sigl-Str.

10 Deutscher Alpenverein - Sektion Regensburg; Geschäftsstelle Luitpoldstraße

11 Eissportclub Regensburg; Donau-Arena, Walhalla Allee

12 Eissportverein Regensburg e.V.; Donau-Arena Walhalla Allee

13 ESV 1927 Regensburg e.V.; Geschäftsstelle, Dechbettener Brücke 2

14 Fechtclub; Städt. Sporthalle Nord, Isarstr. 24

15 Freier Turn- und Sportverein Regensburg e.V., Geschäftsstelle, An der Schillerwiese 2

16 FSV Regensburg-Prüfening Geschäftsstelle/Gauschützenheim, Am Pflanzgarten

17 Gleitschirmclub Ratisbona e.V.; Geschäftsstelle, Graudenzer Str. 2a

18 Golfclub Regensburg Sinzing am Minoritenhof e.V.; Golfplatz Sinzing

19 Golf-und Landclub Regensburg; Golfanlage Thiergarten

20 Inline- und Speedskating-Club; Geschäftsstelle, Donaulände 7

21 Karate-Zentrum, Dahlienweg 4

22 Leichtathletik-Gemeinschaft Domspitzmilch Regensburg; Geschäftstelle, Arberstraße 25

23 Luftsportverein Regensburg e.V.; Geschäftsstelle, Obertraubling

24 Regensburger Kanu-Club; An der Schillerwiese 4

25 Regensburger Legionäre; Armin-Wolf-Arena, Donaustaufer Straße 260

26 Regensburger Ruder-Klub von 1890 e.V.; Ruderzentrum, Messerschmidtstraße2

27 Regensburger Turnerschaft e.V.; Geschäftsstelle, Schopperplatz 6

28 RCR - Reitclub Regensburg e.V.; Reitanlage Haslbach

29 Reitsportverein Regensburg e.V.; Reitanlage Bruckdorf

30 Segelsportgemeinschaft Regensburg; Vereinsheim am Guggenberger Weiher

31 SG Post/Süd; Geschäftsstelle, Kaulbachweg 31

32 SG Walhalla; Geschäftsstelle, Am Holzhof 1

33 Sport-Kegler-Verein Regensburg; Dechbettener Straße 50

34 SpVgg Ziegetsdorf; Sportgelände, Ziegetsdorfer Str. 50

35 SSV Jahn von 1889 e.V. Regensburg; Geschäftsstelle, Prüfeninger Straße 57a

36 SSV Jahn 2000 Regensburg e.V.; Geschäftsstelle, Prüfeninger Straße 57a, Sportplätze am Weinweg

37 SV Burgweinting; Geschäftsstelle, Kirchfeldallee 4

38 SV Fortuna Regensburg; Sportgelände, Isarstr. 24

39 SV Harting; Sportgelände, Kreuzhofstraße

40 SV Sallern Regensburg; Sportgelände, Sattelbogener Straße

41 SV Weichs Regensburg e.V.; Sportplatz

42 Taekwondo Schule Song Kumpfmühl; Kumpfmühler Str. 49

43 Tanzclub Blau-Gold Regensburg e.V.; Geschäftsstelle/Clubheim, Puricellistraße 11

44 TC Rot-Blau Regensburg; Tenniscenter, Dürerstraße 3

45 TSV Kareth- Lappersdorf; Sportzentrum, Am Sportzentrum 1/Lappersdorf

46 TSV Oberisling; Tennisanlage Oberisling

47 Veloclub Ratisbona; Geschäftsstelle/Vereinsheim, Ziegetsdorfer Str. 46 a

48 VfB Regensburg e.V.; Geschäftsstelle, Aussiger Straße 22

49 VfR Regensburg e.V.; Trainingsgelände, Deggendorfer Str. 21, Trainingsplatz Ostheim

50 Waldverein Regensburg; Geschäftsstelle, Fidelgasse 11

51 Wasserwacht - Ortsgruppe Regensburg; Messerschmidtstraße 2

52 Sportclub Regensburg; Geschäftsstelle, Alfons-Auer-Straße

(weiter S. 10)

(Fortsetzung von S. 8)

Weitere Sportanlagen

B Bolzplatz
Ba Basketball
Bv Beachvolleyball
DA Donau-Arena
DP Dirtpark
F Freibad
H Hallenbad
J Jahnstadion
K Kegeln
Kw Kletterwand DAV, Städt. Sporthalle Königswiesen
R Rodeln
S Badeplatz/Schwimmen/ See
Sk Skateranlage
Sq Squash
Ss Sommerstockbahnen
T Spielplatz mit Tischtennis
Te Tennis

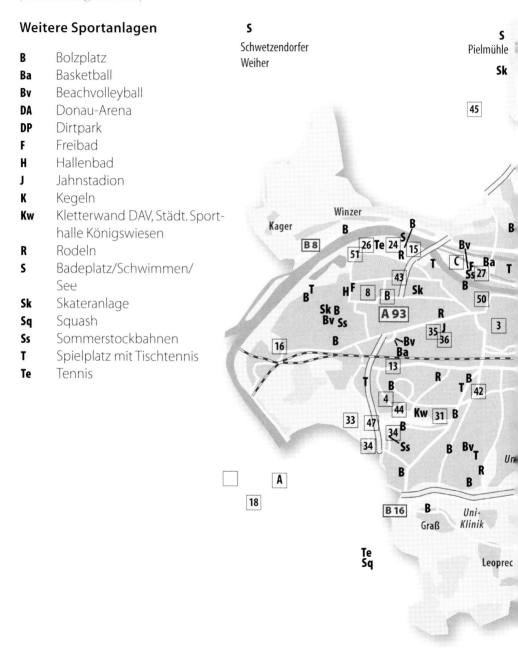

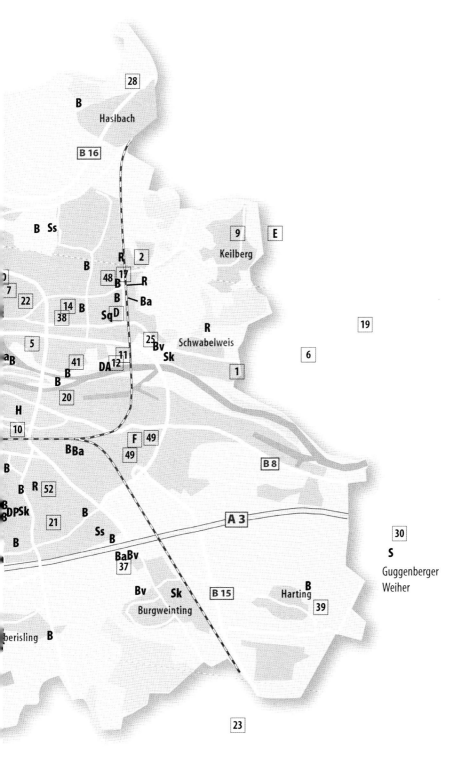

28

B
Haslbach

B 16

B Ss

9   E

B   Keilberg

R   2

48 17
    B   R
    B   Ba
14 B
Sq D

R
25   Schwabelweis
Bv
Sk

5

11
41
DA 12

19

6

1

20

H

10

F   49

49

B 8

B Ba

B

B   R   52

B
DPSk
21   B

B

Ss B

Ba Bv

37

Bv   Sk   B 15

Burgweinting

B
Harting

39

A 3

30

S

Guggenberger
Weiher

berisling B

23

Infos über das Sportangebot in Regensburg

Sportamt Regensburg

 Sportamt Regensburg

Von-der-Tann-Straße 1, 93047 Regensburg, Leitung: Bernhard Plutz, ✆ 0941/507-1532, Fax: 0941/507-4539, Sportamt@regensburg.de

Postfach 11 06 43, 93019 Regensburg

Das Sportamt ist zuständig für:

- Verwaltung (Sportstättenbelegung, Sportkurse, Sportförderung, Spendenbescheinigungen)
- Sportstättenplanung und Sportentwicklung
- Betrieb städtischer Sportanlagen
- Veranstaltungen

Broschüren und Infomaterial

Beim Sportamt erhältlich sind die in regelmäßigen Abständen aktualisierten Drucksachen zu:

Sport in Regensburg, Sportkalender (Sportveranstaltungen, jährlich), Sport für Senioren, Sport für Kinder und Jugendliche sowie Informationen zu aktuellen Anlässen.

Broschüren:»Freizeitsport bei uns« (nur für den Stadtsüden erschienen) und »Mit dem Rad rund um Regensburg« (5 EUR).

Internet: www.sport-regensburg.de

Sportvereine von A - Z, Sportarten von A - Z, Sportverbände, Freizeitsport (Bademöglichkeiten, Freizeitsportanlagen, Freizeitsportflächen), Sportanlagen, Sporthallen, Sportveranstaltungen, Sportprogramme für Kinder und Jugendliche

www.reg-dich.de

Internet-Präsenz und Broschüre der Stadtmarketing Regensburg GmbH, Bruderwöhrdstr. 15 b, 93055 Regensburg

Tipps, Infos, Kurse, Vereine, Literatur, Veranstaltungen rund um den Sport in Regensburg

13

Der Mensch ist fürs Laufen gemacht

Steckbrief: Sehr effiziente, natürliche Ausdauersportart. Die optimale Lösung, vor allem für die einigermaßen Trainierten mit Normalgewicht, in punkto Kalorienverbrauch und Ausdauertraining.

Laufen – die ursprünglichste Bewegungsart des Menschen. Jahrmillionen hat die Evolution gebraucht, um den komplizierten Skelett- und Muskelapparat des Menschen aufzubauen. Der Mensch ist als ›Ausdauertier‹ konzipiert: Über längere Distanzen ist er sogar dem Pferd überlegen.

Biomechaniker fanden heraus, dass der frühe Mensch seine Beute durch Hetzjagen ermüden und erlegen konnte.

Gerade weil der Bewegungsapparat des Menschen so kompliziert ist, und weil der moderne couch potatoe dieses Wunderwerk der Natur so sträflich vernachlässigt, ist natürlich Verletzungsgefahr gegeben. Daher sollten Sie besondere Sorge auf den Einstieg legen. An dieser Stelle nur so viel: auf keinen Fall einfach loslaufen, und sich überanstrengen. Laufen sollte Spaß machen. Der Einstieg ist für viele das Schwierigste: Die meisten der hoffnungsfrohen Anfängerinnen und Anfänger geben wieder auf. Trotzdem joggen in Deutschland regelmäßig an die 10 Millionen Menschen.

Am Anfang steht eventuell der Arztcheck. insbesondere, wenn Sie über 30 sind, oder länger keinen Sport getrieben haben.

Machen Sie sich auch mit ein paar Grundbegriffen der Trainingsmethodik vertaut. Entweder aus einem guten Buch, oder bei einem Lauftreff.

Nun ist der Mensch allerdings für das Barfußlaufen optimiert (was sogar manche Verletzung wieder heilen kann). Wir dagegen benutzen Laufschuhe. Damit haben wir ein Medium zwischen unsere natürlichen Gegebenheiten und den Boden geschaltet. Sie sehen, wie wichtig es ist, gutes Geld in gute Laufschuhe zu investieren. Ebenso wichtig: Jeder Fuß ist eine Maßanfertigung. Gute Laufschuhshops analysieren Ihren Fuß und suchen den optimalen Schuh für Sie aus!

Und jetzt? Nicht einfach losrennen, sich langsam aufbauen: Als gesunder Anfänger brauchen Sie beispielsweise zwei Jahre guten Trainings, bis Sie an einem Marathon teilnehmen können. Ihr Herz-Kreislauf-System haben Sie innerhalb von Wochen trainiert. Anders die nicht durchbluteten Körperstrukturen. Ihr Sehnen- und Bandapparat braucht Zeit, sich an die Belastung zu gewöhnen. Andernfalls drohen chronische Schäden.

Tipp

Alles über den Einstieg, die Trainingsmethodik, und 15 Strecken in Regensburg: Thomas Prochnow/Rainer Welz: Laufen in Regensburg, LAS-Verlag, ISBN 3-89787-010-X

Nachgefragt bei: Dr. Rainer Welz, Mitglied im Beirat des LLC Marathon

LAS: Seit wann laufen Sie, Herr Welz?

Dr. Welz: Seit über 20 Jahren, nachdem ich mit dem Eishockey aufhörte.

LAS: Wie sind Sie zum Laufen gekommen?

Dr. Welz: Über meinen Schwiegervater, der mit 65 auf einer Kur war das Laufen verordnet bekam. Seitdem lief er, und somit war ein Vorbild fürs Laufen in der Familie. Am Anfang liefen wir gemeinsam. Später habe ich mich dann verselbständigt, lief längere Strecken und auch schneller.

LAS: Was fasziniert Sie am Laufen?

Dr. Welz: Die Freude an der Bewegung und die Losgelöstheit beim Lauf, das Zurücklassen jeder Sorge aus dem Alltag, mache lösen sich übrigens beim Laufen wie von alleine. Und das ist eine weitere Faszination des Laufens, es setzt mentale und kreative Kräfte frei. Sie finden Ideen, die Sie auch beruflich weiterbringen. Dem Laufen habe ich sowohl beruflich als auch gesundheitlich viel zu verdanken.

LAS: Wie oft trainieren Sie pro Woche?

Dr. Welz: Im Augenblick bereite ich mich auf einen Marathon vor, da laufe ich 70 – 80 km in der Woche. Falls kein Wettkampf ansteht, drei Mal pro Woche: montags, donnerstags und samstags gemeinsam mit den Laufgruppen des LLC Marathon.

LAS: Ihre Lieblingsstrecke in oder um Regensburg ist …?

Dr. Welz: … eine kurze und eine lange: Die kurze führt an der Donau entlang dem Sonnenuntergang entgegen in Richtung Mariaorter Brücke und von dort wieder zum zurück zum Westbad.. Die lange, etwas hügelig, beginnt ebenfalls am Westbad zur Sinzinger Brücke von dort über den Trimm-dich-Pfad Riegling, von dort zur Mariaorter Höhe, auf der Höhe weiter bis Etterzhausen, dort den Goldberg hoch, zurück über Adlersberg und die Tremmelshauser Höhe. Da sind Sie dann gute 2 1/2 bis 3 Stunden unterwegs.

LAS: Was waren in Ihrem Dasein als Läufer die schönsten Momente?

Dr. Welz: Der schönste Lauf war am 2.2.1985, an dem Tag wurde meine Tochter geboren, es war ein wunderschöner, sonniger Wintertag, der Lauf ging wie von selbst und die Gedanken waren in ergriffener Beschäftigung über die Schönheit und die Kürze des Lebens das war unvergesslich. Abgesehen davon gehört auch die Atmosphäre bei einem Marathon oder Halbmarathon, insbesondere beim Einlauf in das Ziel zu den besonders schönen Erlebnissen

LAS: An was erinnern Sie sich weniger gern?

Dr. Welz: Es gibt für mich keine negativen Erinnerungen – negativ empfand ich es nur, als ich wegen einer Achillessehnenentzündung nicht laufen durfte. Auch Laufen im Schnee, bei Nebel oder Regen ist keinesfalls negativ – im Gegenteil Sie empfinden dadurch vielleicht intensiver den Lauf der Jahreszeiten – vorausgesetzt sie sind adäquat angezogen. (Weiter S. 18)

Laufen – alle Strecken auf einen Blick

	Seite		Schwierig-keit	Länge (km)
1	19	Über und unter den Brücken von Regensburg	◐	10
2	22	Rennstrecke am Donaustrand	◐(◐)	8–33
3	25	Zur Tremmelhauser Höhe	◐◐	8,2
4	27	Bergziege – 400 Höhenmeter an den Winzerer Höhen	◐◐◐	11
5	28	Runden drehen am Oberen Wöhrd	◐	1,125/3,3
6	30	Um den Guggenberger Weiher	◐(◐)	3,4/13
7	31	Im Höflinger Forst – das große Kleeblatt	◐	3,2/3,3/3,7/10,5
8	34	Zwischen Hohengebraching und Großberg	◐	2,3
9	35	Weekend-Run: Von Kelheim zum Schloss Prunn	◐◐◐	23,5
10	39	Sightseeing der besonderen Art: Der Grüne Ring um die Altstadt	◐	6,5

Für Läufer sind geeignet auch alle Nordic-Walking-Strecken (S. 47–71), oder für Asphalttraining die Inlinestrecken (S. 78–92).

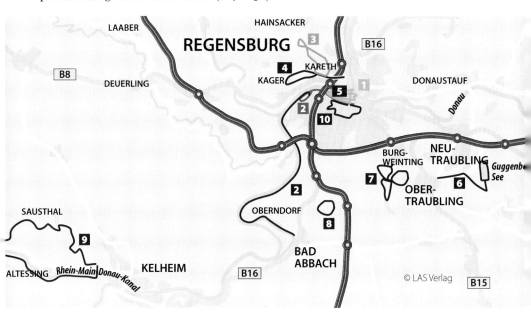

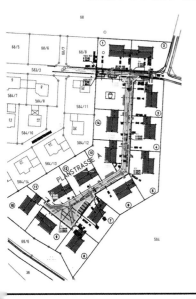

(Fortsetzung von S. 15)

LAS: Ab welchem Alter empfehlen Sie für Kinder und Jugendliche den Einstieg ins Laufen?

Dr. Welz: Sobald sie mit dem Laufen beginnen wollen. Laufen ist die natürliche Fortbewegungsart des Menschen. Bei meinem ersten Regensburg-Marathon begleiteten mich meine Frau und mein kleiner Sohn, damals 2 Jahre alt. Als er sah, wie die Läufer sich vor dem Start warm liefen, da fing er spontan an selbst auch zu laufen. Ich sehe keinen Hinderungsgrund, warum 5- oder 6-Jährige nicht auch laufen sollten, natürlich mit angemessenem Tempo und unter Berücksichtigung Ihrer körperlichen Möglichkeiten. Für Kinder gilt wie für Erwachsene: nicht außer Atem kommen.

LAS: Was sollten ältere (Wieder-) Einsteiger mit 40 oder 50 Jahren beachten?

Dr. Welz: Die größte Hürde in diesem Alter ist eine mentale, nämlich, den Einstieg nicht zu schaffen. Diese Hürde lässt sich über einen langsamen Einstieg meistern. Keine Überanstrengung, Gehpausen, langsam aufbauen.

LAS: Einstieg allein oder in der Gruppe?

Dr. Welz: Leichter ist es sicher in der Gruppe. Die Gruppe hat etwas Verbindliches: die wöchentlichen Lauftermine, auch bei schlechtem Wetter, die Regelmäßigkeit und die Disziplin, seinen Trainingsplan einzuhalten. Bei Durchhängern ist der Erfahrungsaustausch in der Gruppe, Tipps und Tricks, wichtig.

LAS: Welche Mindestaustattung benötigt man am Anfang, und was kostet sie?

Dr. Welz: Zunächst einmal gute Laufschuhe, eine lange Laufhose und eine Windjacke für den Winter, eine kurze Hose und ein Hemd für den Sommer. Kostenpunkt etwa 200 – 250 Euro für die Erstausstattung.

Später, wenn man mehr laufen will, sollte man überlegen, einen zweiten Laufschuh zum Durchwechseln dazu zu nehmen. Man sollte bei den Schuhen wie bei den Laufstrecken abwechseln.

LAS: Laufen schult die Bein- und Fußmuskulatur. Treiben Sie Ausgleichssport?

Dr. Welz: Ich sollte, komme aber aus Zeitgründen nicht so dazu. Sinnvoll ist es sicher, die Oberkörpermuskulatur zu trainieren.

LAS: Welche sportlichen Träume wollen Sie sich in den nächsten Jahren erfüllen?

Dr. Welz: Ich möchte eine runde Zahl an absolvierten Marathonläufen voll machen, die Fünfzig. In nächster Zukunft will ich auch einen Ultramarathon über 57 km anpacken. Wenn Sie schon über die Jahre hinweg gelaufen sind, und das quälende Element, vom dem viele so ab km 33 oder 35 berichten, tritt nicht mehr so in den Vordergrund, dann sind Sie auch für weitere Herausforderungen bereit.

LAS: Was halten Sie noch für wichtig im Zusammenhang mit dem Laufen?

Dr. Welz: Für viel Abwechslung beim Laufen sorgen – das betrifft das Tempo, die Strecke von Asphalt bis Wald und Wiesenwege. Auch gelegentlich den Laufschuh wechseln, manchmal ein warmes Bad mit einem muskelentspannenden Badezusatz: So laufe ich jedenfalls möglichst lange ohne Verletzung.

1 Über und unter den Brücken von Regensburg

Streckenprofil

Länge:	10 km; flach
Geeignet für:	Anfänger und Fortgeschrittene; Fun-Run
Boden:	abwechselnd Asphalt und Kies, zum Teil grobes Pflaster
Anfahrt:	PKW: Donauparkplatz/RVV »Thundorferstr.« (1, 2, 11, 12, 13) oder »Fischmarkt« (1, 2, 4, 11, 13)
Startpunkt:	Wurstkuchl bei der Steinernen Brücke; Einstieg überall an der Strecke möglich
Besonderheiten:	Tolle Erlebnis-Lauftour; Es geht über und unter 9 Brücken hindurch

Die Strecke

Wer in der Nähe der Wurstkuchl an der Steinernen Brücke wohnt, startet am zweckmäßigsten hier. Bei diesem Lauf zeigt sich Regensburg von einer seiner schönsten Seiten und präsentiert sich mit vielen Sehenswürdigkeiten. Wegen des etwas holprigen Weges im ersten Teilstück und wegen der Brückenüberquerungen kann man hier nicht zu schnell laufen – warum dann nicht auch einen Genusslauf planen, bei dem man auch einmal zum Fotographieren stehen bleiben darf.

Wir laufen ab der Wurstkuchl direkt an der Donau stromaufwärts auf der Kaimauer entlang. Nach etwa 600 Meter geht sie in einen Spazierweg über; nach einem weiteren Kilometer sind wir an der Staustufe angekommen, laufen auf die Brücke hoch, überqueren die Donau und biegen an dem Turbinenhaus scharf nach rechts unten in den Inselpark ab. Vor uns verändert sich das Panorama. In der Ferne erheben sich die beiden Türme des Regensburger Domes St. Peter. Nach wenigen Metern rechts halten und bei den weiteren Wegabzweigungen stets den rechten, zur Donau gelegenen Weg nehmen. Nach den Sportanlagen geht der Parkweg über in asphaltierten Belag und in die Badstraße, wo an warmen Abenden ein Hauch von »Île de ville« zu spüren ist. Wir laufen die Badstraße weiter – und wieder ein schönes Fotomotiv: der Eiserne Steg mit dem nun schon viel größer erscheinendem Dom im Hintergrund.

Etwa 200 Meter nach dem Eisernen Steg biegen am Ende der Badstraße, bevor sie nach links in einer 90-Grad-Kurve in die Müllerstraße übergeht, nach rechts über ein Brücklein zur Donau ab. Wir laufen jetzt zwischen den Donauarmen über das so genannte »Beschlächt« weiter (Achtung: holpriges Pflaster! Postkartenansicht!) und unter der Steinernen Brücke hindurch. Weiter geht's durch die Wöhrdstraße bis zum Eckhaus an der Ampel; dort biegen wir dann links in die Proskestraße ein und laufen über den Grieser Steg – ein kleines Brücklein. Nach dem Steg sofort auf den Spazierweg nach rechts bis zur Ende des Grieser Spitz', wo der Weg uns in einer scharfen Kehre von beinahe 360 Grad ein neues Panorama freigibt: die Mündung des Regen und die Dreifaltigkeitskirche.

Wieder verläuft der Weg entlang der Donau bzw. des Europakanals. Wir unterqueren zwei Brücken: die Protzenweiherbrücke und die Oberpfalzbrücke. Im Mai und August herrscht unterhalb der Oberpfalzbrücke reger Dultbetrieb und wir können unseren Rhythmus ein wenig dem Geleier der Karussellmusik anpassen. Ab hier ist es dann noch ein guter Kilometer bis zur Staustufe.

Wir laufen rechts auf die Brücke, die den Europakanal überspannt, hoch in Richtung Nordufer des Europakanals. Dort laufen wir zurück bis zur Schleuse, überqueren den Kanal mittels der kleinen Fußgängerbrücke direkt am Schleusenturm (falls wegen Schleusung geschlossen die Protzenweiherbrücke nehmen). Dann halten wir uns rechts und biegen nach 100 Metern links in die Stadtamhofer Hauptstraße mit ihren schönen breiten Gehwegen ein. Wir erblicken bereits die Nordrampe der Steinernen Brücke. Den schönsten Blick auf die Domstadt genießend traben wir über die Brücke und sind an unsrem Ausgangspunkt angelangt.

Strecke 1

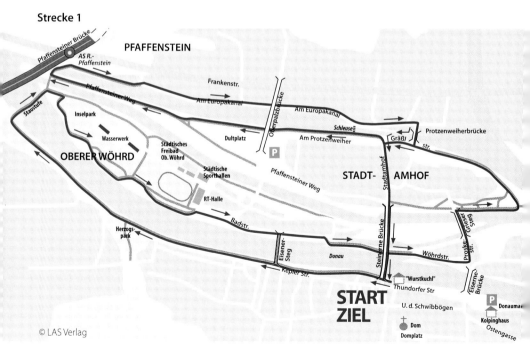

© LAS Verlag

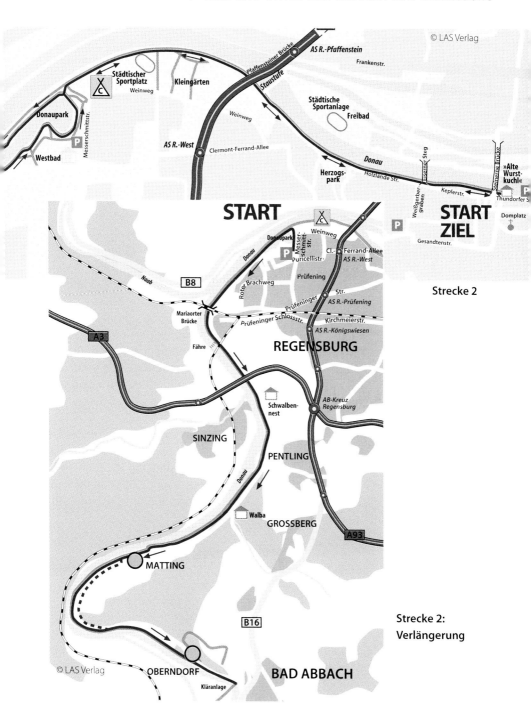

© LAS Verlag

AS R.-Pfaffenstein
Frankenstr.

Pfaffensteiner Brücke

Staustufe

Städtischer
Sportplatz
Kleingärten
Weinweg

Städtische
Sportanlage
Freibad

Donaupark

Weinweg

AS R.-West
Clermont-Ferrand-Allee

Westbad

Messerschmittstr.

Donau

Herzogs-
park
Holzlande Str.

Weißgerber-
graben

Fischerei Steg

Keplerstr.

Steinerne Brücke

»Alte
Wurst-
kuchl«

Thundorfer S

START

Weinweg

Donaupark

Messer-
schmitt-
str.

Donau

Cl.-Ferrand-Allee
Puricellistr.
AS R.-West

Gesandtenstr.

**START
ZIEL**

Domplatz

Naab

B8

Roter Brachweg

Prüfening

Prüfeninger Str.
AS R.-Prüfening

Strecke 2

Mariaorter
Brücke

Prüfeninger Schlossstr.

Kirchmeierstr.
AS R.-Königswiesen

A3

Fähre

REGENSBURG

Schwalben-
nest

AB-Kreuz
Regensburg

SINZING

Donau

PENTLING

Walba

GROSSBERG

A93

MATTING

B16

**Strecke 2:
Verlängerung**

© LAS Verlag

OBERNDORF
Kläranlage

BAD ABBACH

21

2 Rennstrecke am Donaustrand

Streckenprofil (Karte S. 21)

Länge:	10 km; flach
Geeignet für:	alle
Boden:	anfänglich Kopfstein später fester, gut laufbarer Kiesweg, eben
Anfahrt:	PKW: Donauparkplatz/RVV »Thundorferstr.« (Linien 1, 2, 11, 12, 13) oder »Fischmarkt« (Linien 1, 2, 4, 11, 13)
Startpunkt:	Wurstkuchl bei der Steinernen Brücke; Einstieg überall an der Strecke möglich
Besonderheiten:	Sehen und gesehen werden, hier tummeln sich alle; leichte Orientierung, da es immer an der Donau entlang geht.
Verlängerung:	Bis Bad Abbach; Streckenlänge dann variabel bis Marathondistanz

Die Strecke

Wir beginnen an der »Alten Wurstkuchl« unterhalb der Steinernen Brücke, die wir auf der Kaimauer stromaufwärts laufend unterqueren. Vorbei am Eisernen Steg, hinter dem der zuvor etwas holprige Weg in festen Lehmboden übergeht. Vorbei am Yachthafen am anderen Donauufer. Bald gelangen wir zur Staustufe, bleiben immer auf dem unteren, dem flussnächsten Weg, der unter der Autobahnbrücke durchführt und dahinter in einen breiten Spazierweg übergeht. Die Stadt haben wir nun hinter uns gelassen, links liegen ein paar Sportplätze und eine Kleingartenanlage und wir gelangen nach ca. einem weiteren Kilometer zum Regensburger Ruderclub.

Wenige Meter nachdem wir den Ruderclub passiert haben, sehen wir auf der linken Seite den Donaupark mit dem naturgeschützten Grundwassersee und seinen zahlreichen Vogelarten. Wir halten uns leicht links und laufen das kleine Bergerl hinab. Unten treffen wir auf den Rundweg um den See, schließen uns den dort immer anzutreffenden Läufern an, drehen eine Runde um den Weiher und laufen auf dem Weg, den wir gekommen sind, wieder zurück.

Die Verlängerung: Vom Westbad zur Walba und noch weiter

Wem das zu wenig ist, der läuft am Westende des Sees rechts zum Uferweg. Ab jetzt geht es einfach donauaufwärts, stets am Donauufer.

Für Läufer ist der Weg ideal; es geht eben dahin und man kann laufen soweit man will. Wir gelangen unter der Mariaorter Brücke durch, laufen weiter nach Großprüfening, passieren Fähranleger und Eisenbahnbrücke.

Weiter geht der Weg stadtauswärts unter der Sinzinger Autobahnbrücke hindurch, wobei man ab Großprüfening wahlweise auf dem Fußweg direkt an der Donau entlang weiterlaufen kann, oder man wählt die parallel verlaufende Straße, die von Großprüfening nach Matting und Oberndorf führt. Spaziergänger gibt es hier kaum noch – auf der Straße nach Matting ist man unter seinesgleichen: Radfahrer, Läufer und Inlineskater.

Etwa 800 Meter nach der Sinzinger Autobahnbrücke steht oben an der Straße der kleine Biergarten »Schwalbennest«. Hier es besonders lauschig, wenn die warme Abendsonne sich in der Donau spiegelt und die vom Weißbier geröteten Wangen in wohlige Wärme hüllt. Nach dem Schwalbennest wird es ruhiger; die meisten Fußgänger, die vom Westbad kamen, kehren spätestens hier wieder um, denn weiter zur Walba sind es ab hier immer noch etwa 3 Kilometer.

Auch für Läufer erscheint die Strecke lang, denn der Weg schlängelt sich ein wenig, mal dreht er nach rechts und man verliert die parallel verlaufende Straße aus den Blickfeld, dann wendet er sich wieder der Straße zu, und es gibt keine markanten Anhaltspunkte für die zurückgelegte Entfernung; auch unser Ziel, die »Walba«, sehen wir erst ganz zum Schluss, wenn der von Bäumen umsäumte Pfad breiter wird.

Jetzt kann man sich mit der Familie treffen und sich zurückfahren lassen. Wer den gleichen Weg wieder zurück läuft, hat bis zum Grundwassersee gute 15 Kilometer zurückgelegt. Für diejenigen, die einen long jog geplant haben, geht es weiter bis Matting, Oberndorf (dort auf dem Donaudamm am Ort vorbei) oder Bad Abbach.

Oder Sie drehen das Ganze um, fahren mit dem Bus nach Bad Abbach und laufen die Strecke bis Regensburg zurück.

Streckenprofil Verlängerung (Karte S. 21)

Länge:	Grundwassersee (Ostseite) – Fähre Großprüfening: einfach 4 km
	Grundwassersee (Ostseite) – Walba: einfach 8 km
	Grundwassersee (Ostseite) – Fußgängerbrücke Bad Abbach: einfach 16,5 km
Geeignet für:	Fortgeschrittene; Marathontraining
Boden:	Spazierwege, Kiesel, auf der zweiten Streckenhälfte wahlweise auch Asphalt
Anfahrt:	Startpunkt auch von Parkplatz am Westbad möglich/ RVV »Westbad« (Linie 6)
Besonderheiten:	Landschaftlich sehr idyllisch; Rückfahrt von Bad Abbach mit Buslinie 16/19 bis Pentling, von dort mit RVV Linie 8 bis Innenstadt

Strecke 3

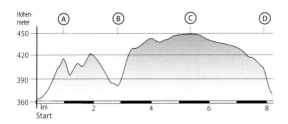

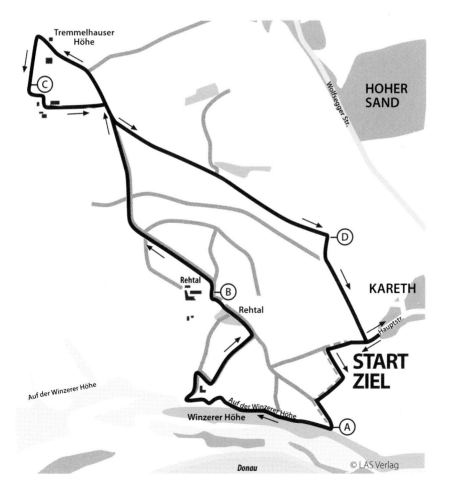

Strecke 4

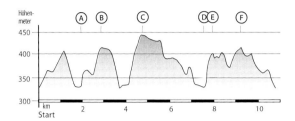

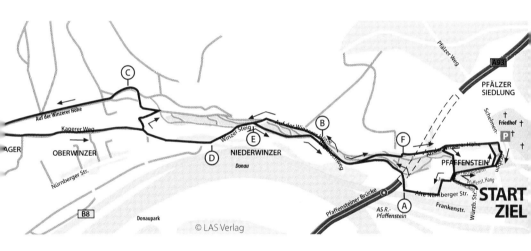

© LAS Verlag

3 Zur Tremmelhauser Höhe

Streckenprofil (Karte und Höhenprofil S. 24)

Länge:	8,2 km
Geeignet für:	Fortgeschrittene;
Höhenmeter:	160 hm; Min. Höhe: 363, max. Höhe 450 m
Boden:	Feld- und Kieswege, Asphalt
Anfahrt:	RVV Linie 14 »Hauptstr. Kareth«
Startpunkt:	Kareth, am Ende der Hauptstraße Ortsausgang, Richtung Rehtal
Besonderheiten:	Landschaftlich schöne Strecke mit Ausblicken auf Donautal und vorderen Bayerischen Wald; Stolperfallen bei Feldwegen.

Die Strecke

Direkt zur Tremmelhauser Höhe, das wäre etwas zu kurz – nämlich nur 3 Kilometer. Daher nehmen wir noch die Winzerer Höhen und das Rehtal mit. Wir laufen zuerst einmal die geteerte Straße Richtung Rehtal, nach wenigen Metern dann links in den Feldweg, der langsam ansteigt.

Nach etwa 100 Metern biegen wir dann links in einen kleineren Weg ab, der im Zickzack auf die Winzerer Höhe hinaufführt.

Oben angekommen stößen wir auf dem Winzerer Höhenweg – einem breiteren und festen Spazierweg. Wir laufen rechts, passieren einen mit Brettern verschlagenen Garten mit Hundegebell und genießen ein wunderschönes Panorama mit Blick auf die Donau, den Donaupark, die Schillerwiesen, Königswiesen und die Mariaorter Brücke – und wer stehen bleibt und nach hinten schaut – die Innenstadt mit dem Dom.

Bald sind wir bei dem einsamen, etwas düster wirkenden Haus auf der Höhe. Spätestens jetzt sollte jeder warmgelaufen sein. Wir umlaufen das Haus, der Weg geht nach einigen Kurven in Teer über. Bei der Kreuzung nach links, weiter, an den Rehtalgehöften vorbei. Ein Anstieg an der Kapelle ist schnell geschafft. Oben angekommen ahnen wir schon die Tremmelhauserhöhe, die wir auch bald auf der Anhöhe liegen sehen und uns daran orientieren können.

Wir laufen am Schießstand vorbei, umlaufen den Biergarten und zurück geht es auf der Straße (wenig befahren, außer zu Biergarten-Stoßzeiten) Richtung Kareth. Die letzten Kilometer geht es nur noch bergab.

Besonders schön ist es hier oben im Frühling und an trockenen Herbst und Wintertagen. Belohnt werden wir mit einem fantastischen Ausblick auf die ersten Hügel des vorderen Bayerischen Waldes, links liegt Regenstauf und dahinter der Jugenberg. Rechts am Kalkwerk vorbei liegt die Donauebene.

Da das Laufgebiet sehr ausgedehnt ist und sich im Sommer kein Schatten findet, sollten die Läufe auf den Abend oder den frühen Morgen verlegt werden, wo wir beim Rückweg nach Kareth die aufgehende Sonne beobachten können.

4 Bergziege – 400 Höhenmeter an den Winzerer Höhen

Streckenprofil (Karte und Höhenprofil S. 25)

Länge:	ca. 11 km
Geeignet für:	Fortgeschrittene/Bergtraining, Trail Run
Höhenmeter:	gut 400 hm; Min. Höhe: 333 m, max. Höhe: 444 m
Boden:	Asphalt, Waldwege, Kieswege, Feldwege, Pfade
Anfahrt:	Parkplätze in der Alten Nürnberger Str.; RVV Linie 12 »Würzburger Str.«
Startpunkt:	Ecke Alte Nürnberger Str./Rabenkellerweg
Besonderheiten:	Nur für trainierte und erfahrene Läufer; schöne Ausblicke; holprige Abschnitte: Stolpergefahr!

Die Strecke

400 Höhenmeter direkt vor der Haustür! Von unserem Startpunkt aus laufen wir uns den Rabenkellerweg hoch warm, geradeaus weiter ›Am Pfaffensteiner Hang‹, bevor uns nach einer scharfen Rechtskurve die 23 % Steigung ›Am Hochbehälter‹ erwarten. Der Straße folgen, bis sich links die Wiese unterhalb der Seidenplantage auftut, dort den Weg durch der Wiese nach oben nehmen. Im Wäldchen links weg und über die Kuppe zur Straße ›Auf der Winzerer Höhe‹. Nach dem letzten Haus wir links den Fußweg in den Wald nehmen, nach 50 m Spitzkehre links und bergab den geraden Weg, Treppe, dann wieder die 23 % Steigung runter.

›Am Pfaffensteiner Hang‹ rechts, nach 50 m an der Straßenlaterne links die Treppe runter und unten rechts die ›Alte Nürnberger Straße‹ fast bis zur Autobahn. Direkt nach einer Garage rechts die Treppen hoch auf dem Wanderweg Ri. Adlersberg–Pielenhofen (rotes Dreieck). Bei allen Abzweigemöglichkeiten links halten, bis wir auf den spärlich geteerten ›Wehrlochweg‹ treffen, den wir rechts bergauf laufen.

Sobald rechts eine Stützmauer erscheint, den ›Wehrlochweg‹ nach rechts verlassen, und immer geradeaus nach oben, wo wir schon zwischen den Bäumen ein Stück offenen Himmel erblicken. Oben angekommen gleich links den Schotterweg nehmen und geradeaus durch das Wäldchen zur Einmündung in den den ›Winzerer Höhenweg‹. 50 m nach dem rechter Hand liegenden Bretterverschlag links in den Wald abbiegen und immer geradeaus den steilen ›Winzersteig‹ runter.

Nach der Kirche St. Nikolaus geht es unten in Niederwinzer rechts in die ›Nürnberger Straße‹, der wir Richtung Oberwinzer folgen. Bei den letzten Häusern wenden wir uns rechts rauf in den geteerten ›Kagerer Weg‹. Am Ende des Teers rechts den groben Schotterweg hinauf. Oben an der Kreuzung machen wir eine Spitzkehre nach links hinaus auf die Wiese. Noch wenige Meter trennen uns von der Kuppe, wo wir nicht den ersten Weg nach links, sondern den zweiten, den ›Winzerer Höhenweg‹ nach links einschlagen. Wir haben hier bei 444 m Höhe den Gipfelpunkt unseres Laufes erreicht und können bergab bis Kager den Puls wieder senken.

In Kager an der ersten Kreuzung beim Postkastl links in die Anliegerstraße (›Kagerer Weg‹). Jetzt können wir es bis Niederwinzer laufen lassen, wo wir dann wieder auf die ›Nürnberger Straße‹ treffen. Die nehmen wir, diesmal in umgekehrter Richtung, bis zur Kirche ›St. Nikolaus‹. Dort links den ›Winzersteig‹ rauf.

Oben, kurz nach Erreichen des Waldes, den ersten Abzweig nach rechts, einen grasbewachsenen Weg. Der geht später, nach der Felsformation links, in einen engen Pfad über, bevor er in den ›Wehrlochweg‹ mündet. Dem folgen wir zunächst leicht bergauf, dan wieder bergab.

Wo rechts der Holzzaun beginnt, biegen wir links in den uns vom Herweg bekannten Wanderweg (rotes Dreieck) ab. Aber Achtung! Nach etwa 300 m den ersten Pfad nach links den Berg hinauf nehmen. Ungeachtet aller Kreuzungen laufen wir immer geradeaus bergauf, bis wir oben auf einem etwas breiteren Waldweg weiter laufen.

Nach 200 m bei der Gabelung links raus auf den ›Winzerer Höhenweg‹ und im weiteren Verlauf auf die Straße ›Auf der Winzerer Höhe‹. Bis zum Ende der Strecke geht es nur noch bergab, wir können uns in aller Ruhe auslaufen. Nach der ›Seidenplantage‹ sofort rechts in den Teerweg, nach 10 m links auf den Schotterweg, der parallel oberhalb der Straße und später oberhalb des ›Schelmengrabens‹ verläuft.

Wir treffen wieder auf die Straße ›Am Hochbehälter‹, dann links in ›Am Pfaffensteiner Hang‹ und rechts in den ›Rabenkellerweg‹ bis zum Ausgangspunkt.

5 Runden drehen am Oberen Wöhrd

Streckenprofil (Karte S. 29)

Länge:	Kleine Runde: 1,125 km; Zusatzrunde 3,3 km; Alles schön flach
Geeignet für:	Anfänger
Boden:	Kieswege; Zusatzrunde: zum Teil Asphalt
Anfahrt:	Beim Wöhrdbad (Parkzeit von 8 – 16 Uhr: 4 Stunden); sonst Dultplatz, auf der Donausüdseite am Winzerweg in der Nähe der Staustufe
Startpunkt:	überall möglich
Besonderheiten:	Schattig; Trimm-Platz und Abenteuerspielplatz direkt an der Runde; Wöhrdbad; Beleuchtet von der RT-Halle bis zum Wehr

Die Strecke

Eine ideale kleine Trainingsrunde für alle Anfänger oder auch für Fortgeschrittene, die eine flache, abgemessene Strecke für ihr Training suchen.

Eine kleine Runde um das Wasserwerk am Oberen Wöhrd misst genau 1125 Meter. Damit haben Sie bei 4 Runden exakt 4,5 km hinter sich.

Den Nachwuchs lässt man mit einem Elternteil am Abenteuerspielplatz, direkt daneben lassen sich an den Geräten des Trimmplatzes einige Kraft-Einheiten vor dem Lauf absolvieren.

Wer noch Lust verspürt, dreht eine größere Runde: Schleuse, donauabwärts bis zur Stützmauer des Herzogsparks, Treppe hoch, links in Herzogspark (ist bei Eisglätte im Winter geschlossen, dann eben außenrum) und durch, wieder zur Donau, donauabwärts bis Eiserner Steg, queren, links die Badstraße und geradeaus weiter bis zur kleinen Runde. Oder man lässt das Training im Wöhrdbad (ebenfalls kindergeeignet) ausklingen.

Strecke 5

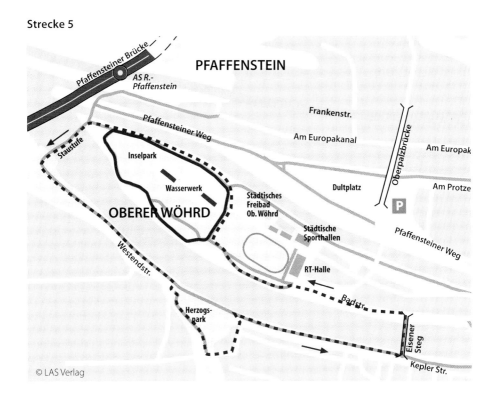

© LAS Verlag

6 Um den Guggenberger Weiher

Streckenprofil (Karte S. 32)

Länge:	Eine Seerunde: ca. 3,4 km; Von Obertraubling, mit einer Seerunde, nach Obertraubling zurück ca. 13 km; Alles flach
Geeignet für:	Seerunde: Anfänger/ab Obertraubling: Fortgeschrittene
Boden:	Asphalt, Feld- und Kieswege
Anfahrt:	B15, dann links abbiegen zum Sportzentrum Obertraubling bzw. weiter Südumgehung Neutraubling, dann rechts ab zum Guggi-Parkplatz RVV Linie 31 bis Obertraubling
Startpunkt:	Sportzentrum Obertraubling bzw. Parkplatz am Guggi
Besonderheiten:	Eine Runde schwimmen oder surfen im See, Café am See

Die Strecke

Der »Guggi« ist nicht nur ein beliebter Badesee. Bis spät in den Herbst, wenn der Wind so richtig auffrischt, flitzen die Surfer mit den aufgezogenen Sturmsegeln über das Wasser. Und wenn der See schließlich zugefroren ist, ist er in der Hand der Eisstockschützen, denen auf dem sauber gefegtem Eis regelmäßig die Eishockey-Spieler folgen. Richtig ruhig ist es am Guggi nur im Dezember und zur Zeit der Schneeschmelze, wenn auch das Eis brüchig wird. Doch auch in den kurzen und trüben Tagen, wenn der See wie in tiefem Schlaf da liegt und Nebelschwaden aus ihm hochsteigen, kann man manchmal ein leises Schnaufen und Traben hören. Die Läufer kennen keine Saison, sie vermag auch der unwirtlich gewordene spätherbstliche und nasskalte See nicht von seinen Uferwegen zu vertreiben; sie bleiben ihm das ganze Jahr über treu.

Wir starten in Obertraubling an der Sport- und Mehrzweckhalle, laufen ca. 200 Meter auf dem Fahrradweg in Richtung Neutraubling, überqueren die von der Walhallastraße nach rechts abbiegende Südumgehung (Vorsicht!), laufen nach rechts und befinden uns dann auf einem 3,5 Kilometer langen Radweg, der häufig auch von Skatern als Trainingsstrecke genutzt wird. In einigem Abstand auf der rechten Straßenseite sehen wir eine Birkenallee, die im rechten Winkel von der Umgehungsstraße wegführt. Etwa auf der Hälfte der Strecke überqueren wir dann die Hauptverkehrsstraße (extreme Vorsicht!), um auf der kleinen und verkehrsfreien Birkenallee weiter in Richtung Gut Lerchenfeld zu laufen, durchqueren dort das Gelände des gleichnamigen Gutshofes, laufen noch etwa einen Kilometer weiter in Richtung Mintraching und biegen dann auf dem ersten Feldweg nach links in Richtung Guggenberger Weiher ab – wer von Mintraching losgelaufen ist, wählt den letzen nach rechts abbiegenden Feldweg in Richtung zum Guggenberger Weiher. Nach ca. 800 Meter müssen wir noch die parallel zum Südufer des Guggenberger Weihers verlaufende Straße überqueren und laufen nun schnurstracks auf den Kiesweg zu, der rund um den See führt.

Die Runde direkt um den See ist gute 3 Kilometer lang und für Anfänger nur dann geeignet, wenn sie direkt am Guggenberger Weiher mit dem Lauf begonnen haben. Denn nach den Guggenberger Runden muss die Kraft auch noch für den Rückweg ausreichen.

7 Im Höflinger Forst – das große Kleeblatt, oder: Alle Wege führen zum Kreuz

Streckenprofil (Karte S. 33)

Länge:	Rote Runde (siehe Karte auf S. 33): 3,3 km; Gelbe Runde: 3,2 km; Blaue Runde: 3,7 km/Das komplette Kleeblatt: ca. 10,5 km
Geeignet für:	Anfänger/Fortgeschrittene; Ausdauertraining/Schnelligkeitstraining/Intervalltraining
Höhendifferenz:	Rote Runde: 40 m, Gelb: 25 m; Blau: 45 m
Boden:	Waldweg/Forstweg/Feldweg
Anfahrt:	B 15 bis Burgweinting, bis Ende Langer Weg bzw. B 15 an Burgweinting vorbei, dann rechts in Feldweg bis Waldrand, Parkplatz »Höflinger Forst«/Unterislinger Weg stadtauswärts, kurz vor Scharmassing links in Feldweg bis Waldparkplatz RVV: am zweckmäßigsten Linie 11 Burgweinting »Langer Weg«
Startpunkt:	siehe Anfahrt
Besonderheiten:	Vielfältige Strecke, auch von Regensburg-Süd, Metro-Parkplatz, gut erreichbar Alle Strecken treffen sich zentral am großen Kreuz im Wald, Verlaufen fast unmöglich

Die Strecke

Wer in Burgweinting, Obertraubling, Oberhinkofen, Unter- und Oberisling wohnt, der hat das große Laufgebiet Weintinger Holz mit dem Höflinger Forst als Hauslaufstrecke direkt vor der Tür liegen. BurgweintingerInnen müssen nur noch die Laufschuhe anziehen, zum »Langen Weg« traben und schnurstracks weiter bis zum Wald. An Waldrand angekommen hat man die Wahl geradeaus am Aubach entlang oder nach rechts auf einen Feldweg abzubiegen. Der trifft nach einem Kilometer auf einen geteerten Weg, der von Unterisling kommend auf eine Kuppe ansteigt.

Inzwischen sind wir warm gelaufen, sodass der kleine Anstieg von einem geübten Läufer problemlos zu schaffen ist. Ein Laufänfänger darf eine Gehpause einlegen, bis es wieder leicht abwärts geht und eine kleine Holzbrücke über den Aubach führt. Nach der Brücke wählen wir die linke Abzweigung, vorbei am fürstlichen Schloss Höfling, das etwas versteckt hinter den Bäumen des kleinen Schlossparks liegt. Dort wurde 1926 Fürst Johannes von Thurn und Taxis geboren.
Wir laufen geradeaus daran vorbei und gelangen nach 300 Metern zu einem Wegkreuz, das mitten auf einer weiteren Weggabelung mit einer Bank unter einer zweistämmigen Birke steht.

Welche Abzweigung der Läufer auch ab dem Kreuz wählen mag, er kann sich nicht verlaufen, denn immer wieder kommt er am diesem Punkt vorbei. Deshalb ist das Kruez ein beliebter Treffpunkt für Laufgruppen, die sich im Training ge-

Strecke 6

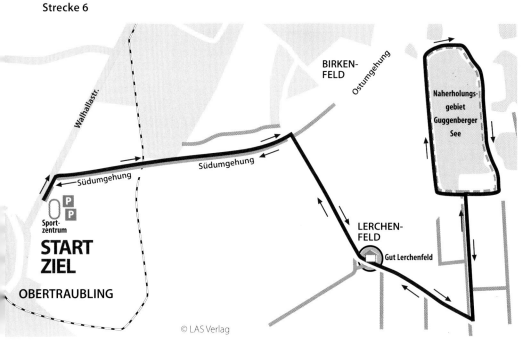

© LAS Verlag

trennt haben und sich hier wieder für den Rückweg versammeln. Wie bei einem Kleeblatt der Umriss jedes Blattes zu seinem Ursprung am Halm zurückführt, kann man auf jeder der verschiedenen Wegschleifen wieder zum Wegkreuz zurücklaufen.

Das Schöne an dem Laufgebiet im Forst ist die Vielfalt der Wahlmöglichkeiten, die dem Anfänger eine oder zwei leichte Runden bietet. Der ausdauerndere Läufer verbindet alle Schleifen miteinander und ist mit dem Rückweg in die Bajuwarenstraße, nach Burgweinting oder Harting, nach Unterisling, Obertraubling oder Oberhinkofen gute 1 1/2 Stunden unterwegs. Ein weiterer Vorteil: Man ist hier selten alleine unterwegs, begegnet immer wieder anderen LäuferInnen.

8 Zwischen Hohengebraching und Großberg: eine familienfreundliche Strecke im Stadtsüden

Streckenprofil (Karte S. 36)

Länge:	2,3 km; leichte Steigungen
Geeignet für:	Anfänger, Familien, alleine laufende Frauen und Fortgeschrittene
Boden:	leicht wellig, Waldboden
Anfahrt:	Von Regensburg kommend auf der Augsburger Straße über den Ziegetsberg Richtung Bad Abbach, kurz nach Autobahnauffahrt bei Großberg abbiegen; links Brücke über die B16 überqueren; nach wenigen Metern rechts Parkplätze am Waldrand. RVV: Linie 8 bis Pentling »Hölkeringer Str.«, dann »An der Steinernen Bank« rauf, rechts über die Brücke über die B16 bis Waldparkplatz rechts
Startpunkt:	Parkplatz am Waldspielplatz
Besonderheiten:	Intervalltraining auf dem gut 2 km langen Fuß- und Radweg beim Parkplatz; Für Familien: Kinder können sich auf dem Waldspielplatz direkt an der Strecke austoben

Die Strecke

An warmen Sommerabenden ist auf dem Parkplatz oft alles zugeparkt, selbst am Straßenrand und den gegenüberliegenden Einbuchtungen sind viele Autos abgestellt. Aber nein, hier findet weder ein Fußballspiel statt noch gibt es einen Schlussverkauf. Dafür sieht man Menschen, die abwechselnd ein Bein auf den Kofferraum oder die Kühlerhaube ihres Autos legen und sich nach vorn beugen oder sich am Dach ihres Autos festhalten und mit der anderen Hand ihre Ferse in Richtung Gesäß hochziehen, andere stemmen sich gegen ihre Autos als ob sie diese umstürzen wollten und strecken dabei ein Bein auffällig weit nach hinten durch.

Wir befinden uns auch nicht auf einer Veranstaltung der Krankenkasse über Gymnastik für Autofahrer, sondern auf dem Parkplatz am Eingang in die Rundstrecke »Hohengebrachinger Forst«. Gemessen an der Anzahl von Läufern und Läuferinnen je Kilometer findet sich hier die höchste Läuferdichte in ganz Regensburg. Am manchen Abenden sind auf der exakt vermessenen 2.340 Meter langen Rundstrecke über 100 Läufer unterwegs.

Für die außergewöhnliche Beliebtheit dieser Rundstrecke gibt es ein halbes Dutzend guter Gründe. Man ist hier nämlich nie alleine, weshalb der Hohengebrachinger Forst – zumindest an Sommerabenden – auch eine ideale Laufstrecke für alleine laufende Frauen darstellt.

Die Strecke liegt im Wald und bietet wie jede Waldstrecke im Sommer Schutz vor Hitze und Sonne, und regnen muss es schon heftig, bevor man nass wird. Die Strecke ist kurz und deshalb ideal für Anfänger, man darf sie aber auch gerne fünfmal laufen, und und wer es ehrgeizig möchte, darf sich fühlen wie im Wettkampf, denn es ist ein ständiges Überholen und Überholtwerden.

Ernst hingegen wird es nur zweimal, im März beim Pentlinger Frühjahrslauf und im Oktober beim Kirchweih-Lauf. Gestartet wird in allen Altersklassen über 1.170 Meter für die 12-Jährigen und über 9.360 Meter in der Hauptgruppe.

Ein wichtiger Grund, um hier zu laufen, ist für Mütter und Väter der große Waldspielplatz an der Ostseite der Rundstrecke, der für junge Familien einen Besuch wert ist. Holzburgen mit schwankenden Brücken, Rutschbahnen, Labyrinthe und Versteckspiele, Torwandschießen, jede Menge Schaukeln und Klettermöglichkeiten machen das Angebot – wie ich oft beobachten konnte – nicht nur für die Kinder interessant.

Um so schöner, wenn man sich beim Joggen und beim Spielen mit den Kindern abwechseln kann. Und wer weiß, vielleicht wollen die Kinder, denen die Läufer nicht verborgen bleiben, bald einmal mit auf eine kleine Runde.

9 Weekend-Run: Von Kelheim zum Schloss Prunn

Streckenprofil (Karte und Höhenprofil S. 37)

Länge:	23,5 km
Geeignet für:	Fortgeschrittene/Bergtraining
Höhenmeter:	gut 400 hm; Min. Höhe: 344 m, max. Höhe: 512 m
Boden:	Asphalt, Schotter, Waldwege, Feldwege
Anfahrt:	Kelheim, Richtung Riedenburg, Ortsausgang Gronsdorf, links über die Schleusenbrücke, dann rechts Parkplätze
Startpunkt:	Schleuse Kelheim-Gronsdorf
Besonderheiten:	Laufen auf prähistorischen Spuren für trainierte und erfahrene Läufer; schattiger Weg, auch für heiße Sommertage geeignet; Natur pur; Tolle Ausblicke im und über dem Altmühltal; Einsamkeit in den Wäldern, daher möglichst zu zweit laufen; Handy mitnehmen, und ausreichend zu trinken, sonst verdursten Sie am Berg.

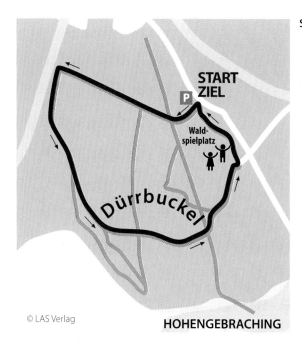

Strecke 8

Die Strecke

Die ersten knapp 10 km unserer Lauftour führen uns stets am Main-Donau-Kanal entlang. Der anfängliche Teerweg geht bald in Schotter über (km 1,6). Vorbei an den Kletterfelsen der ›Schellnecker Wand‹ und den Altwassern der ehemaligen Altmühl unterqueren wir die Straßenbrücke Essing–Hienheim (km 4,5) und folgen dem Teerweg.

Nach der Brücke der schöne Blick rechts auf die Felslandschaft oberhalb des Marktes Essing, gekrönt vom Bergfried der Ruine Randeck. Links oben im Wald, vor unseren Blicken verborgen, liegen die Klausenhöhlen (Steinzeitbesiedelung, Felszeichnungen). Der Teerweg geht bei der (angeblich) längsten freitragenden Fußgänger-Holzbrücke Europas wieder in Schotter über (km 6,2).

400 m danach nehmen wir den rechten Abzweig am Kanal entlang, passieren die links aufragenden Kastlhofer Hänge mit ihrer Steinzeithöhle. Schon taucht rechts, auf einem Felsvorsprung spektakulär in Szene gesetzt, ein weiteres histori-

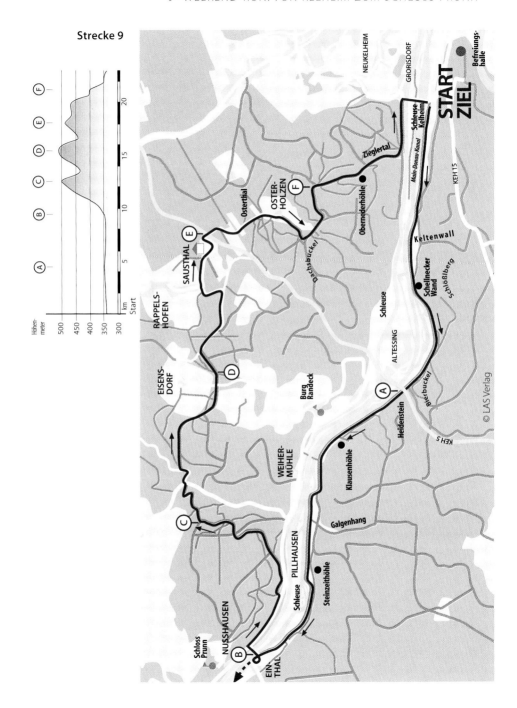

Strecke 9

© LAS Verlag

sches Highlight unseres Laufes auf: Schloss Prunn, eine der am malerischsten gelegenen Burgen Bayerns.

Jetzt haben wir die Wahl (km 9,5): Wer flaches Marathon-Training bevorzugt, läuft durch Einthal weiter am Kanal entlang bis zur Drei-Burgen-Stadt Riedenburg (4 km dazu), und von dort die Strecke wieder retour nach Kelheim. So kommt man insgesamt auf gut 27 km.

Alle anderen laufen über die Brücke, dann rechts die Senke der Straße hinunter und geradeaus wieder hinauf. 350 Meter nach der Senke den links abzweigenden Schotterweg nehmen (km 10,3). Jetzt beginnt die Bergetappe.

Wir bleiben unserem über 2,5 km sanft, aber stetig ansteigenden Waldweg treu, bis wir oben an einer Dreieckskreuzung (km 12,8) nach rechts den abfallenden Weg Richtung Randeck, Essing hinablaufen. Unten, im Galgental angekommen, auf der Straße links, nach 30 m rechts den geteerten Forstweg nehmen.

Nach 250 m verlassen wir den Teerweg und zweigen rechts in den ansteigenden Schotterweg, ins Hiersdorfer Tal, ab. Oben angekommen queren wir die Straße Randeck–Eisensdorf und erreichen kurz darauf den höchsten Punkt unserer Tour (km 15,6). An der nächsten Straße rechts hinunter, nach einem Kilometer Spitzkehre nach links Richtung Sausthal. Die Abzweigung in den Ort lassen wir dann links liegen und halten uns rechts, wo die Straße zum Gasthof ›Wäscherhartl‹ (km 17,8) ansteigt.

Dort vorbei (außer man ist durstig oder hungrig), dann die Straße Essing–Ihrlerstein überqueren (Vorsicht!) und drüben auf dem Teerweg geradeaus Richtung Osterthal, Osterholzen. Grandios dann am Weiler ›Rosengarten‹ der Blick rechts über die Wälder und Täler der Gegend.

Nach Osterholzen geht der Teerweg in Schotter über (Wanderweg mit grünem Rechteck). Im Wald angekommen, an der Wegekreuzung (km 19,9) nach links abbiegen und stets dem grünen Rechteck folgen. Ab jetzt geht es 2,5 km bergab. Das Zieglertal führt uns wieder hinunter zum Altmühltal.

Dort laufen wir am Autoparkplatz gleich links in den Radweg, nach einigen hundert Metern gelangen wir zum Ortseingang Gronsdorf, wo wir die Straße queren (Vorsicht: Raser!), und über die Schleusenbrücke zu unserem Ausgangspunkt zurückkehren.

10 Sightseeing der besonderen Art: Der Grüne Ring um die Altstadt

Streckenprofil (Karte S. 41)

Länge:	6,5 km; flach
Geeignet für:	Anfänger und Fortgeschrittene; wunderschöner Park-Erlebnislauf für den Sonntagmorgen
Boden:	Meist Asphalt, in den Parks gekieste Wege, an der Donau grober Kopfstein, Platten; 9 Straßenquerungen
Anfahrt:	Für alle, die altstadtnah wohnen, leicht zu Fuß erreichbar; PKW: Donauparkplatz/RVV »Thundorferstr.« (Linien 1, 2, 11, 12, 13) oder »Fischmarkt« (Linien 1, 2, 4, 11, 13)
Startpunkt:	Wurstkuchl bei der Steinernen Brücke; Einstieg überall an der Strecke möglich
Besonderheiten:	Weiteres über den Grünen Altstadtring in der informativen Broschüre (kostenlos) »Grüne Streifzüge durch die Stadt: erhältlich beim Amt für Umwelt-, Natur- und Verbraucherschutz, Hausanschrift: Neues Rathaus, Minoritenweg 4 - 9, 93047 Regensburg
Tipp:	Teilweise ist die Strecke identisch mit der des »Regensburger Altstadtlaufes«, der jedes Jahr Anfang Juli stattfindet; organisiert vom BLSV

Die Strecke

Zugegeben, diese Runde ist vorwiegend etwas für den Sonntagvormittag, wenn die meisten Regensburger noch schlafen. Wir mussten sie einfach mit aufnehmen, weil sie so vieles von dem widerspiegelt, was das Leben in dieser Stadt ausmacht. Die Strecke beinhaltet einige Straßenquerungen, verläuft neben zum Teil befahrenen Verkehrsadern. Trotzdem führt sie fast durchweg durchs Grüne: Regensburg atmet!

Wir starten an der Wurstkuchl und laufen direkt an der Donau etwa 1,2 km aufwärts, bis wir links die steinerne Stützmauer des Herzogsparks sehen. Kurz danach links die Treppe hoch, links wenden und wir erreichen die Eingangstür zum *Herzogspark* (geöffnet 7: 30 Uhr – Einbruch der Dunkelheit; im Winter bei Eis oder Schnee geschlossen, dann halt außenrum; keine Räder, keine Hunde).

Im Herzogspark gleich am Brunnen rechts, die Treppen hinab in den Bastionsgraben. Nehmen Sie mit allen Sinnen auf, was der Park Ihnen schenkt: Riechen Sie, fühlen Sie, hören Sie, staunen Sie, bis Sie am Prebrunntor den Park wieder verlassen.

Sofort die Prebrunnstraße beim Zebrastreifen queren und hinein in den (im Sommer) grünen Tunnel der »Prebrunnallee 1«. Nach 200 m rechts abbiegen, dann die Dr.-Johann-Maier-Str. am Zebrastreifen queren (Vorsicht, Raser!) und etwas rechts versetzt hinein in den Stadtpark (Hunde an der Leine, keine Fahrräder).

Vorbei an Boulespielern, Pärchen und Flanierenden laufen wir rechts immer in 10–50 m Abstand zum Parkrand unsere Runde. Wer Kondition hat, kann auch einfach kreuz und quer den Park auf eigene Faust erlaufen.

Wir passieren den Fontänensee, laufen hinter dem Schlittenberg herum, am russisch-orthodoxen Kirchlein und dem »Café unter den Linden« vorbei geradewegs zum Ausgang »Platz der Einheit«. Dor queren wir an der Ampel die Verkehrschlagader der Prüfeninger Str. und laufen sofort geradeaus in die ruhige Sackgasse der Dechbettener Str. ein. Dort auf den Gehweg linker Hand wechseln, bis zur nächsten Kreuzung, wo wir links den Eingang in den *Dörnbergpark* finden (15.3–15.10: 7:30–Dunkelheit, sonst 8:00–Dunkelheit; Hunde an der Leine).

Jetzt haben wir die Qual der Wahl: entweder die Runde rechts herum, auf der wir dem Bau des Rosarium begegnen. Oder in der Mitte: erst links halten, nach dem Teehaus (zur Zeit als Architekturbüro genutzt) rechts über Lichtungen und die 150 Jahre alten Buchenbestände. Oder die linke Runde, am Teehaus vorbei dem Außenzaun folgend hinter dem Dörnbergpalais dann dem Verlauf der Kumpfmühler Str. folgend.

Oder Sie laufen kreuz und quer und auf und ab, für mich die schönste Variante. Es lohnt sich!

Alle Wege treffen sich wieder am jenseitigen Ausgang Ecke Augusten/Kumpfmühlerstr. Diese Hauptverkehrsader queren wir leicht versetzt an der Ampel zur Helenenstr. Nach dem lang gestreckten Bau des Mariengymnasiums/-realschule biegen wir rechts in den Fußweg der Fürst-Anselm-Allee. Linkerhand erstreckt sich das Fürstliche Schloss mit Schlosspark. Dem folgen wir bis zum Obelisken und zum »Schwammerl«, biegen links dem Parkzaun folgend ab, bis wir den St-Peters-Weg am Zebrastreifen kreuzen (Vorsicht unübersichtlich!).

Sofort rechts auf dem Fußweg, bis wir die Maximilianstraße an der Ampel kreuzen. Halblinks führt uns der Fußweg an den Resten der antiken und mittelalterlichen Stadtbefestigungen vorbei, um das Schießl-Hochhaus biegend zur nächsten Ampel (Dr.-Martin-Luther-Str.).

Nach der Kreuzung nimmt uns wohltuend schräg links die Grünfläche der Ostenallee auf. Deren lange Gerade führt uns am Spielplatz und dem Komples des Hallenbades vorbei schnurstracks zur Gabelsbergerstraße. Wir folgen dem Wegknick, queren an der Ampel den Minoritenweg und kurz darauf die Adolf-Schmetzer-Str.

Ein kurzer Blick nach links hoch zum Ostentor und hinein in den *Villapark*, dem wir eine Laufrunde rechts an der Außenmauer entlag widmen. Am gegenüberliegenden Ende dann hinab in die Senke des Stadtgrabens und hinaus.

Die weite Fläche der Donau liegt ausgebreitet vor uns. Wir laufen stets am Kai entlang aufwärts, unterqueren die Eiserne Brücke, bis wir wieder an unserem Ausgangspunkt, der ältesten Wurstbraterei der Welt, anlangen.

Strecke 10

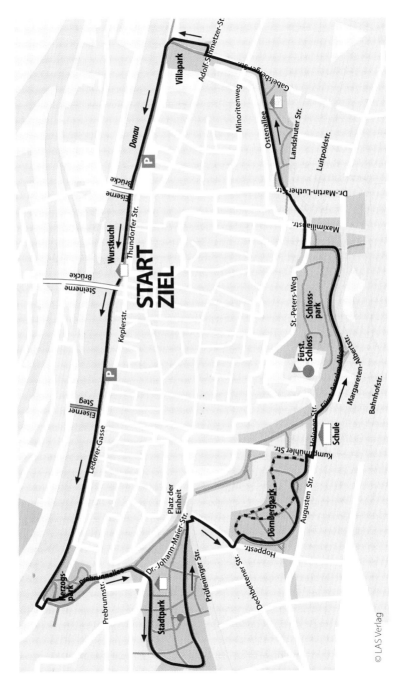

Nordic Walking – immer eine Stocklänge voraus

Steckbrief: Gehen mit Turbo: Leicht erlernbares Ganzkörpertraining für Einsteiger und Wiedereinsteiger in punkto Kalorienverbrauch, Ausdauer und Kräftigung. Da gelenkschonend und Gewicht abbauend, gut für die leicht Übergewichtigen geeignet. Ausgleichssportart für Biker und Jogger.

Basics

Vom Wanderstock zum Carbon/Glasfaser-Stick: Vor wenigen Jahren noch belächelt (»Du hast deine Ski unterwegs verloren!« »Ha, da kommt der Klapperstorch!«) avancierte dieser moderne Gehsport in kürzester Zeit zum Renner unter den Ausdauersportarten.

Die *Vorteile* dieses Sports sind offensichtlich: Anders als beim Joggen wird nicht nur die Bein- und Fußmuskulatur, sondern auch der gesamte Oberkörper trainert. Insgesamt werden 90 % der Körpermuskulatur beamsprucht. Da die Gelenke geschont werden, ist Nordic Walking als Ausdauersportart auch für Menschen mit Bänder-, Gelenk- oder Wirbelsäulen-Problemen besser geeignet, Ebenso für Leute mit Knie- und Rückenbeschwerden, ältere Menschen, Rehabilitanden nach Sportverletzungen und Untrainierte. Letztere Gruppen, ebenso Sportsuchende über 35, sollten die sportliche Betätigung erst nach Freigabe durch den Arzt aufnehmen.

Der *Kalorienverbrauch* ist mit 400–500 kcal/Sd bei mittlerer Belastung enorm, der Abnehmeffekt bei gleichzeitiger richtiger Ernährung beträchtlich.

Wichtig: Sie müssen unbeding auf die richtige Stocklänge und die richtige Technik achten! Die Bewegung ähnelt der des klassischen Skilanglaufs. Den richtigen Stockeinsatz lassen Sie sich am besten in einem Kurs oder von einem ausgebildeten Trainer beibringen.

Ausrüstung

Für den Anfang benötigen Sie:
– *Nordic-Walking-Stöcke:* Bestehen normalerweise aus einem einzigen Teil. Sie unterscheiden sich von Ski-, Trekking- oder Wanderstöcken. Ein Tipp zur Stocklänge: Leihen Sie sich im Kurs Stöcke, und probieren Sie verschiedene Längen und lassen Sie sich in Aktion vom Trainer begutachten. Im Zweifelsfalle zum kürzeren Stock tendieren. Das erleichtert eine saubere Technik. Erst wenn Sie sicher sind, kaufen Sie die Stöcke im Fachgeschäft.
Spezielle Handschlaufen unterstützen das ständige Öffnen und Schließen der Hand. Aufsteckbare Gummipads absorbieren Schläge auf hartem Untergrund (Asphalt, Stein).
– Es gibt spezielle *Nordic-Walking-Schuhe,* Jogging- oder leichte Trekkingschuhe

sind ebenfalls ok. Wichtig ist, das eine gute Fußführung und gutes Abrollverhalten gewährleistet sind.

Später, wenn Sie dabei geblieben sind, werden wichtiger:
– *Funktionskleidung*: Atmungsaktiv, Kälte und Wasser abweisend
– *Pulsmesser*: Ermöglicht effizienteres Training über die Kontrolle der Herzfrequenz.

Varianten

Die »Nordic«-Familie ist nach vielen Seiten ausbaufähig.

Einige Facetten sind:
– Nordic Blading (Nordic Skating): Fahren auf Inlineskates mit Stöcken
– Nordic Jogging: Joggen mit Stöcken, allerdings sehr Herz-Kreislauf-belastend
– Walking: ohne Stöcke, 40–50 % weniger Trainingseffekt im Vergleich zum Nordic Walking
– Skilanglauf: im Winter

Hinweis: Alle Laufstrecken auf den Seiten 19–41, vielleicht mit Ausnahme von Nr. 1 und 3, sind auch für Nordic Walker geeignet.

Wagemutige können sich auch an den kürzeren Mountainbike-Strecken (ab S. 98) versuchen. Asphaltpads nicht vergessen und, falls es recht zugeht, bitte rücksichtsvoll mit Ihrer »Stockwaffe« hantieren.

Nachgefragt bei: Claudia Kraushaar und Stefan Feix von Nordic Active Sports Regensburg

LAS: Seit wann betreiben Sie Nordic Walking?
Claudia Kraushaar: Seit 3 Jahren.
LAS: Und wie sind Sie dazugekommen?
Claudia Kraushaar: Über einen Freund, der da schon aktiv war.
LAS: Was ist das Besondere am Nordic Walking?
Claudia Kraushaar: Nordic Walking ist eine effektive, Fett verbrennende sportart, und dazu ein Ganzkörpertraining. Ich habe zu Beginn auch eine Alternative zum Laufsport gesucht, weil ich ab und zu Probleme beim Laufen hatte. Wichtig ist mir ein Sport, den ich mit der Gruppe und vor allem draußen ausüben kann.
LAS: Herr Feix, auch an Sie nochmal die Frage.
Stefan Feix: Ein Ganzkörpertraining für jeden. Es gibt fast keine Einschränkungen

betreffend Alter und Fitnessgrad.

LAS: In den Anfangszeiten wurde Nordic Walking belächelt: »Aha, jetzt kommen die Klapperstörche« und »Hallo, du hast deine Ski verloren.«. Ist das heute auch noch so?

Claudia Kraushaar: Nordic Walking hat einen enormen Boom erlebt. Je mehr Leute walken, desto mehr trauen sich mit den Stöcken raus. Inzwischen lösen wir eher Neugierde aus, es mal selbst auszuprobieren.

LAS: Herr Feix, was erleben sie beim Nordic Walking? Ist es die Landschaft, ist es die Bewegung? Was fasziniert sie?

Stefan Feix: Es ist eigentlich eine Kombination aus allem. Zum einen, dass man sich in der freien Natur bewegt. Dass man die Sportart bei jedem Wetter ausüben kann. Aber auch die körperliche Betätigung mit dem Ergebnis, dass man hinterher körperlich nicht so erschöpft ist, wie beispielsweise nach einer oder eineinhalb Stunden Laufen. Trotzdem hat man aber jede Menge für seine Gesundheit und Fitness getan.

LAS: Wie oft trainieren sie in der Woche?

Stefan Feix: Wenn ich mein Lauftraining mit dazunehme, sind wir momentan bei fünf Mal, davon drei Mal Nordic Walking.

LAS: Und Sie, Frau Kraushaar?

Claudia Kraushaar: Ebenso.

LAS: Ihre Lieblingsstrecke in oder um Regensburg …?

Stefan Feix: … liegt oben auf den Winzerer Höhen entlang, dann nach Tremmelhausen rüber und weiter beliebig verlängerbar, je nachdem wie man drauf ist.

LAS: Und Ihre, Frau Kraushaar?

Claudia Kraushaar: In Regensburg auch die Winzerer Höhen. In Regenstauf, der Pfingstweg, weil die Steigung mit drin ist.

(weiter S. 46)

**Nordic Active Sports Regensburg
Kraushaar und Feix GbR**

Nordic Walking Instructoren (DNV)
Übungsleiter Jugend und Prävention (BLSV)

Claudia Kraushaar, Tel. 0170/4816717
Stefan Feix, Tel. 0175/5931922

E-Mail: info@nordic-active-sports.de
www.nordic-active-sports.de

Nordic Walking – alle Strecken auf einen Blick

	Seite		Schwierig-keit	Länge (km)
1	47	Rund um Regensburg	⚪⚪⚪	21
2	51	Prüfeninger Schloss – Rundkurs	⚪⚪	4,9
3	54	Tremmelhauser Höhe	⚪⚪	ab 8,4
4	55	Westbadrunde	⚪	5,9
5	58	DB-Schule – Max-Schultze-Steig	⚪⚪	6,7
6	59	Rund um die Marienhöhe	⚪⚪	6
7	62	Etterzhausen – Pielenhofen	⚪	14,3
8	63	Schönhofen	⚪⚪(⚪)	6
9	66	Regenstauf Vogelsand	⚪⚪	13
10	70	Pfingstweg Hirschling	⚪⚪(⚪)	8

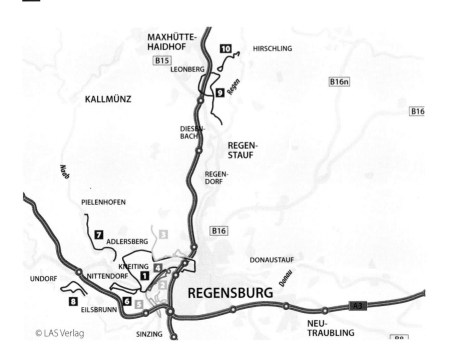

© LAS Verlag

(Fortsetzung von S. 44)

LAS: Haben Sie sich beim Nordic Walking schon mal verletzt?

Stefan Feix: Also bis jetzt ist uns überhaupt nichts passiert. Keinerlei Verletzungen, keine Beschwerden, nichts.

LAS: Ab welchem Alter würden Sie denn Kindern oder Jugendlichen NW empfehlen? Gibt es da eine Grenze nach unten?

Claudia Kraushaar: Ja, es gibt eine Grenze nach unten, aber eigentlich eher durch die körperlichen Gegebenheiten. Es gibt Stöcke inzwischen ab 80 cm, d.h. die Kinder sollten mindestens 1,20 m groß sein. Das geht so zwischen 7 und 8 los. Ein bisschen Technik muss man den Kindern auch vermitteln können.

LAS: Was sollten ältere Wiedereinsteiger oder Neueinsteiger beachten?

Stefan Feix: In unseren Kursen geben wir einen Fragebogen aus, mit dem bestimmte medizinische Fragen abgeklärt werden. Wann wurde zum letzten Mal Sport ausgeübt? Gibt es irgendwelche körperlichen Gebrechen? Wenn das alles o.k. ist, kann man einsteigen und moderat beginnen. Es ist auch keine mordsmäßige Ausrüstung erforderlich.

LAS: Was braucht man denn an Ausrüstung unbedingt am Anfang?

Stefan Feix: Einen wirklich guten Stock aus Karbon-Glasfasergemisch, am besten in einem Stück. Und festes Schuhwerk, zum Beispiel Laufschuhe oder spezielle Nordic-Walking-Schuhe. Also, nicht einfach mit irgendwelchen Halbschuhen oder leichten Schuhen losziehen …

LAS: Die Kosten fürs Starterkit?

Claudia Kraushaar: Geht los bei 50, 60 Euro für einen ordentlichen Stock. Laufschuhe kosten zwischen und 70 und 120 Euro Irgendeine Sporthose hat man meistens schon, ebnso ein T-Shirt. Alles andere kommt nach und nach denk ich mal dazu.

LAS: Wie lange dauert es bis man die Technik beherrscht?

Stefan Feix: Regelmäßig gehen muss man mindestens 2–3 Monate, dass sich die Technik richtig einschleift. Nicht allein losziehen! Ich würde mir auf jeden Fall eine Gruppe suchen, weil man sich da gegenseitig besser kontrollieren kann und weil man auch mehr Antrieb hat nach dem Einisteiger-Kurs auch wirklich weitermacht.

LAS: Ist Nordic Walking auch ein Ausgleichssport, etwa für leistungsorientierte Läufer?

Claudia Kraushaar: Immer mehr Leistungssportler bauen Nordic Walking in ihr Training mit ein, weil es eben alle Körperteile, bzw. alle Muskelgruppen trainiert. Wir haben ja 90 % Muskelgruppen, die angesprochen werden, was bei kaum einem anderen Ausdauersport gegeben ist, außer vielleicht noch beim Skilanglauf.

LAS: Nocheinmal zurück zur Wahl der richtigen Stöcke, das scheint ja wichtig zu sein?

Stefan Feix: Am besten einfach mal verschiedene Stöcke beim Gehen ausprobieren, damit man sehen kann, wie einem der Stock generell liegt und man auch die richtige Länge hat. Faustformeln zur Stocklänge helfen einem da nur bedingt weiter.
Claudia Kraushaar: Leihstöcke in einem Kurs sind für mich auch die bessere Alternative. Wirklich erst mal in Ruhe testen, sich beim Trainer erkundigen, und dann das Modell seiner Wahl im Fachhandel erwerben.
LAS: Frau Kraushaar und Herr Feix, wir danken Ihnen für das Gespräch.

1 Rund um Regensburg

Streckenprofil (Karte und Höhenprofil S. 50)

Länge/Dauer:	ca. 21 km/ca. 4:30 Std.
Höhenmeter:	ca. 350 hm; Min. Höhe: 330 m, max. Höhe: 444 m
Untergrund:	Schotter, Feld-, Waldweg; Asphalt
Schwierigkeit	schwer
Begehbarkeit:	in Teilbereichen ganzjährig; Vorsicht bei Warnhinweisen wegen des Winterdienstes
Besonderheiten:	die schönsten Teilstücke an der Donau entlang und über die Winzerer Höhen
Anfahrt:	RVV Linie 6, 11 »Westbad«
Parkmöglichkeiten:	Parkplatz Westbad
Sehenswürdigkeiten:	Mariaorter Kirche, Adlersberg; auf den Winzerer Höhen Blick über weite Teile Regensburgs

Die Strecke

Diese Runde ist vor allem wegen ihrer Länge und der Höhenmeter eine Herausforderung und sollte deshalb nur von Nordic Walkern mit ausreichender Trainingsvorbereitung in Angriff genommen werden. Trinkgurt, Sonnencréme sowie festes Schuhwerk sind ein absolutes Muss.

So ausgerüstet starten wir am Parkplatz Westbad. Wir halten uns in der Messerschmittstraße am Gehsteig nach links. Nach ca. 400 m biegen wir nach links in den Donauradweg Ulm–Passau (Schild beachten). Kurze Zeit später kommen wir zu einer Weggabelung (direkt bei der Wasserwacht) und folgen dort dem Lauf der Donau nach links.

Nach ca. 2,5 km (kurz vor der Mariaorter Brücke) folgen wir dem Schild »R5 Mariaort« nach links. 200 Meter weiter sehen wir den Sportplatz des FSV Prüfening und biegen hier nach rechts ab. Jetzt müssen wir aufpassen. Direkt an der Brückenböschung führt ein schmaler Fußweg halblinks auf die Brücke. Wir folgen diesem und biegen auf der Brückensteigung nach rechts, um die Brücke über die Donau zu überqueren. Am Ende der Brücke folgen wir der kleinen Abfahrt in einer Rechtskurve und kommen auf der Straße heraus, in die wir nach rechts einbiegen. Nach einigen Metern überqueren wir links den Schotterparkplatz, um über den Holzsteg nach Mariaort zu walken. Wir biegen am Ende des Steges nach rechts und nächstmöglich sofort nach links ab. An der nächsten Kreuzung (Wohnhaus mit Schild »Verkauf Speisekartoffel«)geht es links und an der nächsten Kreuzung rechts weiter. Kurz darauf erreichen wir eine Unterführung. Bis hierher haben wir die ersten fünf Kilometer erfolgreich geschafft.

Nach einer kurzen Trinkpause nehmen wir nach der Unterführung mit dem Kneitinger Berg die erste kräftige Steigung in Angriff. Wir folgen der Teerstraße (Vorsicht Gegenverkehr), bis wir auf der linken Seite eine Baumgruppe mit einem Marterl sehen. Rechts zweigt die Straße nach Kneiting, wir halten uns jedoch geradeaus und gehen ins Gelände.

Jetzt heißt es aufpassen, um Zusatzkilometer wegen Verlaufens zu vermeiden. Wir halten uns auf dem Feldweg, bis wir die erste Gabelung erreichen. Dort halbrechts und dem Weg folgen. Kurze Zeit später sehen wir auf der rechten Seite eine kleine Baum- und Buschgruppe und dann einen Weg, der in »unseren Weg« einmündet. Wir halten uns halbrechts und passieren die Baum- und Buschgruppe. Noch ein kurzer Anstieg und wir haben den ersten »Berg« erfolgreich gemeistert.

In einiger Entfernung können wir bereits Adlersberg erkennen. Der jetzt leicht abfallende Weg führt uns dann nach links weiter (rechten Abzweig ignorieren). Kurz darauf gabelt sich der Weg wiederum, wir halten uns halbrechts. Der Weg steigt dann in einer leichten Rechtskurve wieder an. Wir folgen ihm, bis wir kurz darauf die Straße nach Hummelberg in einiger Entfernung erkennen können. Nach einer kurzen Strecke erreichen wir dann den Übergang auf die Teerstraße. Wir gehen gerade aus und folgen einfach dem Straßenverlauf bis nach Hummelberg.

Wir durchqueren Hummelberg in einer leichten Linkskurve, um dann direkt beim »Haus Hummelberg« dem ausgeschilderten Wanderweg nach rechts in die Senke zu folgen. Auf der anderen Seite, direkt beim ehemaligen Dominikanerinnennenkloster und jetzigen Prösslbräu in Adlersberg, kreuzen wir wieder die Straße. Wer mag, legt hier nach geschafften 9 km eine kurze Pause ein. Hier, in Adlersberg, beginnt auch der so genannte Albertus-Magnus-Weg.

Wir gehen auf dem Gehsteig nach rechts bergab, bis wir nach etwa 300 Metern auf eine abknickende Vorfahrtstraße stoßen. Wir halten uns auf dem Radweg und folgen der Straße nach unten. Kurz darauf erreichen wir die Pettendorfer Straße.

Wir halten uns rechts Richtung Regensburg auf dem Radweg und überqueren nach ca. 100 Meter die Straße nach links Richtung Tremmelhausen.

Hier endet die Teerstraße und es beginnt der schönste Streckenabschnitt dieser Tour. Zunächst folgen wir dem Schotterweg ca. 250 Meter entlang des Waldrandes. Dann führt ein schmaler Pfad (läuft leicht ansteigend ein kleines Stück parallel zum

Strecke 1

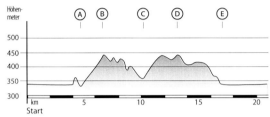

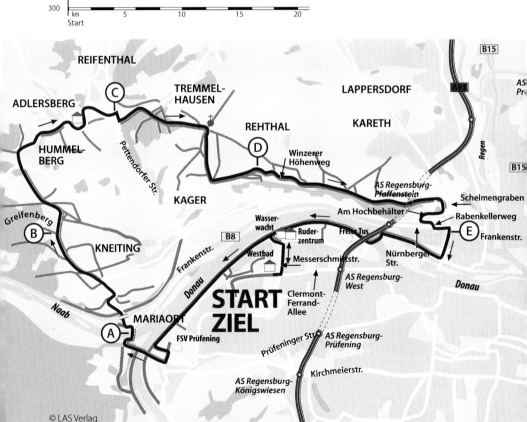

Schotterweg, Markierung an den Bäumen beachten) in den Wald hinein. Wir folgen diesem stetig ansteigenden, insgesamt ca. 800 Meter langen Pfad durch den Wald immer geradeaus. Es ist etwas Vorsicht angesagt, da dieser Weg vor allem bergab gerne von Mountainbikern für schnelle Abfahrten genutzt wird. Nach ca. 800 Metern bergauf endet das Waldstück und ein kleiner Trampelpfad führt aus dem Wald auf freies Feld hinaus. Dem Weg folgend erkennen wir in einiger Entfernung schon die Watzlik-Kapelle.

Eine Bank lädt hier zum Verweilen und Genießen der Landschaft ein. Wir folgen dem Weg, der bei der Kapelle nach rechts führt, für die nächsten 800 Meter, bis wir das so genannte Kagerer Kreuz erreichen. Hier biete sich uns ein erster herrlicher Blick über die Donau und Regensburg, und wir können erkennen, welche Strecke wir bisher bereits gemeistert haben.

Wir biegen nach links auf den Schotterweg ab und folgen ihm, bis er sich bei einem rot-weißen Markierungsstein gabelt. Wir halten uns halblinks und umgehen einen kleinen Spiel- und Grillplatz. Wir befinden uns hier auf dem Winzerer Höhenweg, der uns im weiteren Verlauf eine herrliche Aussicht bieten wird. Auf der rechten Seite erblicken wir weite Teile Regensburgs mit dem Dom und der Donau, auf der linken Seite sehen wir Rehtal mit den Lappersdorfer Ortsteil Kareth (ebenfalls ein herrliches Gebiet mit vielen Strecken für Nordic Walker). Nach einer kurzen Rast setzen wir unseren Weg fort. Wir passieren den Einsiedlerhof, der linker Hand steht, folgen dem Weg leicht bergab und setzen unseren Weg geradeaus fort.

Die Baum- und Buschgruppen auf der rechten Seite bieten uns auf unserem weiteren Weg einen guten Schutz vor der Sonne.

Nach ca. 1,5 km geht der Schotterweg in Asphalt über. Bis hierher haben wir bereits 16 km zurückgelegt. Wir folgen der Teerstraße bergab, passieren rechter Hand einige sehr schöne Wohnhäuser und die ehemalige Seidenplantage und biegen unmittelbar danach rechts in die Parkanlage ein. Hier nehmen wir gleich den Weg, der geradeaus parallel zur Straße führt. Nach ca. 200 Metern biegt dieser nach rechts ab. Wir folgen dem Weg geradeaus bergab und gehen damit parallel bergab zum Schelmengraben. Wir passieren die Treppen, die nach links hinunterführen, halten uns geradeaus weiter über den Trampelpfad und anschließend auf die Wohn-Straße Am Hochbehälter. Dieser Straße folgen wir, bis sie in einer Linkskurve steil nach unten führt. Hier biegen wir nach links in den Rabenkellerweg ab und folgen diesem wiederum geradeaus bergab, bis wir schließlich an die Kreuzung kommen, an der Rabenkellerweg, Alte Nürnberger Straße und Würzburger Straße zusammentreffen. Wir überqueren die Straße und halten uns am Gehsteig dann links Richtung Europakanalbrücke. Wir überqueren sie Richtung Dultplatz. Am Haupteingang zum Dultplatz halten wir uns halblinks, um unseren Weg auf dem Weg links vom Dultplatz Richtung Wehr fortzusetzen. Nach ca. 400 Metern erreichen wir den Zugang zum Wehr (links neben der Fahrradbrücke über den Kanal), wo wir nach links abbiegen und das Wehr überqueren.

Am Ende des Wehrs verlassen wir es nach rechts und folgen wieder dem Donauradweg, über den wir zu Beginn der Tour bereits gewalkt sind. Unter der Autobahnbrücke durch und vorbei am Sportplatz des Freien TuS Regensburg folgen wir dem Weg, bis wir den Ruderclub Regensburg und das Gebäude der Wasserwacht erreichen (nach ca. 1,5. km). Nach dem Gebäude der Wasserwacht biegen wir links ab, bis wir auf die Messerschmittstraße stoßen. Hier folgen wir dem Gehweg nach rechts vorbei an den Parkplätzen des Westbades und sind somit wohlbehalten am Ausgangspunkt wieder angekommen.

2 Prüfeninger Schloss – Rundkurs

Streckenprofil (Karte und Höhenprofil S. 52)

Länge/Dauer:	ca. 4,9 km/etwa 1 Std.
Höhenmeter:	ca. 90 hm; Min. Höhe: 346 m, max. Höhe: 417 m
Untergrund:	Schotter- und Waldweg
Schwierigkeitsgrad:	mittel
Begehbarkeit:	in Teilbereichen ganzjährig; Vorsicht bei Warnhinweisen wegen des Winterdienstes
Anfahrt:	RVV Linie 1 Endstation Prüfening, (ca. 10 Min. zum Ausgangspunkt)
Parkmöglichkeiten:	Parkplatz Biergarten

Die Strecke

Vom Start der Strecke, dem Parkplatz, aus geht es rechts am Biergarten des Prüfeninger Schlosses vorbei, auf dem Schotterweg hinauf, bis zu ersten Kreuzung. Hier biegt man rechts in eine wunderschöne Allee ein. Der Allee folgen bis zu ihrem Ende. Dort steht ein Strommast, an dem man links abbiegt und den Weg hochgeht bis zur Weggabelung, wo man sich rechts hält, und weiter bis zum nächsten Strommasten geht bzw. weiter bis zur nächsten Kreuzung. Hier biegt man rechts, nach ca. 200 m links ab (Symbol »grünes Quadrat in schwarzem Rechteck«) und dann weiter geradeaus.

Man geht direkt auf einen großen Baum zu, hinter dem ein kleines Häuschen steht. Am Baum hält man sich links. Nun walkt man parallel zur Autobahn. Wieder bis zum nächsten Strommasten und dann an der Kreuzung erneut rechts abbiegen und in Richtung Kapelle laufen. Man sieht an der Kreuzung nur die Spitze des Daches der Kapelle. Auf halben Weg dorthin lässt man linke Hand die Kiesgruppe liegen.

Beim nächsten Strommasten, wendet man sich erneut nach rechts zur Kapelle. An der Kapelle folgt man ab jetzt einfach dem Weg immer geradeaus und bewegt sich jetzt wieder parallel zur Autobahn. Man passiert die Modelltrainingsbahn, überquert mal eine Teerstraße, kommt an einem Hochspannungsmasten vorbei (rechte Seite) bis man schließlich am Tor der städtischen Baumschule angelangt. Am Tor führt links ein Fußgängerweg wieder zurück. Dem Weg folgt man bis zum Asphaltbelag und in der Kurve nach ca. 50 m, geht links ein Trampelpfad an der Baumschule vorbei.

Dieser Trampelpfad führt in ein Naturschutzgebiet, und man verlässt den Pfad an der ersten Gabelung links in Richtung Feldweg. Auf dem Feldweg walkt man geradeaus. Auf der rechten Seite ist die Skyline von Königswiesen-Süd zu erkennen. Am Ende des Feldweges geht es dann wieder links weiter bis zum nächsten Strommasten. Ab dort beschreibt der Weg eine Rechtskurve nach unten. Bei der nächsten Gabelung geht es links weiter (ca. 100–150 m) und am Ende biegt man erneut links ab. Diesem Weg folgt man immer geradeaus, bis man wieder zum Waldrand gelangt. Geradeaus weiter, und man erreicht am Ende des Waldes wieder den Schotterweg, auf dem man die Tour begonnen hat, und den Parkplatz.

Diese Strecke ist mittelschwer, da die Wege nicht regelmäßig gemäht werden und die Bodenbeschaffenheit den Nordic Walkern einiges an Kondition, aber auch an Koordination abverlangt. Entlang der Autobahn zu walken empfinden wir nicht wirklich als störend. Belohnt wird man zwischendurch immer wieder mit interessan-

Strecke 2

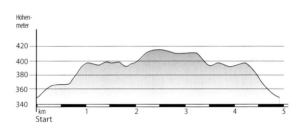

© LAS Verlag

ten Ausblicken auf Regensburg, die man in dieser Form so nicht kennt. Im Winter bei Schnee ist die Strecke sehr hell und meistens gut begehbar. Mit etwas Glück trifft man in den frühen Abendstunden auf den freien Feldflächen ab und zu mal eine Gruppe Rehe.

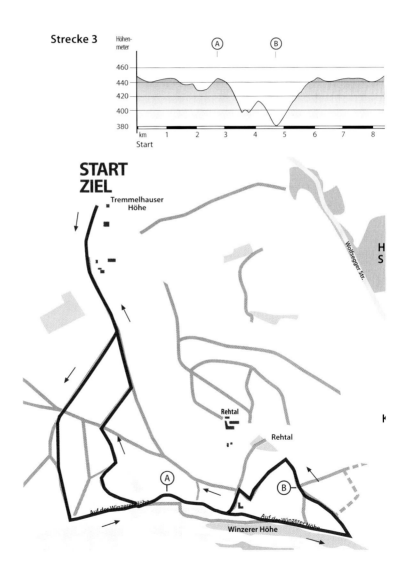

3 Tremmelhauser Höhe – Auf den Spuren des Regensburger Nordic-Walking-Halbmarathons

Streckenprofil (Karte und Höhenprofil S. 53)

Länge/Dauer:	ca. 8,4 km (beliebig verlängerbar)/ca. 1:40 Std.
Höhenmeter:	116 hm; Min. Höhe: 381 m, max. Höhe: 447 m
Untergrund:	überwiegend Feldwege, kurze Asphaltabschnitte
Schwierigkeitsgrad:	mittel
Begehbarkeit:	im Winter oft komplett eingeschneit
Besonderheiten:	Besonders schön in den Morgen- und Abendstunden; herrlicher Blick über Regensburg
Anfahrt	Auto: über Kareth zur Tremmelhauser Höhe
Parkmöglichkeiten:	Wiese hinter dem Hufwirt
Einkehr:	Hufwirt/Tremmelhauser Höhe (Donnerstag Ruhetag)

Die Strecke

Ausgangspunkt dieser herrlichen Tour ist der Hufwirt auf der Tremmelhauser Höhe. Die Orientierung erleichtert ein Wegweiser, auf dem alle Wanderwege rings um Lappersdorf zu finden sind.

Wir starten am Parkplatz (Wiese seitlich der Gaststätte) und gehen vorbei am Hufwirt. Die Teerstraße geht nach etwa 100 Meter in einen Feldweg über. Auf der rechten Seite erblicken wir in einiger Entfernung ein kleines Wäldchen und geradeaus den Regensburger Fernsehturm. Wir folgen dem Weg geradeaus, bis wir nach etwa 500 Metern nach rechts abzweigen Richtung Watzlik-Kapelle. Diese erreichen wir nach 1,3 km. Wer will, kann hier eine erste Pause einlegen und die Aussicht genießen. Alle anderen gehen geradeaus weiter. Etwa 200 Meter nach der Kapelle gabelt sich der Weg. Für welchen man sich entscheidet, spielt keine Rolle, weil beide Wege nach etwa 400 Meter wieder zusammenführen.

Geradeaus weiter gelangen wir zu unserem nächsten Orientierungspunkt, dem Kagerer Kreuz, von dem aus man einen ersten Blick auf Regensburg und die Donau erheischen kann. Wir halten uns links und folgen dem Winzerer Höhenweg.

Nach weiteren 500 Metern gabelt sich der Weg erneut (Markierungsstein), wir halten uns halblinks und umgehen einen Spielplatz. Kurz darauf kommt ein freistehendes Haus ins Blickfeld. Der Blick nach rechts bietet eine fantastische Aussicht über ganz Regensburg und die Donau. Linkerhand liegt uns der Regensburger Stadtnorden und das ganze Rehtal zu Füßen. Vor allem im Frühjahr und im Winter bleibt uns dieser Blick auf unserem weiteren Weg erhalten.

Wir passieren das freistehende Haus und folgen dem leicht abfallenden Weg geradeaus weiter.

Nach etwa 800 Metern sehen wir linker Hand eine Reihe von Bäumen. Wir biegen auf den nach links abzweigenden Weg ab (rechter Hand ist eine Wiese). Wir befinden uns jetzt auf dem so genannten Schwetzendorfer Stadtweg. Dieser führt uns leicht bergab. Er geht nach einiger Zeit über in einen Weg mit zwei betonierten Spuren und einer Grasnarbe dazwischen. Kurz darauf stoßen wir auf eine Kreuzung und biegen nach links ab.

Die Teerstraße geht nach kurzer Zeit wieder in einen Feldweg über. Das freistehende Haus, dass wir bereits passiert haben, kommt wieder in Sicht. Immer dem Weg bergauf folgend kommen wir hinter diesem Haus wieder auf den Winzerer Höhenweg. Hier biegen wir rechts ab und passieren wieder den Spielplatz.

Jetzt müssen wir aufpassen. Nachdem wir den Spielplatz passiert haben, geht nach rechts ein schmaler Pfad ab, der leicht zu verfehlen ist. Nur kurzer Zeit später kommt in der Ferne wieder die Tremmelhauser Höhe in Sicht. Wir verlassen den Pfad auf den kreuzenden Feldweg nach rechts.

Jetzt halten wir uns auf diesem Weg, bis wir nach 8,4 km wieder den Hufwirt erreicht haben.

4 Westbadrunde

Streckenprofil (Karte S. 56)

Länge/Dauer:	ca. 5,9 km/ca. 1 Std. (ohne Erweiterung)
Höhenmeter:	20 hm
Untergrund:	fast ausschließlich Schotter- und Feldwege
Schwierigkeitsgrad:	leicht
Begehbarkeit:	ganzjährig (mit Ausnahme der Verlängerung Max-Schultze-Steig); Vorsicht bei Warnhinweisen wegen des Winterdienstes
Besonderheiten:	in Sommer und Herbst frühmorgens vor allem an der Donau besonders idyllisch
Anfahrt:	RVV Linie 6, 11 »Westbad«
Parkmöglichkeiten:	Parkplatz Westbad
Sehenswürdigkeiten:	Mariaorter Kirche (auf der anderen Seite der Mariaorter Brücke)

Die Strecke

Diese Tour ist für Einsteiger besonders gut geeignet, da man sich immer auf festem Untergrund bewegt und so gut wie keine Höhenmeter zu überwinden sind. Hier finden sich von Frühjahr bis Herbst viele Jogger und Nordic-Walking-Gruppen, und auch wir führen hier einige unserer Nordic-Walking-Kurse durch.

Wir beginnen unsere Tour auf dem Gehweg zwischen Infineonparkpatz und Westbad und bewegen uns Richtung Donau. Nach ca. 300 Meter biegen wir nach rechts ab und halten uns geradeaus Richtung See. Nach einem kurzen Stück bergab walken wir im Schatten von Büschen und Bäumen entlang des Sees. Wir gehen an einigen Grünflächen vorbei, auf denen sich im Sommer viele Sonnenhungrige aufhalten.

Wir bleiben auf diesem Weg, bis er sich gabelt (links geht es weiter entlang des Sees, rechts geht es ein kleines Stück bergauf Richtung Ruderclub). Wir halten uns rechts und anschließend, sobald wir die Steigung überwunden haben, sofort wieder links. Wir sind jetzt auf dem Donauradweg R 5 unterwegs und walken parallel zur Donau.

Nach ca. 700 Metern passieren wir einen kleinen Grillplatz, der im Sommer gut frequentiert ist. Wir gehen weiter entlang der Donau. Viele Büsche und Bäume schützen den Nordic Walker im Sommer vor einem Sonnenbrand. Geradeaus erkennt man in einiger Entfernung bereits die Mariaorter Eisenbahnbrücke.

Ca. 100 Meter vor der Brücke biegen wir links ab (geradeaus setzt sich der Donauradweg fort). Wir treffen nach ca. 200 Metern auf eine Straße (direkt am Sportplatz des FSV Prüfening), bei der wir nach links abbiegen.

Der Teerbelag geht nach wenigen Metern bereits in einen Feldweg über. Wir gehen an einer Gärtnerei vorbei und bleiben stets auf dem Feldweg. In einiger Entfernung sind bereits wieder die ersten Häuser des Regensburger Stadtwestens zu sehen.

Wir passieren einen Spielplatz, der auf der linken Seite liegt, und treffen anschließend wieder auf einen geteerten Weg, auf dem wir die Sommereisstockbahn und der Skaterbahn passieren. Schließlich treffen wir auf den Abzweig, der uns zu Beginn unserer Tour zum See geführt hat. Hier halten wir uns geradeaus, um nach wenigen Minuten wieder an unserem Startpunkt anzukommen.

Strecke 4

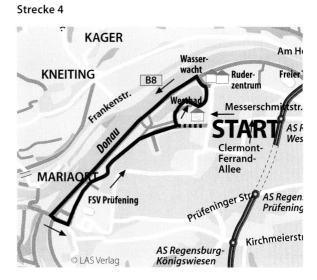

© LAS Verlag

Verlängerung

Wer mag, kann diese Tour ergänzen, indem er bei der Mariaorter Brücke nicht links abbiegt, sondern einfach geradeaus weitergeht und die Strecke 5, Max-Schultze-Steig, absolviert. Man kommt danach auch wieder bei der Mariaorter Brücke heraus und kann dann die Westbadrunde fortsetzen.

Strecke 5

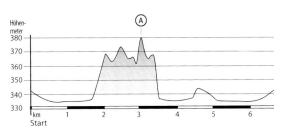

5 DB-Schule – Max-Schultze-Steig

Streckenprofil (Karte und Höhenprofil S. 57)

Länge/Dauer:	ca. 6,7 km/ca. 1 : 15 Std.
Höhenmeter:	113 hm; Min. Höhe: 332 m, max. Höhe: 380 m
Untergrund:	großteils Schotterwege, Waldpfade, kaum Teer
Schwierigkeitsgrad:	mittel
Begehbarkeit:	nur Frühjahr und Sommer; schattig
Besonderheiten:	Schwindelfreiheit für die Aussichtsplateaus notwendig
Anfahrt:	RVV Linie 1 »Endstation«/DBB: Bahnhof Prüfening; jeweils 5 Min. zur Bundesbahnschule
Parkmöglichkeiten:	DB-Schule Prüfening
Einkehr:	Gaststätte Schwalbennest

Die Strecke

Von der DB-Schule in Prüfening aus gehen wir den schmalen Weg Richtung Donau. An dessen Ende gelangen wir zu einer Straße. Wir biegen rechts ab und gehen geradeaus. In Höhe des Sportplatzes gehen wir links zur Donau runter. Dort angekommen treffen wir auf den Donauradweg und orientieren uns nach links Richtung Matting, bis zur Fähre Prüfening bzw. bis unter der Brücke durch. Danach überqueren wir die Straße oberhalb des Radweges.

Auf der linken Seite sehen wir den Sinzinger Weg, auf den wir kurz links einbiegen und uns gleich wieder rechts orientieren. Dann dem Weg rechts hoch und geradeaus folgen. Der Weg gabelt sich gleich am Anfang, die Abzweigungen sind Privatwege, also für uns uniteressant. Dem Weg gerade hoch folgen, bis zu der Abbiegung rechts »Weg Nr. 16 Max-Schultze-Steig«. Die Markierung ist ein rotes Rechteck, umrandet von einem weißen Rahmen. Dem Pfad und der Markierung folgen. Der Weg führt an einem Feld vorbei und kurz vor dem Waldrand geht es rechts in den Max-Schultze-Steig, braune Hinweistafel.

Jetzt immer auf dem Pfad bleiben und der Markierung folgen. Bei der ersten »richtigen« Gabelung geradeaus weitergehen, bis wir auf einen Klettersteig stoßen: Den überwinden wir und halten und weiter geradeaus, unter der Autobahnbrücke durch. An einem freien Hang vorbeikommend folgen wir weiterhin der Markierung, die im Halbkreis verläuft. Nach der Kurve geht es bergab. Wir treffen noch einmal auf eine Weggabelung, bei der wir uns entlang des Zaunes orientieren. Am Ende des Weges erreichen wir die Gaststätte »Schwalbennest«. Wer Lust hat, stärkt sich hier.

Anschließend überqueren wir die Straße und treffen auf der anderen Seite auf den Donauradweg, dem wir nach rechts folgen und entlang der Donau wieder zurückkehren zum Ausgangspunkt.

Die Strecke ist nur für Frühjahr und Sommer gut begehbar, bei Schnee und Eis zu gefährlich. In der heißen Jahreszeit ist die Tour wegen der langen Waldpassage hervorragend geeignet. Der Untergrund besteht fast nur aus Waldboden – außer auf dem Radweg hin und zurück. Auf dem Max-Schultze-Steig finden sich immer wieder kleine Aussichtsplateaus, von denen man eine herrliche Aussicht auf das Donautal genießt.

Da der Weg nicht allzu breit ist, ist die Strecke nur hintereinander begehbar und für Menschen mit Höhenangst nicht geeignet.

6 Rund um die Marienhöhe

Streckenprofil (Karte und Höhenprofil S. 61)

Länge/Dauer:	ca. 6 km/ca. 1:15 Std.
Höhenmeter:	ca. 150 hm; Min. Höhe: 332 m, max. Höhe: 433 m
Untergrund:	Teer; Schotter-, Waldwege
Schwierigkeitsgrad:	mittel (wegen der Höhenmeter)
Begehbarkeit:	ganzjährig; im Winter je nach Schneelage (Vorsicht bei Warnhinweisen wegen des Winterdienstes)
Besonderheiten:	in Sommer gut geeignet, da im Wald schattig mit angenehmen Temperaturen
Anfahrt:	RVV Linie 1 »Endstation«/DBB: Bahnhof Prüfening; jeweils 5 Min. zur DB-Schule
Parkmöglichkeiten:	DB-Schule Prüfening; Mariaort Gaststätte Krieger (je nach Ausgangspunkt)
Einkehr:	Gaststätte Krieger Mariaort
Sehenswürdigkeiten:	Mariaorter Kirche (auf der anderen Seite der Mariaorter Brücke)

Die Strecke

Für diese Tour gibt es zwei Startmöglichkeiten. Der eine Weg führt vom Parkplatz der Bundesbahnschule zwischen Schule und Gleisanlagen (leicht erhöht) Richtung Donau (Beschilderung Donauradweg). Nach ca. 200 Metern erreicht man halblinks den Weg, der leicht steigend auf die Brücke führt, die wir dann überqueren. Auf der Brücke bietet sich uns nach rechts ein herrlicher Blick über die Donau stadteinwärts. Geradeaus können wir bereits den Turm der Mariaorter Wallfahrtskirche erkennen. Am jenseitigen Ende der Brücke erreichen wir nach wenigen Schritten links eine Gleis-Unterführung.

Der zweite Startpunkt befindet sich am Parkplatz der Gaststätte Krieger in Mariaort. In Blickrichtung Donau halten wir uns auf dem Weg, der direkt am Ufer der Donau entlang führt, nach rechts (auf der anderen Uferseite können wir bereits die Mariaorter Kirche und die Eisenbahnbrücke sehen). Nach ca. 200 Metern erreichen wir den Holzsteg, der uns über die Naab führt. Wir halten uns rechts über den Schotterparkplatz in Richtung Etterzhausen. Nach dem Pfarrhaus führt links ein asphaltierter Weg steil nach oben auf die Mariaorter Brücke. Am Ende der Steigung findet man rechts die Gleis-Unterführung.

Bei der Unterführung finden wir die ersten Wegmarkierungen in roter, grüner und blauer Farbe. Wir gehen unter den Gleisen durch und anschließend rechts zu den Treppen. Jetzt führt uns der Weg zuerst über 79 und dann nochmals 50 Stufen auf die Marienhöhe. Dort ist der eigentliche Ausgangspunkt unserer Tour.

Einige Schritte entfernt von den eben bestiegenen Treppen befindet sich neben einer Bank ein Baum mit zahlreichen Wegmarkierungen. Wir orientieren uns an der Beschilderung »Naturfreundehaus Schönhofen« und dem Schild »(7) Nittendorf–Eichhofen« des Waldvereines Regensburg.

Wir setzen unseren Weg fort und gehen links am ehemaligen Café Marienhöhe vorbei, wo man jetzt Honig aus eigener Imkerei erwerben kann. Nach ca. 200 Metern gelangen wir zu einem Strommasten mit der Beschilderung »Zur Marienhöhe 14«. Hier halten wir uns rechts.

Der Weg steigt jetzt leicht an und wird steiniger. Wir bewegen uns durch lichten Laubwald, bis wir zu einer Weggabelung kommen, wo ein Schild links Richtung Alling weist. Wir halten uns hier weiter geradeaus. Sollte jemand das Bedürfnis verspüren auszutreten, so sollte er oder sie das Warnschild mit dem Hinweis »Tollwutgefährdeter Bezirk« beherzigen, das auf Fallen außerhalb des Weges hinweist.

Nach ca. 100 Metern biegen wir nach rechts ab. Zur weiteren Orientierung dienen jetzt die Markierungen »N«, die vereinzelt links und rechts an Bäumen angebracht sind und darauf hinweisen, das wir uns auf dem Weg zum Naturfreundehaus Schönhofen befinden.

Der Weg weist abwechselnd leichte Steigungen und Gefälle auf, bis wir nach einiger Zeit auf der rechten Seite eine Lichtung mit einer Wiese erreichen, in deren Mitte sich eine Umzäunung findet. Ein Schild auf der rechten Seite weist uns daraufhin, dass wir uns im Wasserschutzgebiet befinden. Wir folgen dem Weg nach rechts bis zur nächsten Gabelung. Auch hier halten wir uns rechts. Wir umwalken somit die Lichtung im Halbkreis.

Jetzt geht es steil bergab, so dass wir die Stöcke durchaus zum Bremsen einsetzen können. Nach kurzer Zeit erreichen wir einen Abzweig nach rechts (zwei Schilder: »Verbot der Durchfahrt mit Gesamtgewicht mehr als 16 t« und »Verbot der Durchfahrt für Fahrzeuge mit Achslast mehr als 10 Tonnen«).

Wir überwinden den Anstieg mit einigen kräftigen Stockschüben und folgen dann auf diesem Weg. Nicht erschrecken, wenn plötzlich linker Hand ein Güterzug oder ein ICE vorbeidonnert, denn der leicht profilierte Weg verläuft jetzt unmittelbar parallel zur Bahnlinie Regensburg – Nürnberg. Schließlich verengt sich der Weg und geht in einen Pfad über.

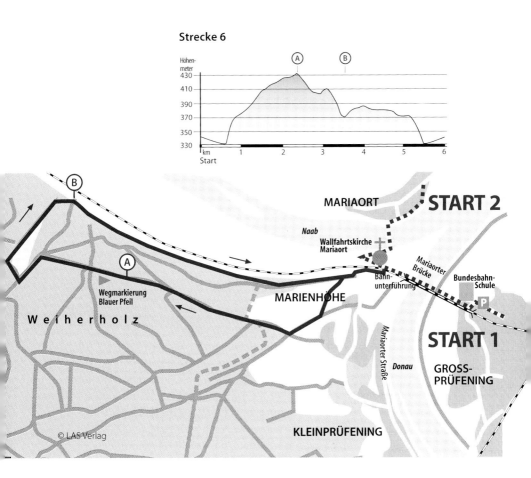

Hier bitte Achtung: Mountainbiker!

Der Pfad zieht sich jetzt halblinks leicht bergauf. Wir treten aus dem Wald heraus und gelangen zu einer Wiese. Nach einige Metern auf dem Pfad gelangen wir zur Rückseite des ehemaligen Café Marienhöhe und zu unserem Startpunkt.

Eine kurze Pause ist gestattet, dann geht es über die 129 Stufen hinunter und nach der Unterführung entweder nach rechts oder links zu unserem jeweiligen Startpunkt.

7 Etterzhausen – Pielenhofen

Streckenprofil (Karte S. 64)

Länge/Dauer:	ca. 14,3 km (beliebig verlängerbar)/ca. 2 – 3:30 Std.
Höhendifferenz:	flach
Untergrund:	überwiegend breiter Radweg, längere Asphaltabschnitte (ca. 1/3)
Schwierigkeitsgrad:	leicht
Begehbarkeit:	im Sommer wie im Winter
Besonderheiten:	Idyllische Pendelstrecke entlang der Naab mit Ausflugscharakter und Einkehr in der Klosterwirtschaft; Asphaltpads sollten auf jeden Fall mitgenommen werden
Anfahrt:	RVV Linie 28, 29 »Schlossbrauerei Etterzhausen«
Parkmöglichkeiten:	am Sportplatz Etterzhausen-Goldberg
Einkehr:	Klosterwirtschaft Pielenhofen, tgl. geöffnet 11 – 22 Uhr, Montags ab 17 Uhr

Die Strecke

Diese Tour lässt sich sehr schön als Pendelstrecke mit Einkehr in Pielenhofen nutzen, ist also auch hervorragend sonntagnachmittagstauglich.

An unserem Ausgangspunkt, dem Sportplatz Etterzhausen-Goldberg, stellen wir unser Auto ab. Los geht's in Richtung Pielenhofen: Wir folgen dem Weg Nr. 19 (roter Pfeil mit weißer rechteckiger Umrandung). Die ersten 1,3 km sind asphaltiert, also Pads drauf. Will man sich den Asphaltkilometer sparen, fährt man mit dem Auto am Sportplatz vorbei weiter bis zu ersten Häusern und parkt dort.

Der Weg führt stets am Ufer der Naab entlang bis Pielenhofen. Der Boden besteht aus festem Schotter bis zum Campingplatz, danach bis Pielenhofen wieder aus

Asphalt. In Pielenhofen überquert man die Brücke und folgt der Beschilderung »Klosterwirtschaft Pielenhofen«, die eine wunderschöne Einkehrmöglichkeit bietet.

Wer den Asphalt vermeiden will, der schwenkt ca. 800–900 m vor Pielenhofen rechts auf einen Trampelpfad ein, der kurz vor Ortsbeginn wieder auf die Straße mündet.

Obwohl Pads nötig sind, lohnt es sich diese Strecke allemal als Ausflug. Entlang der Naab ist es im Sommer schattig und auch im Winter ist der flache Rad-/Wanderweg sehr gut begehbar.

Wer eine schnellere Trainingseinheit absolvieren möchte, ist ebenfalls auf dieser Strecke richtig.

Wenn Sie die Lust auf mehr gepackt hat, dann marschieren Sie von Pielenhofen weiter an der Naab entlang bis nach Kallmünz und zurück.

8 Schönhofen

Streckenprofil (Karte und Höhenprofil S. 65)

Länge:	ca. 6 km – Rundweg/ca 1 : 10 Std.
Höhenmeter:	knapp 150 hm; Min. Höhe: 365 m, max. Höhe: 470 m
Untergrund:	bei der ersten Abzweigung erster steiler Anstieg und schmaler Weg, dann überwiegend breite Waldwege, kurze Asphaltabschnitte
Schwierigkeitsgrad:	mittel bis schwer
Begehbarkeit:	ganzjährig; im Winter oft eingeschneit, aber trotzdem begehbar
Besonderheiten:	Toller Ausblick auf Schönhofen und die alpin anmutenden Kletterfelsen von Schönhofen/ pittoreske Landschaft des Labertals; zwischendurch werden Asphaltpads benötigt
Einkehr:	Schönhofen, Brauereigaststätte in Eichhofen
Anfahrt:	B 8, Etterzhausen, Nittendorf, Schönhofen bzw. Sinzing, Alling, Schönhofen
Parkmöglichkeiten:	Beim Sportplatz Schönhofen
Ausgangspunkt:	Schönhofen Sportplatz

Die Strecke

Vom Parkplatz aus folgt man links dem Main-Donau-Radweg, der am Anfang asphaltiert ist, dann aber in festen Schotterbelag übergeht, vorbei an den Kletterfelsen des Labertals. Kennzeichnung des Main-Donau-Weges: roter Pfeil, darüber weißes Rechteck mit einem blauen M, darüber weißes Rechteck mit einem blauen D – weißes Rechteck M.

Wir folgen dem Weg entlang der Laber kapp 3 km weit bis Loch. 100 Meter nach dem Beginn der Asphaltstraße biegen wir rechts ab, hoch in den »Schwarzhofsteig«. Wir folgen der Markierung »Weg 7-Grafenried, Marienhöhe/Pieps-Denger Steig«. Der Weg führt steil berghoch. Dann stets dem Weg mit einem blauen Pfeil auf weißem Rechteck folgen. Die Strecke verläuft über Waldboden und ist sehr schmal, sodass man des öfteren in Reihe gehen muss.

Im Wald passieren wir eine Lichtung. Direkt beim »Waldeingang« folgen wir wieder rechts dem Weg und der Markierung. Ab jetzt geht es bergab. Bei der ersten großen Kreuzung folgen wir nicht mehr dem blauen Pfeil, sondern dem blauen Rechteck. Wir gehen den Berg runter. Am Waldrand steht links ein Zaun, an dem der Weg rechts vorbeiführt. Dann weiter dem Feldweg entlang. Ab dem letzten Haus geht der Weg in Asphalt über und heißt jetzt Löselweg. An dessen Ende biegen wir rechts ab und sind wieder am Sportplatz angelangt.

Strecke 7

Strecke 8

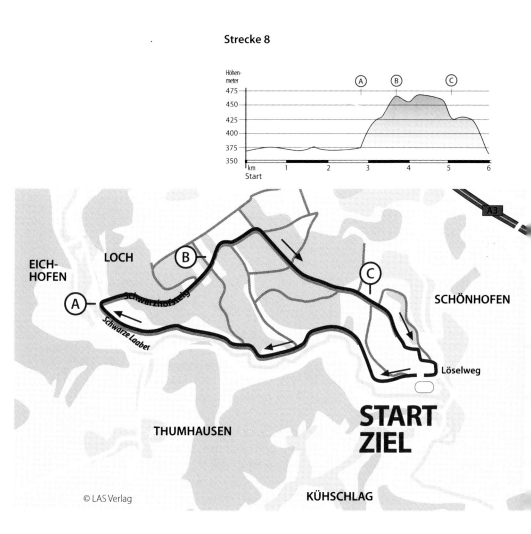

9 Regenstauf Vogelsand

Streckenprofil (Karte und Höhenprofil S. 68)

Länge:	13 km (beliebig verlängerbar)/2:30 Std.
Höhenmeter:	ca. 220 hm; Min. Höhe: 338 m, max. Höhe: 449 m
Untergrund:	überwiegend breite Waldwege, kurze Asphaltabschnitte
Schwierigkeitsgrad:	mittel
Begehbarkeit:	ganzjährig; im Winter oft verschneit, aber trotzdem begehbar
Besonderheiten:	Wunderschöne Strecke auf meistens breiten Wegen mit viel Waldboden. Zu jeder Tageszeit schön; an heißen Sommertagen wegen des Waldschattens besonders angenehm; Asphaltpads mitnehmen
Anfahrt:	B 15, durch Regenstauf, über Regenbrücke, vor Ortsausgang an der letzten Ampel rechts Staße Richtung Ramspau, geradeaus ca. 2 km, bis zur Abzweigung rechter Hand nach Wöhrhof
Parkmöglichkeiten:	Bei »Mietpark Bauen Lang« an der Straße Regenstauf – Ramspau oder in Wöhrhof
Ausgangspunkt:	siehe Parkmöglichkeit; für GPS-Fans: 12°08'11" Ost, 49°08'14" Nord

Die Strecke

Vom Startpunkt, bzw. der Kreuzung Spindlhofstr./Grasinger Weg ausbiegen wir links auf den Feldweg ein. Am Feld vorbei walken wir Richtung Wald. Am ersten Baum hängt ein Schild »Kalter Brunnen«. Wir gehen den Weg geradeaus hoch und folgen der Markierung (roter Pfeil, umrundet von weißem Rechteck) solange, bis auf der rechten Seite ein grüner Bauwagen steht und der Weg eine Linkskurve macht. Wir folgen weiterhin der Markierung. Am Ende des Weges rechts abbiegen und wieder der Markierung folgen. Wir gehen stetig, aber nicht steil bergauf, bis wir auf die Straße Ramspau–Leonberg treffen, die wir überqueren.

Weiter der Markierung folgen. Jetzt wird der Weg etwas steiler und schmaler. Auf die vielen Wurzeln im Boden aufpassen! Teilweise kann man nur hintereinander gehen. Der Weg führt uns geradeaus bis zu einem Zaun. Hier links abbiegen und dem Weg bis zur nächsten Kreuzung folgen. Dort halten wir uns links Richtung Leonberg (Schild am Baum »77 Leonberg«, Markierung »rotes Rechteck mit weißer Umrandung«).

Dem Weg folgen wir bis zu dessen Ende. Dort erreichen wir einen Schotterweg, auf den wir links einbiegen. An dessen Ende erwartet uns wieder die Straße Ramspau–Leonberg und deren Autobahn-Unterführung.

Ab hier für ca. 1 km die Asphaltpads aufstecken und durch die Unterführung bis zur nächsten Kreuzung, dort links Richtung Rossbach. Wir folgen der Ausschilderung Richtung Grüngut, bis wir auf eine Gabelung stoßen und die Straße links in Richtung Haberhof und Grüngut nehmen. Dem Straßenverlauf folgend geradeaus, am Haberhof vorbei. Dann trefffen wir auf einen Schotterweg, der zum Brücklhof führt.

Links an der Mauer steht der Hinweis »Richtung Pferdecamp«. Den Brücklhof erreichen wir an der Einmündung des Feldweges auf einen geteerten Weg. Der Hof besteht eigentlich nur aus einem kleinen, gelben, etwas verwittertem Häuschen. Hier links halten und dann geradeaus die Autobahn überqueren und in den Wald marschieren.

Dort an der Gabelung wählen wir den rechten Weg entlang der Stromleitung. Die Markierung hier: grünes Rechteck. Immer geradeaus, bis wir wieder auf die Markierung vom Vogelsand treffen, der wir Richtung Regenstauf (roter Pfeil) bis zu unserem Startpunkt folgen.

Wer noch Zeit, Lust und Ausdauer hat, der kann bei Punkt Ⓑ noch die Strecke 10 (Pfingstwegrunde) dazunehmen.

Strecke 9

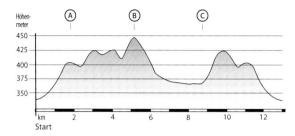

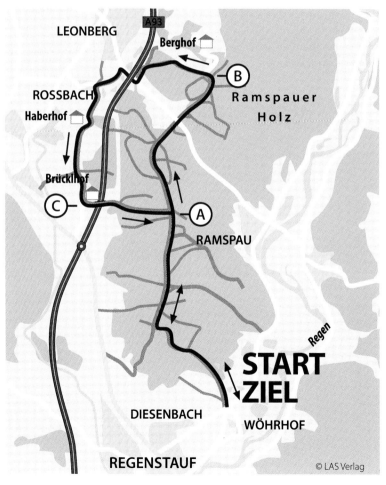

Strecke 10

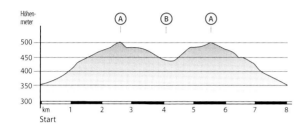

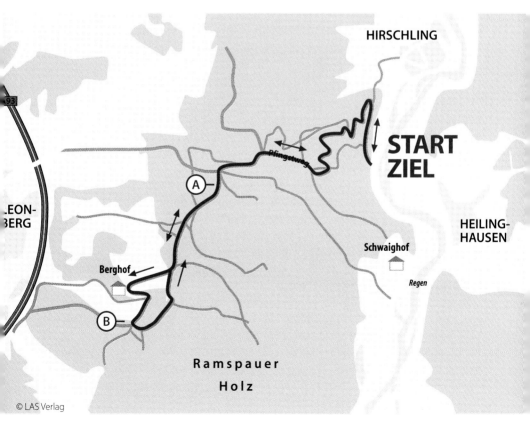

© LAS Verlag

10 Pfingstweg Hirschling

Streckenprofil (Karte und Höhenprofil S. 69)

Länge:	ca. 8 km (beliebig verlängerbar)/1:45 Std.
Höhenmeter:	knapp 300 hm; Min. Höhe: 350 m, max. Höhe: 500 m
Untergrund:	überwiegend Waldboden
Schwierigkeitsgrad:	mittel bis schwer
Begehbarkeit:	ganzjährig
Besonderheiten:	steiler Berg am Anfang, toller Ausblick über Leonberg, auch an heißen Sommertagen gut begehbar, beim Berghof steht ein Bienenhäuschen: Achtung Allergiker im Sommer! Keine Asphaltpads nötig.
Einkehr:	nein
Anfahrt:	Über Regenstauf nach Klein-Ramspau, links über die Regenbrücke Richtung Leonberg, nach der Brücke rechts Richtung Hirschling
Parkmöglichkeiten:	An der Straße Ramspau – Hirschling bzw. 500 m weiter in Hirschling.
Ausgangspunkt:	500 m vor Hirschling Einbuchtung mit Bank und Schild ›Landschaftsschutzgebiet‹: Beginn des Pfingstweges.

Die Strecke

Etwa 50 Meter nach unserem Ausgangspunkt steht rechts ein Stein mit eingravierter Inschrift »Pfingstweg 1972« (Wegmarkierung »grünes Rechteck«, daneben eine »10« in einem orangen Quadrat). Jetzt geht es erst einmal ca. 2 Kilometer bergauf. Immer der Markierung folgen, bei der ersten Kreuzung links halten. Sobald der Weg sich bergab neigt, führt die Markierung links in einen Pfad. Am Ende des Pfades halten wir uns links. Die Markierung wechselt: am Baum steht ein roter Pfeil – mit Richtung links; am Baum gegenüber ist ein Hinweisschild »77 Birkenhof/weißes Kreuz/Marienthal/Regenstauf«. Diesem Weg und der Markierung folgen wir. Nach ca. 300 m bei der ersten Weggabelung folgen wir rechts rein der Markierung und bleiben auf dem Weg. Am Ende trifft dieser Weg auf wieder auf einen Waldweg, dem wir rechts einbiegend folgen.

Dann halten wir uns immer geradeaus. Der Weg führt bergab über viel Wurzelwerk. Also: Achtung auf Stolperfallen! Auch an der nächsten Kreuzung folgen wir der Markierung und zwar geradeaus (noch nicht rechts abbiegen). Nach ca. 100 m geht es rechts rein. Die Markierung wechselt von rotem Pfeil zu rotem Rechteck. Die Wegbeschreibung lautet: »78 Leonberg/Ramspau«. Nach ca. 400 Metern stoßen wir auf einen breiten Schotterweg, auf den wir links einbiegen. Es handelt sich um die Zufahrt zum Berghof.

Der Weg führt vorbei an einem Bienenhäuschen, Allergiker sollten im Frühjahr und Sommer gewappnet sein. Wir bleiben auf dem Weg und durchqueren den Hof. Laut Besitzer kein Problem. Ab und zu läuft ein Hund frei rum, der aus Angst zwar bellt, aber friedlich bleibt.

Nach dem Berghof geht es wieder bergauf. Wir gelangen wieder auf den Wanderweg, der unsere Schleife eingeleitet hat. Das Symbol des roten Pfeils erscheint uns jetzt auf dem Rückweg umgekehrt. Wir biegen also links ab, dann bis zur nächsten Gabelung in ca. 50–100 Metern Entfernung. Jetzt nehmen wir nicht den linken Weg (von wo wir gekommen sind), sondern halten uns rechts. Wir gehen dem Wegverlauf für ca. 400 m nach und halten uns bei der nächsten Weggabelung links.

Nach ca. 50 Metern ereichen wir eine kleine Waldkreuzung. Wir biegen linka ab und folgen dem Weg. Der beschreibt als Parallelweg zu unserem Hinweg einen einen leichten Verlauf nach links. Wir treffen schließlich wieder auf den roten Pfeil, in umgekehrter Reihenfolge zum Hinweg, passieren wieder die Kreuzung, auf der wir auf dem Hinweg rechts abgebogen waren, und folgen dem Weg bis zum Ende.

Dann stoßen wir wieder auf den Pfingstweg, auf den wir rechts einbiegen und nach ca. 300 m leichtem Anstieg 2 km herrlichen Abstieg vor uns haben, um dann wieder beim Ausgangspunkt zu landen.

Wem es nicht zu anstrengend ist, der kann bereits in Ramspau in Höhe der freiwilligen Feuerwehr parken und die 3 km zum Pfingstweg entlang der Straße walken. Man sollte für diesen Fall auf jeden Fall Asphaltpads dabei haben. Die Straße ist wenig befahren und der Weg entlang des Regens ist landschaftlich sehr schön.

Diese Runde (ab Pfingstweg) bietet sich, da zum größten Teil schattig, auch bei Hitze an. Die Passagen mit viel Wurzelwerk beanspruchen erhöhte Aufmerksamkeit. Ab Pfingstweg selber braucht man keine Pads extra. Die Wege sind größtenteils angenehm breit, so dass man auch wunderbar nebeneinander gehen kann. Für diese Runde braucht man ca. 1,5-2 Stunden und ist vom Schwierigkeitsgrad auf der mittleren Ebene anzusiedeln.

Inlineskaten – Gleitzeit auf Rollen

Steckbrief: Gleichgewichts-, Koordinations- und Ausdauertraining sowie Muskeltraining für Beine und Hüfte. Technik nicht ganz leicht zu erlernen.

Die Fortbewegung auf Rollen (in line = in Reihe) vergrößert sowohl den Aktionsradius als auch die Geschwindigkeit des Sportlers enorm. Dazu macht das Ganze auch noch Spaß, wenn man die Technik richtig beherrscht.
Die Inline-Gemeinde teilt sich in verschieden Sportarten wie Inline-Hockey, Free Style Skating, Nordic Skating etc. stunt skaten
Beim Regensburg-Marathon sieht man die Speedskater flitzen.

Das A und O ist eine saubere Technik. Und: auf die Strecke sollte man erst gehen, wenn man die Skates beherrscht. Mit einer guten Technik erhöhen Sie zugleich Ihren fun-Faktor und reduzieren das Verletzungsrisiko. Eine Schutzausrüstung (Ellenbogen-, Knie-, Handgelenkschoner, Helm) sollte auch für Profis ein Muss sein. Schöne Strecken zu finden, kann ein Manko sein. Da brauchen die Skates eine feste, nicht zu dreckige und zu wellige Unterlage. Hier kommen in und um Regensburg natürlich die flachen Radwege in den Flusstälern der Donau, des Regens und der Naab in Betracht.

Inlineskater gelten in Deutschland rechtlich gesehen als Fußgänger.

Buch: Jaumann/Themessl: Burgen, Biergärten, Badeweiher. Die schönsten Rad- und Skatertouren in Regensburg. ISBN: 3931904865. 12,90 EUR

Outdooranlagen: (siehe Karte auf S. 264/265)
– JUZ Arena, Unterislinger Weg 2, 93053 Regensburg, Tel. 0941/507-1558
– Skatepark Burgweinting
– Skatepark am Donaupark: an der Nordwestecke des Infineon-Geländes
– Skatepark Lappersdorf: am Spielplatzgelände Nähe Regen
– Rilkepark: Autobahndeckel
– Skatepark Schwabelweis: an der Baseball-Arena; am angesagtesten!

Wo wird gefeiert?

STADT BUCH REGENSBURG

Über 400 x Essen, Trinken, Ausgehen & Hotels

Freizeit- & Ausflugs-Tipps

Kultur & Lebensgefühl

Stadtleben von A - Z

Best of ...
ab Seite 33

352 Seiten stark.
Viele Farbfotos!
6,50 €

Nachgefragt bei: Giso Merkl von ADRENALIN

LAS: Herr Merkl, seit wann skaten Sie?

Giso Merkl: Ich skate seit 15 Jahren.

LAS: Und wie sind Sie zum Skaten gekommen?

Giso Merkl: Das war damals ein Trendsport. Ich bin neugierig gewesen, hab mir die Dinger besorgt und habe mir das Fahren dann selber beigebracht.

LAS: Haben Sie zuvor einen anderen Sport ausgeübt?

Giso Merkl: In Richtung Skating weniger, Schlittschuhlaufen konnte ich nicht, machte aber Schilanglauf. Da ist die Skatingtechnik ja ähnlich.

LAS: Was hat Sie eigentlich am Inlineskaten so fasziniert, schießlich sind Sie ja noch immer dabei?

Giso Merkl: Die Vielfältigkeit. Ich hab mit Stuntskaten angefangen und bin über das Streethockey dann zum Speedskaten gekommen und dort hängen geblieben, einfach wegen der Dynamik der Sportart.

LAS: Was ist für Sie der Kick beim Inlineskaten?

Giso Merkl: Das Wichtigste für mich: Inlineskaten ist eine Outdoor-Sportart. Man bewegt sich in der Natur, draußen; man bewältiget in relativ kurzer Zeit sehr lange Strecken; man lernt verschiedene Strecken kennen. Es wird also nie langweilig, und das fasziniert mich.

LAS: Wie oft trainieren Sie eigentlich pro Woche?

Giso Merkl: Jeden Tag.

LAS: Sie kennen natürlich die Strecken in und um Regensburg. Welche ist denn aktuell ihre Lieblingstour?

Giso Merkl: Das ist die von Prüfening nach Bad Abbach raus.

LAS: Was waren Ihre schönen Skating-Erlebnisse in den letzten 15 Jahren?

Giso Merkl: Ja, die schönsten Erlebnisse sind meine sportlichen Erfolge gewesen, die Meisterschaften, die ich gewonnen habe. Eine tolle Sache sind auch die Ausflüge mit Inlineskates aufs Gäubodenfest nach Straubing.

LAS: Welche negativen Erlebnisse gab es?

Giso Merkl: Krasse Verletzungen hab ich noch nicht gehabt, aber in einer Saison fiel ich dreimal auf die Knie. Als Speedskater hat man ja kein Knieschutz, und dann immer wieder auf die frisch verheilten Wunden … Da fängt man schon an zu zweifeln, ob man den richtigen Sport hat. Man sollte halt einen Schutz anziehen, dann wäre das Ganze kein Thema.

LAS: Ab welchem Alter würden sie Kindern den Einstieg empfehlen?

Giso Merkl: Eigentlich, sobald sie richtig gehen können. Vernünftig ist es so ab 5 Jahren. In Kinder sollten da schon ein Bewusstsein für den Straßenverkehr entwickelt haben. Auf spielerischer Art und Weise, auf Parkplätzen, ab fünf Jahren kein Problem.

LAS: Gibt es denn auch ältere Sport-Fans, ab 40 oder 50, die sich das erste Mal auf die Skates wagen?

Giso Merkl: Wir haben bei unseren Kursen Anfänger, die teilweise noch älter sind. Man sollte gesund sein, und von seiner Mentalität her bereit, was Neues zu erlernen. Das Allerwichtigste ist eine komplette Schutzausrüstung inclusive Helm, dann kann nicht mehr viel schief gehen.

LAS: Welche Basisausstattung braucht der Anfänger, und was kostet sie?

Giso Merkl: Fangen wir mal von oben an: Man braucht einen Helm, der gut belüftet sein sollte. In der Regel reicht ein Fahrradhelm. Der Helm muss auch bei einem Sturz noch am Kopf bleiben, daher sollte die Größe gut einstellbar sein. Vernünftige Helme gehen los ab 30 Euro aufwärts.

Dann sollte man so genannte Wristguards haben, also Handgelenksschoner, die das Handgelenk bei einem Sturz unterstützen. Gleichzeitig ermöglichen sie, dass man auf dem Teer rutscht, und die Kraft des Sturzes verpufft. Ellenbogenschoner sollten nicht zu locker sitzen, entsprechend die Knieschoner. Ein Schutzset gibt's ab 20 Euro.

Inlineskates sollten genau passen und nicht zu groß sein, ein Softboot, kombiniert mit einer Aluschiene, möglichst großen Rollen und einer anständigen Bremse. Die Bremsgummis sollten nachkaufbar sein. Der Preise für vernünftige skates geht ab 120 Euro los, nach oben sind keine Grenzen gesetzt.

LAS: Ist die Inline-Technik schwer zu erlernen?

Giso Merkl: Die richtige Inlineskate-Technik ist sehr komplex. Es kann schon Jahre dauern, bis man richtig skatet. Die Spitzenskater haben in der Woche zweimal reines Techniktraining, obwohl man meinen könnte, dass die es können.

LAS: Und wie eignet man sich die Technik am besten an?

Giso Merkl: Grundsätzlich sollte man selber lernen, von A nach B zu laufen und auch das Bremsen üben. Da ist Anleitung schon wichtig. Hier werden Kurse angeboten von diversen Inlineskate-Schulen. Es gibt auch einen großen Inlineskate-Verein in Regensburg, wobei man sich da mehr auf Leute konzentriert, die schon fahren können.

Eine wichtige Übung für die Anfänger, um das Grundgerüst der Inlineskatetechnik zu erlernen, ist das Einbeinfahren. Erst mal zwei, dann drei, später 20, 50 Meter nur auf einem Bein rollen, um das Gleichgewicht zu finden. Inlineskaten ist ja ein wechselseitiges Einbeinfahren.

LAS: Würden Sie Inlineskaten eher als Einzelsport oder Mannschafts- und Gruppensport sehen?

Giso Merkl: Beides, man kann alleine fahren. Die Gruppe bietet den Vorteil des Windschattenfahrens, ähnlich wie beim Radfahren. Das bringt dann wegen des geringeren Luftwiderstands schon 40 Prozent Ersparnis.

LAS: Welche Muskelgruppen werden beim Skaten vor allem trainiert? Halten Sie Ausgleichssport für wichtig?

Giso Merkl: Beim Inlineskaten werden primär die Beine und der Rumpf trainiert. Der Oberkörper wird vernachlässigt, wobei wenn man mit aktiver Armarbeit schon mehr für den Oberkörper tut als etwa beim Radfahren.

LAS: Sollte man also im Studio den Oberkörper kräftigen?

Giso Merkl: Auf jeden Fall, das empfehle ich schon.

LAS: Was haben Sie sonst noch auf dem Herzen in punkto Inline-Sport?

Giso Merkl: Ja, da ist noch eine Sache: Warum passieren Unfälle mit Anfängern? Weil man auf Strecke geht, ohne die Skates zu beherrschen. Da sollte im Vorfeld auf Parkplätzen etc. geübt werden. Erst dann sollte man sich auf die Strecke begeben, denn es kommt immer etwas Unvorhergesehenes auf einen zu, sei es ein Hund, ein Kind, im schlimmsten Fall ein Auto.

LAS: Herr Merkl, wir danken für das Gespräch.

Inlineskaten – alle Strecken auf einen Blick

	Seite		Schwierig-keit	Länge (km)
1	78	Regensburg–Etterzhausen–Regensburg	○	17,5
2	79	Kallmünz–Hohenfels	○	21
3	82	Regensburg–Regendorf–Zeitlarn–Regensburg	○	16
4	83	Regensburg–Regenstauf–Marienthal–Regensburg	○○	49
5	85	Regensburg–Bad Abbach–Regensburg	○○	26
6	86	Bad Abbach: Insel	○	3,7
7	86	Fußgängerbrücke Bad Abbach–Gundelshausen–Poikam	○	10
8	87	Obertraubling–Köfering	○	3,5 (einf.)
9	90	Obertraubling–Neutraubling–Barbing–Obertraubling	○○	14
10	91	Die Marathon-Strecke: Regensburg–Donaustauf–Kiefenholz	○○	42

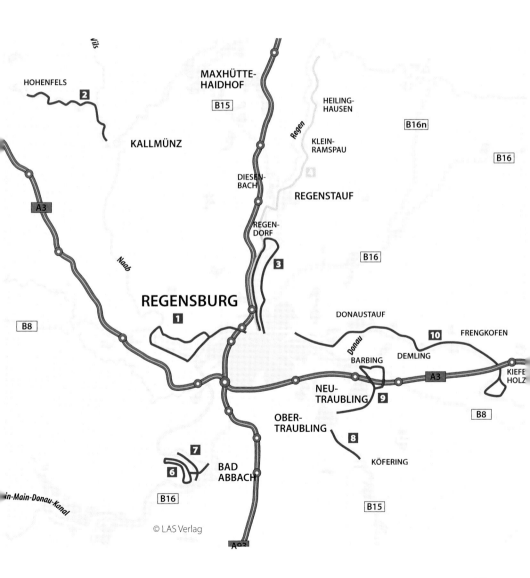

1 Regensburg – Etterzhausen – Regensburg

Streckenprofil (Karte S. 80)

Länge:	17,5 km
Geeignet für:	Anfänger/Fortgeschrittene
Schwierigkeit:	Technik: leicht; Ausdauer: mittel
Belag:	Asphalt, teilweise etwas uneben
Anfahrt:	PKW: Parken in der Bamberger Str. oder Am Europakanal, in der Nähe des Hotels; RVV Linie 12 »Würzburger Str.«
Startpunkt:	Radweg Am Hotel, Am Europakanal
Besonderheiten:	Landschaftlich schöner Rundkurs mit klasse Ausblicken auf Donau und Naab
Extratipp:	Abzweigung Richtung Schwetzendorf bringt Sie direkt zum Abkühlen in den Schwetzendorfer Weiher; einfache Länge 4,5 km von der Donau aus, Höhenunterschied: ca. 50 m

Die Strecke

Am Start müssen wir unter der Autobahn durch und auf dem kombinierten Fuß-/Radweg direkt an der B 8 entlang, bis sich am nördlichen Donauknie der Radweg von der Straße löst. Wir rollen jetzt direkt an der Donau. Der Weg ist, leicht uneben und, da auch von Landwirten genutzt, manchmal schmutzig.

200 m nach dem Bootseinlass (km 3,2) zweigt rechts der Radweg Richtung Schwetzendorf ab. Dem folgen wir zickzack durch die Felder, bis wir auf die verkehrsarme Straße Kneiting–Mariaort treffen. Dort links, an Mariaort vorbei. Die Straße nähert sich der B 8, neben der wir jetzt bis Etterzhausen herfahren. Bei Mariaort Vorsicht bei der Querung der Unterführung unter die B 8: Es geht bergab, keine Sicht auf den Querverkehr.

Danach nimmt uns der Feldweg auf, der uns zu den neuen Radweg Richtung Etterzhausen bringt. Dort hinter der Tankstelle herum, die Straße Richtung Kallmünz queren und über die Naabbrücke (km 8,5).

Gleich nach der Naab die B 8 überqueren, und nach der Schlossgaststätte links rein auf den verkehrsarmen Fahrweg Richtung Mariaort.

Wir können es jetzt erst mal rollen lassen. Dann rollen wir über Waltenhofen bis zur Wallfahrtskirche Mariaort (km 12,6). Dort über die Fußgängerbrücke nach Mariaort. Im Ort dann rechts auf den Radweg Richtung Regensburg. Die letzten Kilometer sind uns dann schon vom Herweg vertraut.

Ein Zusatz-Schmankerl für den Sommer

Wer noch Kraft und seine Badehose dabei hat, biegt auf dem Rückweg nochmals in den Radweg Richtung Schwetzendorf ab. Am Ortseingang Kneiting rechts, nach 100 m links in den Radweg neben der Straße einbiegen. Der Radweg quert in Reifenthal die Straße und führt direkt zum Schwetzendorfer Weiher.

Von der Donau zum Schwetzi sind auf 4,5 km etwa 50 Meter Höhenunterschied zu überwinden, der Rückweg wird also etwas schneller.

2 Kallmünz – Hohenfels

Streckenprofil (Karte S. 80)

Länge:	10,5 km (einfach); flach, 50 unmerkliche Höhenmeter von Kallmünz bis Hohenfels
Geeignet für:	Anfänger/Fortgeschrittene
Schwierigkeit:	Technik: leicht/Ausdauer: leicht
Belag:	Asphalt; auf Brücken Holzplanken
Anfahrt:	Von Regensburg kommend an Kallmünz vorbei Richtung Amberg; am Ortsausgang unmittelbar nach der Vilsbrücke rechts abbiegen und Parkplatz suchen.
Startpunkt:	Brücke über die Vils Ortsausgang Kallmünz Richtung Traidendorf
Besonderheiten:	Eintauchen in die faszinierende Landschaft des Oberpfälzer Jura, ruhige Strecke

Die Strecke

Von unserem Ausgangspunkt folgen wir dem »Fünf-Flüsse-Radweg« unter der Vilsbrücke hindurch Richtung Traidendorf. Dort links über die Brücke nach Rohrbach. In Rohrbach folgen wir bei der Kirche der Hauptstraße für 50 m nach rechts, dann links abbiegen, rechts über das Brückerl, und linkerhand weiter auf dem Radweg. Am Ortsausgang den linken Radweg Richtung »Hohenfels« nehmen, der sich in traumhafter schöner Tallandschaft am Forellenbach entlang schlängelt. Am Ortseingang Hohenfels kehren wir wieder um und genießen die gleiche Strecke nochmals in umgekehrter Richtung.

Strecke 1

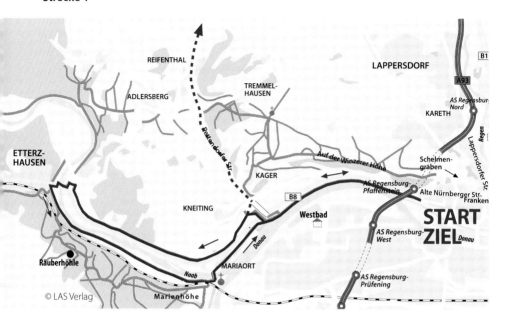

Strecke 2

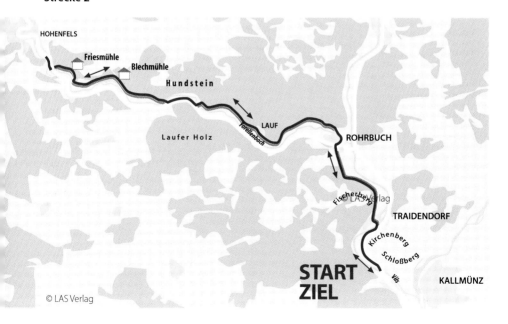

Strecke 3

3 Regensburg – Regendorf – Zeitlarn – Regensburg

Streckenprofil (Karte S. 81)

Länge/Dauer:	16 km, flach
Geeignet für:	Anfänger/Fortgeschrittene (Rückweg über Zeitlarn)
Schwierigkeit:	Technik: leicht/Ausdauer: mittel
Belag:	Asphalt/Pflaster in Ortsdurchfahrt Zeitlarn/200 m fester Schotter in Sallern
Anfahrt:	Frankenstraße Richtung DEZ, bei Ampel Reginakino rechts in Holzgartenstr., bei der nächsten 2 x rechts, dann in der Thurnknopfstr. parken; mit Skates runter zum Regen, rechts Rheinhausener Damm unter der Frankenstr. durch, auf die Brücke rauf, über den Regen, rechts in die Bayerwaldstr., vor der Reinhausener Brücke die Straße queren RVV Linie 4 »Reinhausen Brücke«, über die Brücke, dann rechts
Startpunkt:	Westseite der Reinhausener Brücke, Ecke Bayerwaldstraße (Beginn des Regentalradwegs)
Besonderheiten:	Hinweg autofrei; Rückweg fieselig wegen Ortsdurchfahrt Zeitlarn und Straßenquerungen. Anfänger sollten bei Regendorf wiede den gleichen Weg zurück fahren.
Tipp:	An heißen Sommertagen lohnt ein Bad im Regen am Badeplatz Laub

Die Strecke

Stadtauswärts führt uns der Regentalradweg stets entlang des Regen, mal näher, mal weiter entfernt, bis nach Regendorf (km 7,6). An der Kreuzung den Radweg nach rechts nehmen über die Regenbrücke. 200 Meter nach dem Fluss mit dem Radweg die Straße kreuzen und am Sportplatz entlang Richtung Zeitlarn.

Die stark frequentierte Ortsdurchfahrt Zeitlarn (auf dem rot gepflasterten Radweg) erfordert wegen der zahlreichungen Straßenquerungen einiges an Technik und Aufmerksamkeit.

Nach Zeitlarn folgen wir dem Radweg, der bald die B 15 quert (Achtung: gefährliche Überquerung!) und uns auf der anderen Seite zur Haupt-, später Holzäckerstraße benannt, führt. Etwa 300 m vor der Unterquerung der B 16 rechts Unterführung unter die B 15, dann links der Straße »An der Sallermühle« folgen, B 16 am Radweg unterqueren und nach 200 m rechts in die Straße »Gallingkofen« und sofort wieder links in die »Hauzensteiner Straße« (ist nur ein Wegerl) rein, die dann auf die Sattelbogener Straße trifft.

Der Sattelbogener Straße entlang lassen wir Sallern und die Sportplätze links liegen. Nach dem Sportgebiet erwarten uns 200 m festgefahrener Kieselweg, der bei Regen sehr schlecht zu befahren ist.

Danach wählen wir entweder den Pflasterweg des Wasserwirtschaftsamtes direkt am Regen, der uns später unter den beiden Regenbrücken hindurch bis zu unserem Parkplatz bringt (da müssen wir halt den Regendamm überklettern). Oder wir bevorzugen die Uferstraße (später »Obere Regenstraße«, dann »Untere Regenstr.« und Rheinhausener Damm« genannt), unterqueren die beiden Brücken und sind an unserem Parkplatz angelangt.

4 Regensburg – Regenstauf – Marienthal – Regensburg

Streckenprofil (Karte S. 84)

Länge/Dauer:	24,5 km einfach; flach
Geeignet für:	Anfänger (Teilstrecken)/Fortgeschrittene
Schwierigkeit:	Technik: mittel/Ausdauer: mittel
Belag:	Asphalt/Pflaster
Anfahrt:	Frankenstraße Richtung DEZ, bei Ampel Reginakino rechts in Holzgartenstr., bei der nächsten 2 x rechts, dann in der Thurnknopfstr. parken; mit Skates runter zum Regen, rechts Rheinhausener Damm unter der Frankenstr. durch, auf die Brücke rauf, über den Regen, rechts in die Bayerwaldstr., vor der Reinhausener Brücke die Straße queren RVV Linie 4 »Reinhausen Brücke«, über die Brücke, dann rechts
Startpunkt:	Westseite der Reinhausener Brücke, Ecke Bayerwaldstraße (Beginn des Regentalradwegs)
Besonderheiten:	Spektakuläre Landschaftsstrecke Autofreier Radweg, Ausnahme: Durchquerung von Regenstauf
Tipp:	An heißen Sommertagen lohnt ein Bad im Regen an den Badeplätzen Laub oder Ramspau.

Die Strecke

Der Beginn bis Regendorf ist der gleich wie bei Strecke 3: Stadtauswärts führt uns der Regentalradweg stets entlang des Regen, mal näher, mal weiter entfernt, nach Regendorf und Edlhausen. (km 9,4). Nach Edlhausen an der Kreuzung Straße unterqueren und rechts Richtung Regenstauf.

Vor der Unterquerung der B15 links rauf in den Bahnweg und parallel zu den Gleisen bis zur Höhe des Bahnhofs. Dort Gleise unterqueren, links in die Straße abbiegen, und nach 50 m wieder links in den Masurenweg einbiegen. Immer den Schildern »Radweg Marienthal« folgen. Kurz vor der Regenbrücke, wir befinden uns jetzt in der Wassergasse, links rein und die Brücke unterfahren. Auf der anderen Seite der Brücke dann leicht rechts dem Radweg weiter folgen.

Wer knapp 2 km Straße und enge Bürgersteige nicht scheut, fährt nach Edlhausen geradeaus weiter, durch Diesenbach (da ist der Radweg zu Ende) durch und an der Kreuzung mit der B 15 rechts über die Regenbrücke. Danach sofort links über

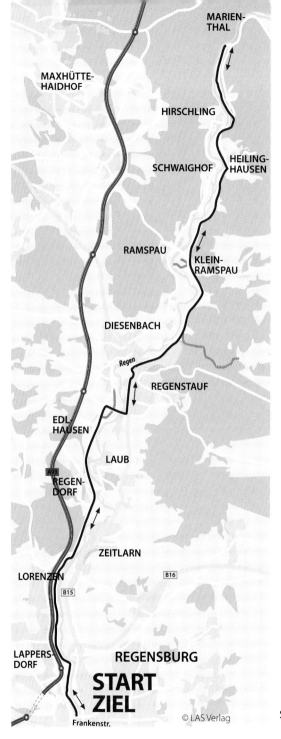

die Straße runter, und der Regentalradweg hat uns wieder.

Spektakuläre Ausblicke auf Fluss und Berge erwarten uns bei Ramspau (km 17 an der Straße Richtung Leonberg), Heilinghausen und weiter Richtung Marienthal. Kurz vor dem Ort ist der Radweg zu Ende (km 24,5). Wer jetzt keine Luft mehr hat, muss 1 Kilometer Straße bis Marienthal in Kauf nehmen, wo er sich im Biergarten erfrischen und von dort mit dem Bus (Linie 43) nach Regensburg zurückfahren kann. Alle anderen drehen um und fahren den gleichen Weg wieder zurück.

Alternative für den Rückweg

Wer will und eine Straßenfahrt technisch bewältigt, kann bei Hirschling auf die rechte Regenseite wechseln. Die Straße führt über Ramspau nach Wöhrhof. Dort biegen wir links ab und fahren über Spindlhof zur Regenbrücke Regenstauf und wieder zurück nach Regensburg, wo wir nach fast 50 km ankommen.

Strecke 4

5 Regensburg – Bad Abbach – Regensburg

Streckenprofil

Länge/Dauer:	13,1 km (einfach); flach
Geeignet für:	Fortgeschrittene
Schwierigkeit:	Technik: mittel; Ausdauer: mittel
Belag:	Asphalt
Anfahrt:	Durch Großprüfening durch, nach der Eisenbahnbrücke links Parkmöglichkeit; RVV Linie 1 Endhaltestelle »Prüfening«, links in den Roten-Brach-Weg, durch Großprüfening ganz durch bis zur Eisenbahnbrücke
Startpunkt:	Eisenbahnbrücke Großprüfening – Sinzing
Besonderheiten:	Autostraße durchs schöne Donautal, die auch mal Geschwindigkeit zulässt. Bus-Rückfahrt von Bad Abbach mit Buslinie 16/19 bis Pentling, von dort mit RVV Linie 8 bis Innenstadt
Tipp	Konditionsstarke nehmen noch die Pendelstrecke am Kanal (Strecke 4) mit. Über die Fußgängerbrücke Richtung Poikam, vor Kanalbrücke rechts

Die Strecke

Die Strecke führt durchgehend auf der Straße, die zwar wenig, aber doch von Autos befahren ist. Also Vorsicht und Umsicht! Um die Fahrbahn kämpft man vor allem mit den Radlern aller Couleur sowie den ambitionierten Läufern, die den Kiesweg an der Donau meiden wollen.

Die Straße führt stadtauswärts unter der Sinzinger Autobahnbrücke hindurc, vorbei am kleinen Biergarten »Schwalbennest«, der Gaststätte »Walba« (km 4,0) und weiter durch Matting (km 6,9 an der Kirche). In Matting bei der Kirche runter an die Donau auf den Radweg Richtung Oberndorf (km 11,2 an der Kirche), und weiter bis zum Ortseingang Bad Abbach.

Strecke 5

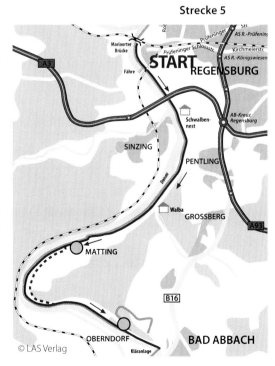

© LAS Verlag

6 Bad Abbach: Insel

Streckenprofil (Karte S. 88)

Länge/Dauer:	3,7 km; flach
Geeignet für:	Anfänger/Fortgeschrittene
Schwierigkeit:	Technik: leicht/Ausdauer: leicht
Belag:	Asphalt
Anfahrt:	B 16, nach Bad Abbach rechts über die Schleuse, an Poikam vorbei, beim Ortsende rechts Richtung »Kraftwerk Bad Abbach«, nach Kanalbrücke links
Startpunkt:	Klärwerk Poikam/Bad Abbach
Besonderheiten:	Autofreies und weitgehend radfreies Trainieren; Streckenhälfte Ri. Poikam: grober Asphalt, Streckenhälfte Ri. Gundelshausen absolut zu empfehlen

Die Strecke

Diese 3,7 km können Sie so lange zwischen der Poikamer Schleuse und dem Insel-zipfel bei Gundelshausen hin- und herfahren, wie Sie wollen, Sie haben ja in der Mitte der Strecke geparkt und müssen daher nicht weit zum Auto.
Schöne Ausblicke auf das Donautal und die Oberndorfer Hänge sind garantiert. Falls Sie etwas länger fahren wollen, parken Sie bereits an der Abzweigung von der Staatsstraße Richtung Kraftwerk.

7 Fußgängerbrücke Bad Abbach – Gundelshausen – Poikam

Streckenprofil (Karte S. 88)

Länge/Dauer:	10 km; flach
Geeignet für:	Anfänger
Schwierigkeit:	Technik: leicht/Ausdauer: leicht
Belag:	Asphalt
Anfahrt:	Bad Abbach, Richtung Oberndorf, bei Fußgängerbrücke Parkplatz suchen
Startpunkt:	Fußgängerbrücke über die Donau
Besonderheiten:	Teilstück auf Straße, sonst ruhige Wege in schöner Landschaft

Die Strecke

Über die Fußgängerbrücke rollen wir auf die Insel, über den Kanal und aufwärts zur Straße Poikam–Gundelshausen. Dort rechts bis nach Gundelshausen, durch den Ort bis zur Kreuzung. links unter der Eisenbahn durch. Unmittelbar danach links in den Feldweg, der bis Poikam zurück neben den den Gleisen führt.

In Poikam links unter den Gleisen in den Ort, dort an der ersten Kreuzung links in die Kreuzstraße. Nach den Ortsausgang die Straße Poikam–Gundelshausen queren und geradeaus wieder zur Insel und unserem Ausgangspunkt.

8 Obertraubling – Köfering

Streckenprofil (Karte S. 89)

Länge/Dauer:	3,5 km (einfach);flach
Geeignet für:	Anfänger
Schwierigkeit:	Technik: leicht/Ausdauer: leicht
Belag:	Asphalt
Anfahrt:	Ortsausgang Obertraubling, Ampel an der B 15 Richtung Köfering (Landshuter Str.); RVV: Linie 1 Haltestelle »Abzeigung Niedertraubling«
Startpunkt:	Beginn des Radweges Ortsausgang Obertraubling Richtung Köfering, linke Seite der B 15
Besonderheiten:	Fast keine Kurven, nur zwei kleine Sraßenquereungen

Die Strecke

Ideale, wenig befahrene Anfängerstrecke, leicht zu fahren.

Wer übt und lernt und in der Gegend wohnt (und wen die B 15 nicht so stört), der kann diese Pendelstrecke nutzen.

Strecke 6

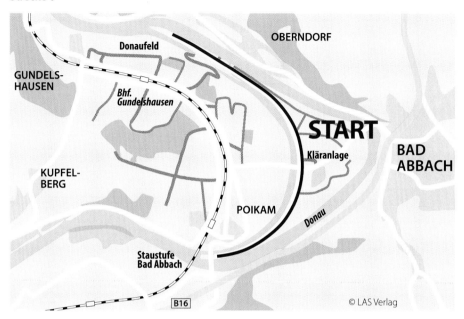

Strecke 7

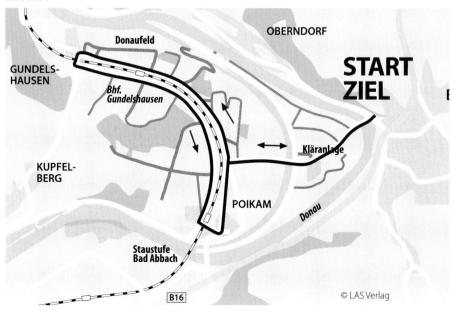

Strecke 8

Strecke 9

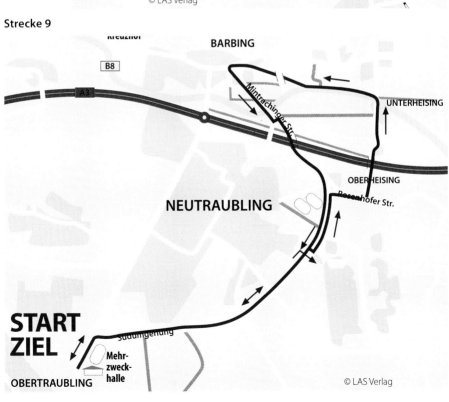

9 Obertraubling – Neutraubling – Barbing – Obertraubling

Streckenprofil (Karte S. 89)

Länge/Dauer:	14 km; kleine Steigungen bei Unterführungen und Brücken
Geeignet für:	Fortgeschrittene
Schwierigkeit:	Technik: mittel/Ausdauer: mittel
Belag:	Asphalt
Anfahrt:	B 15 an BMW vorbei, links Richtung Neutraubling, dann bei der Mehrzweckhalle Obertraubling Parkplatz suchen RVV: Linie 30 »Obertraubling Sportzentrum«
Startpunkt:	Mehrzweckhalle Obertraubling
Besonderheiten:	Wegen der Straßenquerungen und Brückenfahrten sollte man schon geübter sein.

Die Strecke

Wir starten in Obertraubling an der Sport- und Mehrzweckhalle, laufen ca. 200 Meter auf dem Fahrradweg in Richtung Neutraubling, überqueren an der Ampel die von der Walhallastraße nach rechts abbiegende Südumgehung (Vorsicht!) und rollen auf dem Radweg nach rechts. Anfänglich sind einige Neutraublinger Ausfallstraßen zu queren, dann wirds ruhiger.

Nach 3,3 km überqueren wir die Umgehungsstraße mittels einer fußgängerbrücke, halten uns links und fahren bald am Gelände des TSV Neutraubling vorbei. An der nächsten Kreuzung rechts der Rosenhofer Straße folgen, nach 400 Metern diese unterqueren und die Fahrstraße über die Autobahn durch Ober- und Unterheising nehmen.

Am Ortsausgang von Unterheising queren wir die B 8 (bitte extreme Vorsicht: unübersichtlich plus Raser von rechts und links!). Auf der anderen Seite links rein in den Radweg Richtung Barbing. Wir unterfahren die Staatsstraße Richtung Donaustauf und fahren nach Barbing rein. Kurz vor der Metzgerei Deutsch die Ortsstraße überqueren und schräg links in den Mintrachinger Weg, der uns über die B 8- und die Autobahnbrücke zurück Richtung Neutraubling bringt. Wir folgen dem Radweg, bis wir auf die Tennishallen des TC Neutraubling treffen, die wir links umfahren, dann das Bergerl hoch, und schon sehen wir wieder die Fußgängerbrücke, die wir zuvor überquert hatten.

Ab jetzt gehts auf unserem Hinweg geradeaus auf der Südumgehung bis zu unserem Ausgangspunkt.

10   Die Marathon-Strecke: Regensburg – Donaustauf – Kiefenholz

Streckenprofil (Karte S. 92)

Länge/Dauer:	42 km; flach
Geeignet für:	Anfänger (Teilstrecken)/Fortgeschrittene
Schwierigkeit:	Technik: leicht/Ausdauer: mittel (wenn man die ganze Strecke fährt)
Belag:	Asphalt
Anfahrt:	Walhalla-Allee stadtauswärts, auf dem Parkplatz der Donau-Arena parken
	RVV Linie 5 »Schwabelweis Kirchstraße«; dann die Kirchstraße entlang bis zur Donau
Startpunkt:	Unterführung unter die Ostumgehung
Besonderheiten:	Relativ unbehelligt durch das Donautal rollen, landschaftlich ein Highlight;
	Strecke entspricht fast exakt der Marathon-Distanz

Die Strecke

Wir starten auf dem Parkplatz der Donau-Arena und fahren unter der Brücke der Ostumgehung. Die Orientierung ist relativ leicht, wir rollen nämlich stets auf dem »Donauradweg Passau R 1«, der gut ausgeschildert ist.

Wir haben nun im Blick die Kirche von Schwabelweis mit dem Osthafen auf dem rechts gelegenen Donauufer. Am Ende von Schwabelweis führt der Weg noch dichter an die Donau heran. Zwischen Schwabelweis und Tegernheim umlaufen wir ein aufgelassenes Firmengelände: Stacheldraht und rote Backsteingebäude.

Doch hier sind wir schnell vorbei und sehen bereits die Burgruine von Donaustauf vor uns. Ab Tegernheim führt der Weg Richtung Donaustauf ein wenig von den Donauauen weg und ab der Kreuzung nach Barbing wieder unmittelbar entlang der Donau. Von hier sind es noch ca. 2 Kilometer bis zum Hinweisschild »Fußweg zur Walhalla« (km 6,6). Für alle, die jetzt bereits aussteigen wollen: Rechts, am Donauufer, wartet schon das Schiff der Regensburger Personenschifffahrt zur Rückfahrt nach Regensburg. Wer allerdings die Abfahrzeit um 15.45 Uhr verpasst, der muss zurück oder weiter vorwärts.

Mit dem Blick aufs weite Donautal rechts und den Scheuchenberg links folgen wir dem Verlauf des Donauknies bei Demling (km 10,5 an der Kirche), weiter bis Frengkofen (km 14,6 an der Kirche) und Kiefenholz (km 18,0 an der Kirche).

Durch Kiefenholz durch, kurz vor dem Ortsende rechts in den geteerten Feldweg abbiegen, bis wir den Donaudamm erreichen. Unten am Damm links entlang bis zur Schleuse. Dann der Straße folgen bis zur Kreuzung, links nach Kiefenholz hinein.

Jetzt heißt es entweder das Ganze zurück (macht dann insgesamt ca. 42 km) oder mit dem Bus, Linie 5 A, von Kiefenholz wieder zum Hauptbahnhof nach Regensburg zurückfahren.

Strecke 10

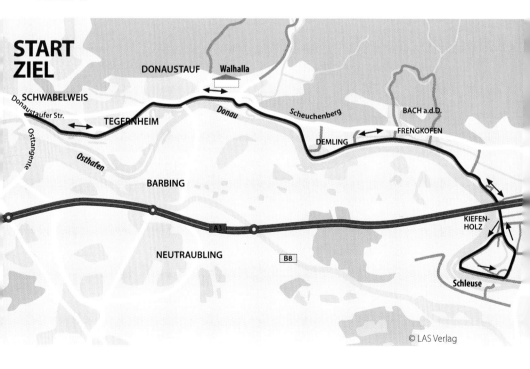

© LAS Verlag

Mountainbiken – Kraft und Ausdauer auf zwei Rädern

Steckbrief: Gelenkschonende Ausdauerfitness mit Krafttraining der Beinmuskulatur und Schulung der Koordinations- und Reaktionsfähigkeit. Aktionsradius weiter als beim Laufen oder Walken. Zeit sollte man mitbringen.

Ideal für Einsteiger wie auch für Fortgeschrittene anderer Sportarten, denn Radfahren kann fast jeder, auch wenn man im Gelände andere Regeln gelten als auf der Straße.

In den 1970ern in Kalifornien erfunden, schwappte die Welle seit den 80ern auch nach Deutschland, und sie schwappt immer noch.

Wie auch beim Straßenradfahren ist die Gelenkbelastung im Vergleich zum Laufsport vermindert. Da vorwiegend die Muskelgruppen unterhalb der Hüfte beansprucht werden, ist Oberkörpertraining im Studio angesagt. Wirbelsäulenbeschwerden durch Verspannungen der Hals- und Rückenmuskulatur, bedingt durch muskuläre Ungleichgewichte, werden so vermieden.

Die technische Ausstattung der Bikes (fully: voll gefedert; hardtail: halbgefedert; zudem wenig Gewicht und über 20 Gänge) ermöglicht die (fast) grenzenlose Freiheit. Man ist an keine Straße gebunden, und lernt Ecken in der Natur kennen, die man sonst nie zu Gesicht bekommen hätte.

Die nötige Kraft, Kondition und Fahrtechnik vorausgesetzt, wird das Biken so zum Natur-Erlebnis pur. Vergessen Sie Ihre Schutzausrüstung nicht (Helm, Schützer). Es gibt viele Touren-Varianten um Regensburg herum. Wir stellen Ihnen einige der schönsten hier vor.

Nachgefragt bei: Oliver Gref von der »bicycle company«

LAS: Oliver, seit wann fährst du Mountainbike?

Oliver Gref: Im Grunde seit den Anfängen, also Mitte der 80er Jahre.

LAS: Was hat dich zum Biken gebracht? Du kommst ja von der Straße her.

Oliver Gref: Das ist richtig, ich habe auf der Straße begonnen, war da auch in der Nationalmannschaft. Erst war das Biken als reiner Ausgleich gedacht für den Herbst und Winter. Als dann die Bike-Ära richtig losging, da konnte man sich einfach nicht mehr entziehen.

LAS: Was fasziniert dich am Biken im Vergleich zur Straße?

Oliver Gref: Treten muss man da und da. Der Erlebnisreichtum ist am Bike ein anderer. Das Besondere ist, die Natur abseits der Straßen intensiv und gemeinsam mit Freunden zu erleben.

LAS: Wie oft trainierst du im Augenblick im Gelände?

Oliver Gref: Etwa zweimal die Woche.

LAS: Deine aktuelle Lieblingsstrecke in oder um Regensburg?

Oliver Gref: Das ist die hier im Buch als Tour Nr. 5 beschriebene mit dem nördlichsten Punkt in Marienthal. Diese Tour ist für mich die schönste und abwechlungsreichste. Auf Großteilen dieser Strecke wurde 2004 auch die bayerische Marathon-Meisterschaft ausgetragen.

LAS: Wenn du die letzten 20 Jahre Revue passieren lässt, was war dein schönstes Erlebnis im Gelände?

Oliver Gref: Da fällt mir spontan meine erste Auffahrt zum Tremalzo-Pass am Gardasee ein. Das Wetter war so schlecht, dass die Tour ein richtiges Abenteuer war.

LAS: Manch einer denkt: Radfahren im Gelände ist verletzungsintensiv und unfallträchtig. Wie ist die Wirklichkeit?

Oliver Gref: Zunächst einmal: Helm ist Pflicht. Der Vorteil im Gelände ist, man lernt das Rad zu beherrschen. Solange man seinem Können angepasst fährt, sehe ich das Verletzungsrisiko als minimal an.

LAS: Wie lernt ein jugendlicher Einsteiger, der zum ersten Mal ins Gelände fährt, das Bike zu beherrschen?

Oliver Gref: Am besten in einer Gruppe, vielleicht sogar mit anderen Jugendlichen. Optimalerweise ist ein versierter Trainer dabei, der den Spaß in den Vordergrund stellt.

LAS: Sollten sich ältere Semester, mit 40, 50, noch aufs Mountainbike wagen?

Oliver Gref: Ich habe Kunden, die über 70 sind, und fast täglich mit dem Bike unterwegs sind. Die genießen die Natur ohne Autos, was ja auf der Straße manchmal gefährlich werden kann. Alter schützt vor Leistung nicht!

LAS: Ist Biken ein Männersport?

Oliver Gref: Am Anfang war der Zulauf der Frauen nicht so stark. Gerade in unserer Region hat sich das stark geändert. Mittlerweile liegt der Anteil der Frauen auf dem Bike – so schätze ich – bei fast der Hälfte.

LAS: Welche Mindestausstattung braucht der Einsteiger und was kostet sie?

Oliver Gref: Will man Spaß mit dem Sportgerät haben, so ist der Einstieg ab 900 Euro sinnvoll. Ordentliche Schuhe – die Verbindung vom Fuß zum Fahrrad ist sehr wichtig –, ein sicherer Helm, Hose, Trikot, und natürlich das Rad.

LAS: Worauf sollte man beim Radkauf achten?

Oliver Gref: Das A und O ist fachkundige Beratung.

LAS: Ist Ausgleichssport für den Biker sinnvoll?

Oliver Gref: Ja, die Problematik ist beim Biken stets die Gleiche: Nackenbeschwerden, Rückenbeschwerden. Die rühren meist nicht von einer schlechten Sitzposition her, sondern von einer Dysbalance, einem Ungleichgewicht, in der Rückenmuskulatur. Das heißt, nur die Beine sind trainiert, aber nicht die Oberkörper-Muskeln. Vor allem die Kräftigung der Bauch- und Rückenmuskulatur – im Studio oder zuhause – ist sinnvoll.

LAS: Welche Tipps hast du für die leistungsorientierten Biker? Was sollte man sich als Wettkampfeinsteiger zu Herzen nehmen?

Oliver Gref: Die meisten tendieren zu den langen Distanzen, sprich Marathon. Hier spielt die Ausdauer die wichtigste Rolle. Ein Fehler, den die meisten machen, ist zu hartes Training unter Vernachlässigung des reinen Grundlagentrainings, was aber fast nur mit einem Rennrad zu bewerkstelligen ist: lange Ausfahrten im unteren Pulsbereich, 3 – 4 Stunden, möglichst flach. Dazu tritt die Komponente ›Kraft‹, das heißt Krafttraining, sprich: schwerer Gang am Berg.

LAS: Das bedeutet, die Kombination Straße – Gelände ist für den Wettkämpfer unabdingbar?

Oliver Gref: Absolut. Aber umgekehrt genauso. Weil im Gelände die Kraft mehr geschult wird, profitiert man auch auf der Straße vom Bike-Training. Beides ergänzt sich hervorragend.

LAS: Vielen Dank, Oliver, für das Gespräch.

Mountainbiken – alle Strecken auf einen Blick

	Seite		Schwierig-keit	Länge (km)
1	98	Hammermühle–Altenthann–Hammermühle	◉◉	24
2	99	Keilberg–Ellbachtal–Donaustauf–Keilberg	◉	23
3	102	Keilberg–Bernhardswald–Wenzenbachtal–Keilberg	◉	24
4	103	Gonnersdorf–Wenzenbach–Kürn–Gonnersdorf	◉◉	25
5	106	Gonnersdorf–Schneitweg–Marienthal–Gonnersdorf	◉◉(◉)	49
6	110	Winzerer Höhen–Adlersberg–Etterzhausen–Marienhöhe–Kneiting–Kager–Winzerer Höhen	◉◉	24
7	111	Winzerer Höhen–Adlersberg–Pielenhofen–Etterzhausen–Tremmelhausen–Winzerer Höhen	◉◉◉	36
8	115	Prüfening–Eilsbrunn–Alling–Sinzing–Prüfening	◉	16
9	118	Prüfening–Eilsbr.–Alling–Drachenfelsen–Prüfening	◉◉	22
10	119	Prüfening–Steinbr. Oberndorf–Matting Fähre–Prüf.	◉◉	20

© LAS Verlag

Sportequipment maßgeschneidert: Radsport_Running_Skilanglauf

the **bicycle** company

Stadtamhof 6 _ 93059 Regensburg _ **fon.** 0941.422 63 _ **fax.** 422 45
Montag - Freitag **10.00 - 18.30 Uhr** _ Samstag **10.00 - 14.00 Uhr**

Bike:_Cannondale_Scapin
Principia_Fondriest_Electra
BMC_Cinelli **Running:**
New Balance_Brooks
Mizuno **Clothing:**_Craft
Cannondale_Protective
Sugoi_Löffler **Parts:**
Shimano_Campagnolo

Das Wissen von Profis für Sie! www.the-bicyclecompany.de

1 Hammermühle – Otterbachtal – Altenthann – Ellbachtal – Hammermühle

Streckenprofil (Karte und Höhenprofil S. 100)

Länge/Dauer:	ca. 24 km/1: 30 Std.
Schwierigkeit:	technisch mittel bis schwer/Ausdauer: mittel
Höhenmeter:	300 m/Min. Höhe: 336 m, max. Höhe: 505 m
Max. Steigung:	23 %
Boden:	zur Hälfte Forstweg; zur Hälfte Trails mit vielen Wurzeln
Startpunkt:	Parkplatz Gaststätte Hammermühle in Hammermühle/Bach bei Donaustauf
Rasten/Erfrischung:	Gaststätten im Otterbachtal oder in Altenthann
Besonderheiten:	Wunderschöne Tour an Bächen entlang, teilweise jedoch technisch schwierig mit Schiebe- und Tragepassagen;
Erweiterung:	für die gut Trainierten Ausgangspunkt Keilberg, Anfahrt über Strecke 2.

Die Strecke

km 0 Auf den grün markierten Waldweg gleich links nach der Gaststätte Hammermühle einbiegen.

km 1,8 An dem Abzweig geradeaus.

km 2,7 Geradeaus auf dem grün markierten Forstweg bleiben.

km 4,2 In der Linkskehre auf dem Forstweg Ri. Altenthann bleiben

km 6,2 Geradeaus Ri. Altenthann weiterfahren.

km 8,2 Auf dem grün markierten Weg, der eine lang gezogene Linkskehre macht, weiterfahren. Den rechts bergauf führenden Weg liegen lassen. Gleich nach der kleinen Betonbrücke zweigt der Weg nach rechts über die Wiese ab.

km 9,4 Man überquert eine Landstraße und fährt auf dem Schotterweg gegenüber weiter Ri. Altenthann. Der Schotterweg geht in eine Teerstraße über. An der folgenden Weggabelung rechts weiterhin der grünen Markierung folgen und nach 200 m am Vorfahrtschild rechts.

km 10,9 An der Straßenkreuzung rechts, um nach 20 m sofort wieder links, in die rot markierte Straße, einzubiegen. Der Weg führt bald bergab.

km 12 An der T-Kreuzung links und nach 100 m vor der kleinen Betonbrücke links auf den Pfad einbiegen. Nach weiteren 100 m erreicht man eine Landstraße. Hier rechts abbiegen und bis Adlmannstein auf der Landstraße bleiben.

km 14 Gleich nach dem Ortseingang, in einer Senke, nach links abzweigen und sich an der rot-weißen Markierung Ri. Ellbach halten. Nach 300 m links nun dem grünen Wegweiser Ri. Ellbach – Unterlichtenwald folgen. Nach weiteren 200 m zweigt der Weg rechts ab, man quert eine Wiese.

km 15 Der Pfad (nach wie vor grün markiert) führt nun links vom Bach weg, einen nicht leicht zu erkennenden Trail den Hang hinauf. Dem Pfad folgen bis zu einem breiteren Forstweg. Hier hält man sich rechts, um dann nach weiteren 100 m wiederum nach rechts abzubiegen. Nach der kurzen Schiebepassage bergauf hält man sich nach rechts.

km 16,2 Beim Hinweisschild »Privatweg« links die kleine Wiese hinauf, diese queren und auf den grün markierten Pfad am Waldrand fahren. Nach 500 m erreicht man eine Landstraße. Hier geht´s rechts bergab und man biegt nach 200 m in der Senke nach links erneut auf den grün markierten Trail. Der markierte Pfad mit einigen Tragepassagen führt nun für die nächsten Kilometer mehr oder weniger nahe am Bach entlang.

km 18,2 Den Weg geradeaus liegen lassen und nach rechts, steil bergauf, fahren und nach 200 m links den grün markierten Weg bergab nehmen

km 21,9 Nachdem man immer den grün markierten Wanderweg entlang gefahren ist, trifft man auf eine Landstraße und biegt hier nach links ab. Nach 100 m erreicht man Unterlichtenwald. Kurz nach Ortseingang fährt man rechts vor der Gaststätte vorbei. Der Weg ist grün markiert. Nach einer kurzen Bergaufpassage zweigt man rechts Ri. Hammermühle ab.

2 Keilberg – Silberweiher – Ellbachtal – Walhalla – Donaustauf – Silberweiher – Keilberg

Streckenprofil (Karte und Höhenprofil S. 101)

Länge/Dauer:	ca. 23 km/1: 15 Std.
Schwierigkeit:	technisch leicht/Ausdauer: leicht
Höhenmeter:	400 hm/Min. Höhe: 336 m, max. Höhe: 521 m
Max. Steigung:	13 %
Boden:	größtenteils gut zu befahrende Forstwege
Startpunkt:	Waldparkplatz am Trimm-Dich-Pfad Keilberg
Rasten/Erfrischung:	Hammermühle
Besonderheiten:	Familienrunde mit einigen Höhenmetern; herrliches Waldgebiet, vor allem im Herbst
Erweiterung:	mit Strecke 1, Schnittpunkt Unterlichtenwald; mit Strecke 3, Schnittpunkt Silberweiher

Die Strecke

km 0 Dem hier beginnenden, breiten, rot markierten Forstweg folgen Ri. Silberweiher.

km 5,8 Am Silberweiher den breiten Forstweg kreuzen und den blau markierten Weg Ri. Ellbach bergab fahren.

km 7,3 Nach der Abfahrt an der T-Kreuzung rechts Ri. Unterlichtenwald fahren. Dieser Weg ist grün markiert. Nach 600 m trifft man auf eine Landstraße, hier links abbiegen. Nach 100 m erreicht man Unterlichtenwald und fährt gleich nach Ortseingang rechts vor der Gaststätte vorbei. Der Abzweig ist grün markierten. Nach ei-

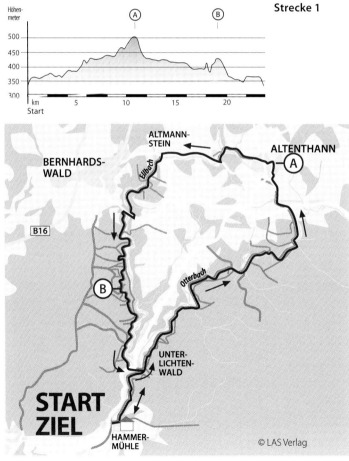

Strecke 1

© LAS Verlag

powered by bicycle company

ner kurzen Bergaufpassage biegt man nach rechts Ri. Hammermühle ab. In Hammermühle das Gasthaus nach rechts passieren. Der weiterhin grün markierte Weg führt über die Landstraße und die gegenüberliegende Böschung hinauf. Der Weg führt dann immer am Waldrand entlang.

km 11,7 Man stößt auf eine kleine Flurbereinigungsstraße und biegt hier nach rechts ab.

km 12,8 Die kleine Straße mündet in eine Landstraße (wer möchte, kann hier nach links einen kleinen Abstecher zur Walhalla unternehmen). Man fährt hier nach rechts leicht bergab.

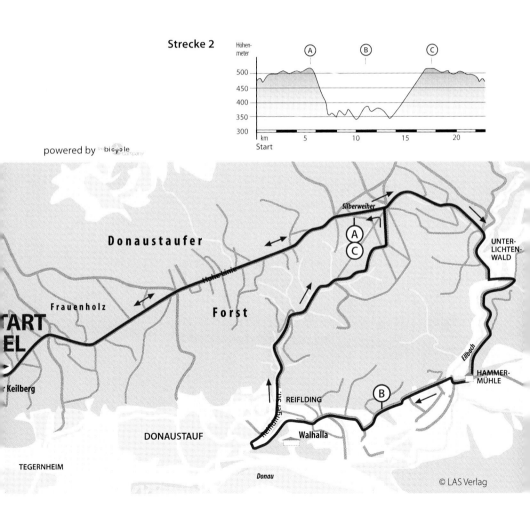

powered by bicycle

© LAS Verlag

km 13,4 Am Ortseingang Donaustauf nach rechts in die Reifldingerstr. Der roten Markierung folgen. Nach 500 m links halten und weiterhin den roten Markierungen folgen. Die Teerstraße geht bald in einen breiten, bergauf führenden Forstweg über.

km 16 Nicht den markierten Weg steil bergan fahren, sondern weiterhin rechts auf dem Hauptforstweg bleiben

km 17,4 Man erreicht erneut den Silberweiher und biegt hier nach links, den roten Markierungen folgend, ab. Der Forstweg führt direkt wieder zum Ausgangspunkt Keilberg zurück.

3 Keilberg – Silberweiher – Bernhardswald – Wenzenbachtal – Irlbach – Keilberg

Streckenprofil (Karte und Höhenprofil S. 104)

Länge/Dauer:	ca. 24 km/1 : 15 Std.
Schwierigkeit:	technisch: leicht/Ausdauer: leicht
Höhenmeter:	300 hm/Min. Höhe: 347 m, max. Höhe: 523 m
Max. Steigung:	16 %
Boden:	größtenteils Forst- und Schotterwege
Startpunkt:	Waldparkplatz am Trimm-Dich-Pfad Keilberg
Rasten/Erfrischung:	Bernhardswald
Besonderheiten:	Familienrunde mit einigen Höhenmetern; herrliches Waldgebiet, vor allem im Herbst; nach starkem Regen nicht unbedingt empfehlenswert
Erweiterung:	mit Strecke Nr. 4, Schnittpunkt in Gonnersdorf

Die Strecke

km 0 Siehe Tour 2.

km 5,8 Am Silberweiher den rot markierten Forstweg nach links fahren Ri. Bernhardswald. Man bleibt auf diesem Forstweg bis Ortsmitte Bernhardswald. Man erreicht die Hauptstraße und fährt hier links bergab.

km 10,7 Nach rechts Ri. Kürn abbiegen, nach weiteren 700 m kurz nach der kleinen Brücke links Ri. Kläranlage fahren. Nach 100 m erreicht man den ehemaligen Bahndamm. An diesem zum Radweg ausgebauten Weg links fahren. Man bleibt auf diesem Radweg.

km 17,5 Der Radweg kreuzt erneut eine Landstraße. Hier den Bahndamm verlassen und auf die Straße nach links fahren. Nach 50 m bereits wieder links auf den blau markierten Pfad fahren Ri. Spindelbachtal.

km 18,2 Weiterhin geradeaus den blauen Wegweisern folgen.

km 19,4 Geradeaus auf dem blau markierten Weg bleiben. Nach weiteren 700 m an der Waldkreuzung den blau markierten Forstweg verlassen und halbrechts weiterfahren. Den Weg ganz rechts liegen lassen.

km 21,1 Nach rechts dem Hauptweg folgen und nach 200 m den kreuzenden Forstweg überqueren. 400 m weiter stößt man erneut auf den rot markierten Höhenweg Keilberg-Silberweiher und biegt hier nach rechts Ri. Keilberg ab. Der Hauptweg führt direkt wieder zurück zum Ausgangspunkt.

4 Gonnersdorf – Wenzenbach – Erlbach – Kürn – Löchl – Hauzenstein – Fußenberg – Gonnersdorf

Streckenprofil (Karte und Höhenprofil S. 105)

Länge/Dauer:	ca. 25 km/1:30 Std.
Schwierigkeit:	technisch: mittel/Ausdauer: mittel
Höhendifferenz:	ca. 300 hm/Min. Höhe: 336 m, max. Höhe: 533 m
Max. Steigung:	15 %
Boden:	zur Hälfte Wald- und Forstwege, zur Hälfte Schotter; kurze Teerabschnitte
Startpunkt:	Gonnersdorf, Parkplatz Gaststätte/Konditorei Götzfried
Rasten/Erfrischung:	bei Start/Ziel
Besonderheiten:	Am Anfang der Tour schwer zu fahrender, aber wunderschön gelegener Wurzelpfad
Erweiterung:	mit Strecke Nr. 3, Schnittpunkt in Gonnersdorf

Die Strecke

km 0 Auf dem hier vorbeiführenden, geschotterten Radweg Ri. Regensburg fahren und nach 500 m an der kleinen Teerstraße nach rechts abbiegen. Kurz nach der Unterführung erneut nach rechts Ri. Oberackerhof abbiegen.

km 2,7 In einer Linkskehre des breiten Forstwegs geradeaus in einen kleineren

Wiesenweg einbiegen. An der folgenden kleinen T-Kreuzung nach links leicht bergab Ri. Fußenberg fahren.

km 3,7 Am Dorfweiher links in den Feldweg einbiegen und nach dem Spielplatz links, um sodann gleich rechts die kleine Böschung hinaufzufahren. Nach 10 m *nicht* rechts dem Hauptpfad folgen, sondern links fahren, den kleinen Weg am Wiesenrand entlang. Es folgt eine idyllische, aber schwer zu fahrende Wurzelpassage.

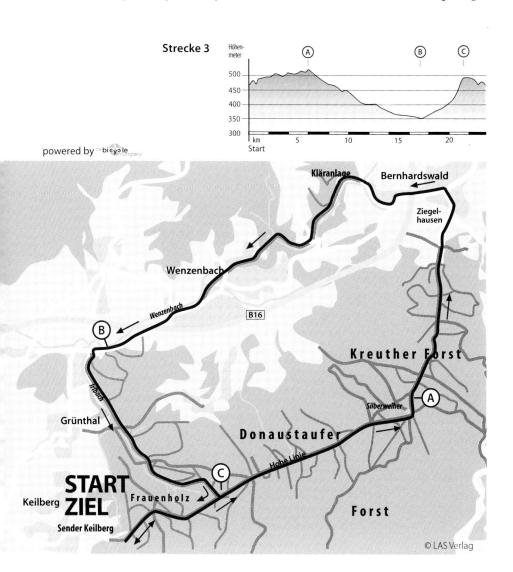

© LAS Verlag

km 5,2 Man erreicht ein Tiergatter und quert die folgende Wiese direkt zum gegenüberliegenden Wald. Am Waldrand führt ein kleiner Weg nach links und man erreicht erneut nach 100 m ein Tiergatter.

km 6,6 An der Landstraße nach links abbiegen und nach 400 m nach rechts Ri. Hauzenstein fahren. Kurz nach dem Ortsschild Hauzenstein biegt man nach links auf einen breiten Forstweg, an einem alten Holzschuppen vorbei, ein.

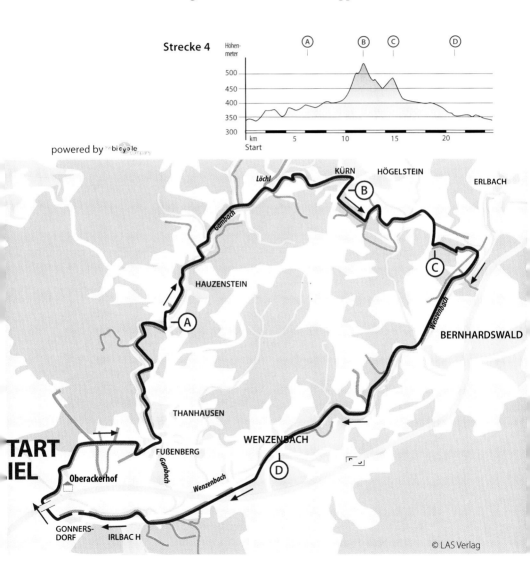

105

km 10 Man erreicht den Weiler Löchl und biegt hier nach rechts in den Weiler Ri. Kürn ein

km 11,8 In Kürn an der Kreuzung der Landstraße rechts die Landstraße bergauf fahren. Nach 400 m auf der Kuppe nach Ende der Leitplanken links in den Feldweg einbiegen. Nach weiteren 700 m an der Wegegabelung links halten.

km 13,2 Bei Erreichen des Feldwegs scharf rechts auf diesen einbiegen. Dieser Weg ist blau-weiß markiert. Der Feldweg führt bald bergab. Am Ende der Abfahrt bei Erreichen des breiten Forstwegs links leicht bergauf abbiegen. Auf der Bergkuppe bei Erreichen der Teerstraße rechts auf dieser abbiegen.

km 15 Nach links die Teerstraße verlassen und einen blau-weiß markierten Forstweg entlang fahren. Der Weg führt bald bergab. Am Fuße der Abfahrt nach der Durchfahrt eines Gehöfts den markierten Weg verlassen und rechts auf den alten Bahndamm weiterfahren. Der ehemalige Bahndamm führt dann direkt wieder zum Ausgangspunkt zurück.

5 Gonnersdorf – Maad – Schneitweg – Karlstein – Grafenwinn – Marienthal – Hirschling – Regenstauf – Gonnersdorf

Streckenprofil (Karte und Höhenprofil S. 106)

Länge/Dauer:	ca. 49 km/3:00 Std
Schwierigkeit:	technisch: mittel/Ausdauer: schwer
Höhendifferenz:	ca. 700 hm; Min. Höhe: 334 m, max. Höhe: 565 m
Max. Steigung:	27 %
Boden:	alles dabei
Startpunkt:	Gonnersdorf, Parkplatz Gaststätte/Konditorei Götzfried
Rasten/Erfrischung:	bei der Tour-Hälfte in Marienthal
Besonderheiten:	sehr schöne Tour durch das Regental; auf einem Großteil dieser Strecke wurde schon die Bayerische Marathon-Meisterschaft ausgetragen

Die Strecke

km 0 auf dem hier vorbeiführenden Radweg Ri. Regensburg fahren und nach 500 m an der kleinen Teerstraße nach rechts abbiegen und kurz nach der Unterführung erneut nach rechts Ri. Oberackerhof abbiegen.

km 2,7 Dem breiten Forstweg nach links Ri. Hesperidengarten folgen und an der kommenden Waldkreuzung auf den grün markierten Waldweg links einbiegen.

km 6,1 Man kreuzt eine Landstraße und fährt auf dem breiten Forstweg gegenüber an dem großen Tor vorbei.

km 6,9 Geradeaus am Waldrand entlang, den grünen Markierungen folgend fahren.

km 8,5 In Maad geradeaus auf die Landstraße einbiegen Ri. Schneitweg. Nach 900 m in Schneitweg links den grünen Markierungen folgen. Nach wenigen Metern die Straße rechts der grün markierten Straße entlang.

km 11,8 Im spitzen Winkel nach rechts Ri. Karlstein bergauf fahren, grüne Markierung.

km 12,8 Bei Erreichen der Landstraße auf dieser nach links bergab Ri. Karlstein fahren und der grünen Markierung folgen. An der folgenden Straßenkreuzung ganz rechts bergauf fahren. Man stößt erneut auf eine Landstraße und quert diese. Geradeaus auf dem grün markierten Forstweg weiter.

km 14,1 Den breiteren Forstweg nach rechts auf einen kleinen Pfad verlassen.

km 15 Der Pfad stößt erneut auf eine Dorfstraße. Hier links und nach 100 m rechts und nach weiteren 400 m an der kleinen Kapelle rechts am Waldrand entlang Ri. Grafenwinn.

Der Forstweg mündet erneut auf eine Landstraße, hier links nach Grafenwinn. Im Ort am Vorfahrtschild links und dann in der Ortsmitte geradeaus bergauf den grünen Markierungen nach.

km 18,4 An der Weggabelung den Teerweg verlassen und geradeaus weiterfahren. Nach weiteren 500 m an der großen Waldkreuzung den rot-weiß markierten Wanderweg geradeaus einschlagen.

km 20,4 An der T-Kreuzung den rot markierten Weg nach rechts leicht bergauf fahren Ri. Marienthal.

km 22,4 An der Waldkreuzung geradeaus leicht bergauf weiterfahren. Nach ca. 500 m führt der Weg steil bergab und kreuzt einen breiten Forstweg. Hier kurz links und dann sofort wieder rechts auf den rot markierten Pfad weiter bergab.

km 23,8 Erneut stößt man auf einen breiten Forstweg und biegt auf diesen nach links, leicht bergab fahrend, ab. Nach 100 m zweigt man nach rechts erneut auf den rot markierten Singletrail ab. Nach 100 m kreuzt man erneut einen breiten Forstweg. Man bleibt jedoch auf dem Pfad Ri. Marienthal.

In Marienthal mit dem Kahn (im Gasthaus ggf. nach dem Fährmann fragen, im Winter kein Betrieb) den Regen queren und dann nach links den Pfad immer am Regen entlang Ri. Hirschling. (Alternativ kann der geteerte Radweg am linken Regenufer Ri. Hirschling/Regenstauf genommen werden. Dieser zweigt bei km 25,5 von der Landstraße von Marienthal kommend nach rechts ab.)

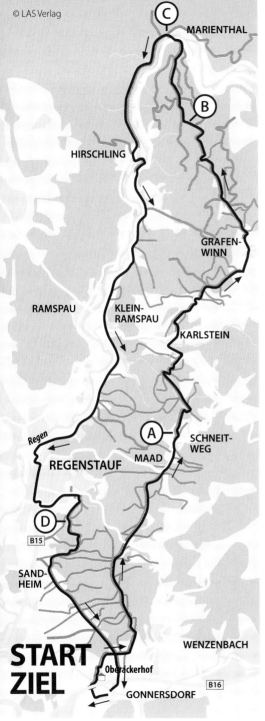

© LAS Verlag

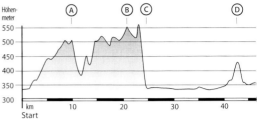

powered by bicycle

Im Ort Hirschling nach links zur Regenbrücke abbiegen und nach der Überfahrt nach rechts am geteerten Radweg Ri. Regenstauf fahren.

km 37,9 Man erreicht in Regenstauf die Regenbrücke, nimmt hier die Unterführung und biegt kurz danach rechts auf dem Radwanderweg Ri. Regensburg ab. Nach 1 km verlässt man den Radwanderweg und folgt nach links der Vorfahrtsstraße, um dann nach 100 m rechts der breiten Landstraße zu folgen.

km 38,8 Links Ri. Kürn abbiegen und nach 100 m erneut nach links Ri. Kürn.

km 41,2 Am Fuße des Berges bei den beginnenden Leitplanken rechts am Verbotsschild für KFZ auf den Feldweg fahren und an der nächsten Waldkreuzung scharf rechts auf den Pfad am kleinen Teich fahren. Nach wenigen Metern verlässt der Pfad den Teich über eine kleine Böschung. Nach der Auffahrt über diese links abbiegen und den Weg bergauf am Waldrand entlang fahren.

km 42,2 An der T-Kreuzung links

108

leicht bergauf fahren und nach 100 m den Abzweig nach rechts am Verbortsschild für Pferde nehmen.

km 43 In der Senke diesen Weg verlassen und den Forstweg nach rechts nehmen, um dann nach 200 m an der Waldkreuzung den Weg nach halblinks leicht bergab zu fahren. Nach weiteren 250 m erreicht man einen Fischweiher, den man umfährt, und biegt nach rechts auf einen breiteren Forstweg ein.

km 44,4 An der T-Kreuzung links, an den Pferdekoppeln vorbei.

km 46,7 Der Weg geht in einen geteerten Weg über, man fährt auf diesem geradeaus weiter.

km 48,1 Kurz vor dem Ziel Gonnersdorf rechts auf die Landstraße Ri. Gonnersdorf abbiegen.

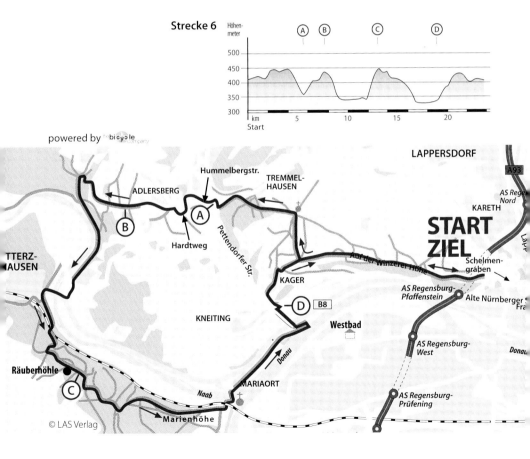

6 Winzerer Höhen – Adlersberg – Etterzhausen – Räuber-höhle – Marienhöhe – Kneiting – Kager – Winzerer Höhen

Streckenprofil (Karte und Höhenprofil S. 109)

Länge/Dauer:	ca. 24 km/1:30 Std.
Schwierigkeit:	technisch mittel/Ausdauer: mittel
Höhenmeter:	430 m/Min. Höhe: 336 m, max. Höhe: 445 m
Maximale Steigung:	27 %
Boden:	Wald- und Forstwege, kurze Teerpassagen
Startpunkt:	Parkplatz am Ende der Straße »Auf der Winzerer Höhe«
Rasten/Erfrischung:	bei km 17 in Mariaort, Gaststätte Krieger
Besonderheiten:	In der 2. Hälfte langer, schön zu fahrender Singletrail; Tolle Aussicht auf Regensburg
Erweiterung:	mit Strecke Nr. 7

Die Strecke

km 0 Dem breiten, direkt am Parkplatz beginnenden Winzerer Höhenweg folgen.

km 1,6 Dem leicht nach rechts abbiegenden Hauptweg bergauf folgen.

km 3,2 Am Wegekreuz rechts auf den rot-weiß markierten Wanderweg fahren.

km 4,0 An der Gedenkstätte 90° ganz links und und dem Weg über die Wiese bergab folgen. Der Weg mündet bald in einen Singletrail. Nach weiteren 800 m links auf dem Singletrail bleiben und weiterhin den rot-weißen Markierungen folgen.

km 5,2 Man überquert die Landstraße und fährt rechts an dem Radweg entlang, um dann nach 50 m links der Landstraße bergauf zu folgen.

km 6,6 Links in die Hummelbergstraße einbiegen und nach weiteren 600 m rechts in den Hardtweg den rot-weißen Wandermarkierungen nach.

km 7,9 Geradeaus auf den Feldweg fahren und das Wohnhaus rechts liegen lassen.

km 9,1 Man erreicht im Tal eine Teerstraße und fährt diese nach links entlang.

km 10,7 Rechts durch die Unterführung fahren, links auf den Radweg. Nach weiteren 100 m dem Radweg folgen, rechts über die Naabbrücke

km 11,4 Links am Gasthaus in den Naabtalradweg einbiegen und nach weiteren 500 m die Teerstraße nach rechts verlassen. Bergauf den blau-weiß markierten Forstweg befahren.

km 12,4 Dem blau markierten Pfad nach links folgen.

km 13,8 Der blaue Wanderweg zweigt nach links auf einen breiten Forstweg ab, nach 200 m rechts auf diesem Forstweg bleiben.

km 14,5 Den breiten Forstweg verlassen und nach links in denL kleinen, nicht leicht sichtbaren Trail einbiegen. Nach 500 m den breiteren Forstweg überqueren und auf dem Pfad bleiben.

km 16,3 Am Ende des Trails nach links die Steinstufen hinunter. Hier ist eine kurze Tragepassage, Könner fahren die Stufen auch mit dem Bike. Nach der Unterführung links, sodann gleich wieder rechts an der kleinen Kirche vorbei. Nach der Kirche die kleine Holzbrücke über die Naab überfahren, um dann am Ende nach rechts der Radbeschilderung Regensburg zu folgen.

km 18,5 Scharf links fahren und auf die Brücke auffahren. Nach Überqueren der Schnellstraße geht's rechts ab und sodann gleich wieder links bergauf nach Kager.

km 20 An der Straßengabelung links bergauf halten. Nach 500 m befindet man sich wieder an der bereits passierten Kreuzung von km 3,2. Hier geradeaus wieder auf den Winzerer Höhen entlang bis zum Ausgangspunkt.

7 Winzerer Höhen – Adlersberg – Pielenhofen – Jägersteig – Etterzhausen – Goldberg – Tremmelhausen – Winzerer Höhen

Streckenprofil

Länge/Dauer:	ca. 36 km/2: 00 Std.
Schwierigkeit:	technisch: schwer/Ausdauer: schwer
Höhendifferenz:	ca. 600 hm/Min. Höhe: 334 m, max. Höhe: 466 m
Maximale Steigung:	25 %
Boden:	Wald- und Forstwege, kurze Teerpassagen
Startpunkt:	Parkplatz am Ende der Straße »Auf der Winzerer Höhe«
Rasten/Erfrischung:	Gasthäuser in Pielenhofen und Etterzhausen
Besonderheiten:	Super Tour mit vielen Trails, nach starkem Regen nicht empfehlenswert

Die Strecke

Start bis km 7,9 Wie Tour 6.

km 8,8 Scharf rechts auf den Waldweg mit den rot-weißen Markierungen; diesen leicht bergauf folgen, nach 100 rechts auf dem Weg bleiben.

km 9,4 Links auf dem breiten Forstweg abbiegen, um dann sofort wieder

rechts, steil bergauf, den roten Markierungen zu folgen (kurze Schiebepassage).
km 10,2 Nach rechts den Haputweg verlassen und auf einen Pfad mit roter Markierung einbiegen, nach weiteren 300 m an der T-Kreuzung rechts, um dann nach weiteren 100 m links einzubiegen – immer der roten Markierung nach.
km 10,8 Man stößt auf einen breiten Forstweg und biegt hier nach rechts ab.

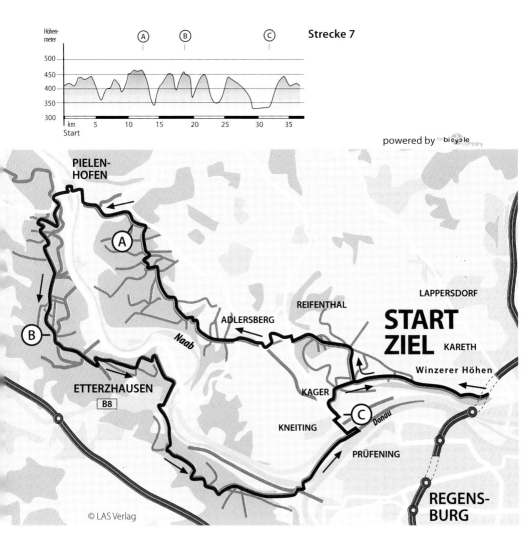

Strecke 7

powered by bicycle

km 11,2 Den breiten Forstweg verlassen und nach links auf den noch immer rot markierten Pfad einbiegen. Nach 400 m erreicht man eine Teerstraße und fährt auf dieser links, bald steil bergab. Am Ende der Abfahrt geht's nach rechts und man überquert bald nach links die Brücke in Pielenhofen. Nach der Brücke der Straße nach rechts folgen und auf der Vorfahrtstraße bleiben, bis man die Landstraße erreicht. Die Landstraße überqueren und steil bergauf Ri. Münchsried fahren.

km 14,1 Von der Straße nach links in den Forstweg einbiegen und sodann rechts, steil bergauf dem rot-weiß markierten Pfad folgen.

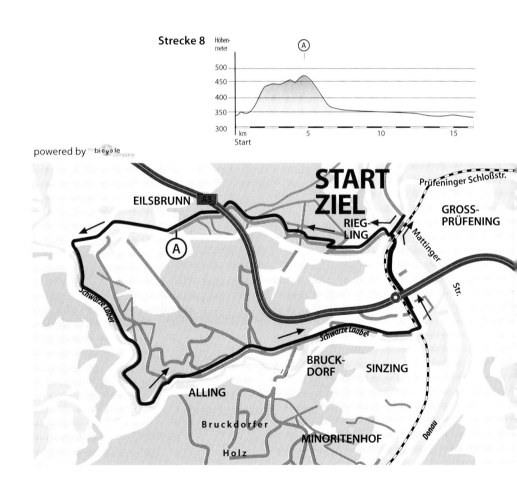

km 15,3 Der Trail mündet in eine breite Forststraße. Hier biegt man links ab.

km 15,5 In einer Rechtskehre zweigt man links auf einen rot markierten Pfad ab.

km 16,5 Geradeaus den breiten Forstweg queren und dann nach 500 m rechts halten. Weiterhin den roten Markierungen folgen.

km 17,5 An der Waldkreuzung links den grün-weißen Markierungen Ri. Bahnhof Etterzhausen folgen.

km 18,4 An der Wegekreuzung erst den linken Weg einschlagen und dann geradeaus halten, den grünen Markierungen nach, und nach 100 m rechts auf den Trail einbiegen.

km 19,3 Scharf links leicht bergab fahren und auf dem markierten Pfad bleiben. Der Trail mündet auf einen breiten Forstweg ein, hier links und nach 50 m recht abbiegen, den grünen Markierungen nach

km 20,2 Den breiten Forstweg verlassen und nach links, leicht bergauf, fahren. An der nächsten Weggabelung rechts. Nach 10 m scharf rechts bergauf fahren und der rot-weißen Markierung folgen.

km 20,7 Den linken Abzweig nehmen und der roten Markierung folgen.

km 21,8 Links auf den breiten Forstweg abbiegen.

km 22,1 Den breiten Forstweg verlassen und links auf einen kleinen rot markierten Waldweg fahren. Es folgt ein nicht leicht zu fahrender, felsiger Downhill. Der Weg geht in einen breiteren Forstweg über und mündet in Etterzhausen in eine Teerstraße. Hier nach rechts abbiegen.

km 24,1 Im Ort an der T-Kreuzung rechts und nach 50 m links dem Radwegweiser Ri. Regensburg nach.

km 24,6 Die Teerstraße verlassen und nach rechts in den blau-weiß markierten Waldweg bergauf fahren.

km 25,1 Siehe Tour 6, km 12,4.

km 26,3 Siehe Tour 6, km 13,8.

km 27 Siehe Tour 6, km 14,5.

km 27,8 Siehe Tour 6, km 16,3.

km 30 Siehe Tour 6, km 18,5.

km 31,5 Siehe Tour 6, km 20.

8 Prüfening – Sinzing – Trimm-Dich-Pfad – Eilsbrunn – Alling – Sinzing – Prüfening

Streckenprofil (Karte und Höhenprofil S. 112)

Länge/Dauer:	ca. 16 km/ca. 1 Std.
Schwierigkeit:	technisch leicht/Ausdauer: leicht
Höhendifferenz:	180 hm/Min. Höhe: 335 m, max. Höhe: 476 m
Maximale Steigung:	15 %
Boden:	Forst- und Waldboden, Schotter
Anfahrt:	Durch Großprüfening durch, nach der Eisenbahnbrücke links Parkmöglichkeit
Startpunkt:	Parkplatz an der Landstraße Regensburg/Prüfening-Matting gleich nach der Eisenbahnunterführung
Rasten/Erfrischung:	'Am Ende der Tour für 2 km dem Radwanderweg Ri. Ulm folgen. Gaststätte Schwalbennest mit herrlichem Blick auf die Donau
Besonderheiten:	Landschaftlich sehr schöne Familienrunde
Erweiterung:	mit Strecken Nr. 9 und/oder 10

Die Strecke

km 0 Auf die Eisenbahnbrücke auffahren und die Donau überqueren. Nach der Überfahrt am Brückenfuß rechts und die Straße überqueren, geradeaus der rot-weißen Wandermarkierung folgen. Nach 100 m links und dem Schotterweg bergauf folgen. Nach Durchfahrt durch ein Wohngebiet mündet die Straße erneut in einen Feldweg. Nach 100 m rechts in den Singletrail einbiegen. Der Trail mündet auf einen breiten Forstweg. Hier scharf rechts abbiegen. Nach 50 m links dem Hohlweg leicht bergauf folgen.

km 1,9 Der Hohlweg stößt erneut auf einen breiten Forstweg. Hier links abbiegen.

km 2,5 An der Waldkreuzung geradeaus weiter und der rot-weißen Markierung folgen.

km 3,8 Links durch die Autobahnunterführung hindurch.

km 4,8 An der Straße rechts bergab nach Eilsbrunn fahren.

km 5,9 Am Ortsausgangsschild links über die Wiese auf den blau-weiß markierten Weg einbiegen und nach 400 m am Fuße des Berges links auf dem blau-weißen Weg bleiben.

km 9,1 Nach Erreichen der Teerstraße geradeaus weiter und der blau-weißen Markierung folgen.

km 10,4 Rechts auf dem Forstweg bleiben und diesem folgen.

km 13,4 Rechts auf dem Radweg und die Bundesstraße queren.

km 14,0 Geradeaus weiter und den Radwegweisern Ri. Regensburg folgen, nach 200 m links weiter den Radwegweisern folgen.

km 15,6 Nach der Eisenbahnbrücke links auf diese auffahren und die Donau überqueren. Nach der Überfahrt erneut links und man erreicht wieder den Ausgangspunkt.

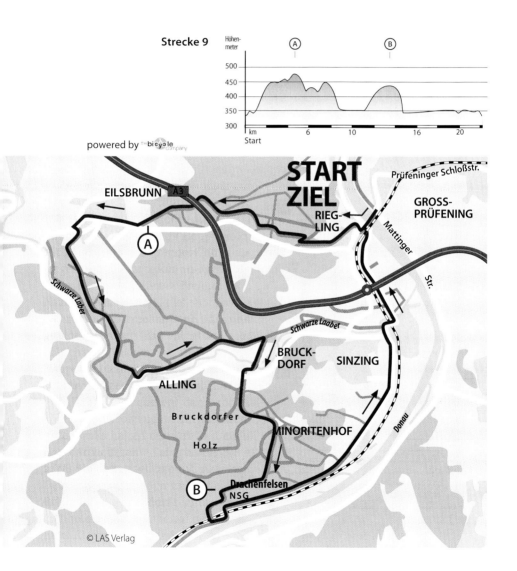

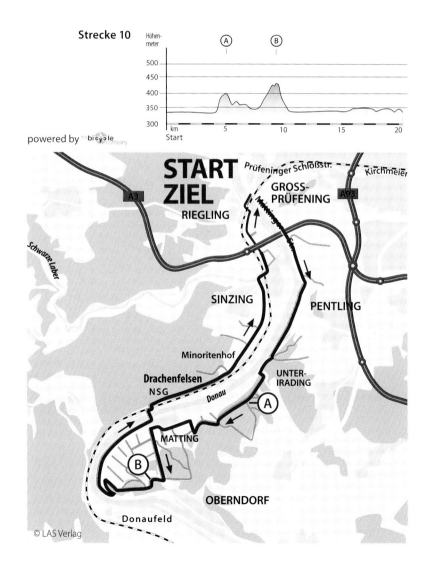

Strecke 10

powered by bicycle

9 Prüfening – Sinzing – Trimm-Dich-Pfad – Eilsbrunn – Alling – Bruckdorf – Drachenfelsen – Minoritenhof – Prüfening

Streckenprofil (Karte und Höhenprofil S. 116)

Länge/Dauer:	ca. 22 km/ca. 1:30 Std.
Schwierigkeit:	technisch mittel/Ausdauer: mittel
Höhendifferenz:	350 hm/Min. Höhe: 335m; max. Höhe: 476 m
Maximale Steigung:	16 %
Boden:	alles dabei
Anfahrt:	Durch Großprüfening durch, nach der Eisenbahnbrücke links Parkmöglichkeit;
Startpunkt:	Donauparkplatz an der Landstraße Regensburg/Prüfening – Matting gleich nach der Eisenbahnunterführung
Rasten/Erfrischung:	Am Ende der Tour für 2 km dem Radwanderweg Ri. Ulm folgen. Gaststätte Schwalbennest mit herrlichem Blick auf die Donau
Besonderheiten:	Sehr abwechslungsreiche Strecke, mit schönen Trails
Erweiterung:	mit Strecken 8 und/oder 10

Die Strecke

km 0 – km 4,8 Wie Tour 8. Dann: An der Straße rechts bergab nach Eilsbrunn fahren. In der Ortsmitte, kurz nach der Gaststätte Röhrlwirt, links abzweigen der grün-weißen Wandermarkierung nach und nach 100 m rechts den grün-weißen Markierungen folgen.

km 6,0 Geradeaus den Markierungen folgen Ri. Alling, nach 500 m an der Wegegabelung links halten und weiterhin den Markierungen Alling folgen.

km 7,1 An der Weggabelung links, um dann sofort wieder rechts den Markierungen zu folgen.

km 7,9 Links abzweigen und nach 300 m den nach links führenden Forstweg verlassen. Geradeaus in den grün-weiß markierten Singletrail einbiegen. Nach der Abfahrt über die Wiese an der Teerstraße links abzweigen.

km 9,3 An der Weggabelung rechts halten.

km 10,7 An dem Wohnhaus rechts abbiegen, nach der Holzbrücke rechts, dann nach 200 m die Landstraße überqueren und dem Forstweg sich links haltend bergauf folgen.

km 12,1 An der Waldkreuzung geradeaus auf den blau-weiß markierten Singletrail einbiegen. Nach 500 m den breiteren Forstweg kreuzen und auf dem Pfad bleiben.

Nach weiteren 200 m links den blauen Markierungen folgen und nach 20 m rechts den grün-weißen Markierungen nach.

km 13,4 Den Hauptweg geradeaus verlassen, in den Singletrail einbiegen und der grün-weißen Markierung nach.

km 14,1 Dem Pfad links bergab folgen und nach 100 m links den grün-weißen Markierungen folgen.

km 14,5 Der Trail mündet in einen Hohlweg; diesem links bergab folgen und den Pfad verlassen. Der steile Hohlweg endet an Eisenbahnschienen. Diese geradeaus überqueren, über die folgende Wiese bis zum Schotterweg fahren. An diesem Schotterweg links.

km 15,5 Man folgt dem Weg links und überquert bald wieder die Eisenbahnschienen.

km 19,7 In Sinzing geradeaus die Straße überqueren und den Radwegweisern Ri. Regensburg folgen.

km 21,5 Nach der Eisenbahnunterführung links auf die Brücke auffahren und die Donau überqueren. Nach der Überfahrt links und nach 100 m erreicht man wieder den Ausgangspunkt.

10 Prüfening – Unterirading – Steinbruch Oberndorf – Matting Fähre – Minoritenhof – Sinzing – Prüfening

Streckenprofil (Karte und Höhenprofil S. 117)

Länge/Dauer:	ca. 20 km/ca. 1:15 Std.
Schwierigkeit:	technisch mittel, teilweise enge Singletrails/Ausdauer: leicht bis mittel
Höhendifferenz:	220 hm/Min. Höhe: 335 m; max. Höhe: 425 m
Maximale Steigung:	20 %
Boden:	alles dabei
Anfahrt:	Durch Großprüfening durch, nach der Eisenbahnbrücke links Parkmöglichkeit
Startpunkt:	Parkplatz an der Landstraße Regensburg/Prüfening – Matting gleich nach der Eisenbahnunterführung
Rasten/Erfrischung:	in Matting gleich bei der Fähre
Besonderheiten:	toller Trail am Rande eines alten Steinbruchs
Erweiterung:	mit Strecken 8 und/oder 9

Die Strecke

km 0 Dem Wanderweg an der Donau mit der Beschilderung Ri. Ulm folgen.

km 4,2 In Unterirading links der Teerstraße leicht bergauf folgen und die Gaststätte Walba linksliegend passieren. Nach 100 m rechts auf den rot-weiß markierten Waldweg einbiegen und der steilen Auffahrt folgen.

km 4,6 Rechts abzweigen und weiterhin dem rot-weiß markierten Weg folgen – diese Stelle ist leicht zu übersehen.

km 5,8 An der Wegkreuzung links abbiegen und nach 20 m gleich wieder rechts weiterhin den rot-weißen Markierungen folgen.

km 6,5 Geradeaus auf die Teerstraße einbiegen und das folgende Gebäude links liegen lassen. Die folgende Wiese überqueren und nach 300 m an der Wegekreuzung rechts abbiegen. Der Teerstraße folgen und an der T-Kreuzung der Beschilderung Matting folgen.

km 7,6 In der Ortsdurchfahrt Matting links in den Hanselbergweg einbiegen und dem geteerten Weg stets bergauf folgen.

km 8,8 Rechts dem grün-weiß markierten Wanderweg Ri. Hanselberg folgen, nach 100 m links in den grün-weiß markierten Singeltrail einbiegen. Nach 300 m rechts auf den rot-weiß markierten Trail Ri. Hanselberg abbiegen.

km 9,3 Dem rot-weiß markierten Weg nicht rechts folgen, sondern geradeaus weiter den Singletrail leicht bergauf fahren.

km 9,8 Den Wanderweg kreuzen und geradeaus weiter auf dem Singletrail bleiben.

km 10,5 Bei Erreichen der Teerstraße links auf diese einbiegen, nach 400 m rechts auf den geteerten Rad- und Fußweg abzweigen.

km 13,5 Man erreicht Matting und überquert hier mit der Fähre für 50 Cent die Donau. Nach der Flussüberquerung nicht links dem Donauradweg folgen, sondern geradeaus auf dem Schotterweg weiter und das Schild »Für LKW verboten« passieren. Kurz danach die Eisenbahnschienen überqueren.

km 17,9 An der Kreuzung in Sinzing geradeaus weiter und der Radbeschilderung Ri. Regensburg folgen. Nach Überqueren der Laber sofort rechts ab (siehe Tour 8 oder 9). Nach 50 m links weiter Ri. Regensburg.

km 19,7 Nach Durchfahrt unter die Eisenbahnbrücke links auf diese auffahren und die Donau überqueren. Nach der Überquerung links abbiegen und nach 100 m erreicht man wieder den Ausgangspunkt.

Radfahren – Ausdauertraining pur mit Sightseeing-Effekt

Steckbrief: Gelenkschonendes Ausdauer- und Beinmuskulturtraining mit großem Aktionsradius. Zeitintensiver als andere Ausdauersportarten.

Ideal für Einsteiger wie auch für Fortgeschrittene anderer Sportarten, denn Radfahren kann fast jeder. Auf den Körper kommt keine Gelenkbelastung wie beim Laufen zu, deshalb kommt das Training sofort voll dem Herz-Kreislauf-System zugute. Da nur die Muskelgruppen unterhalb der Hüfte beansprucht werden, sollte man seinen Oberkörpertraining im Studio zusätzlich kräftigen. Wirbelsäulenbeschwerden durch Verspannungen der Hals- und Rückenmuskulatur, bedingt durch muskuläre Ungleichgewichte, werden so vermieden.

Beim Fahren auf der Straße ist ähnlich frei in der Streckenwahl wie beim Laufen. Es gibt unzählige Touren-Varianten in unserer Gegend. Wir stellen Ihnen einige der schönsten hier vor. Leistungsorientierte Fahrer kommen mit bis zu 3000 Hö-

henmetern (Strecke 5 b: Wadlfresser-Tour) ebenso auf ihre Kosten wie Familien, die einen gemütlichen Radausflug mit Einkehrschwung planen. Stets haben wir eine kürzere, leichtere und eine längere, schwerere Variante in einer Karte kombiniert.

Tipp: Noch mehr Touren bietet das Buch »Mit dem Rad rund um Regensburg«, herausgegeben vom Sportamt; erhältlich für 5 Euro dort und auch im Buchhandel.

Nachgefragt bei: Walter Röhrl

LAS: Herr Röhrl, seit wie vielen Jahren fahren Sie Rennrad?

Walter Röhrl: Seit 1984 fahre ich Rennrad, und seitdem bin ichi jedes Jahr beim Arbermarathon mitgefahren.

LAS: Wie sind Sie eigentlich aufs Rennradfahren gekommen? Es gibt ja viele Sportarten, die man ausüben könnte.

Walter Röhrl: Ich war bei einer Wohltätigkeitsveranstaltung in Gießen, wo Geld für krebskranke Kinder gesammelt wurde. Damals wurde ich von AUDI angesprochen, ob ich da nicht mitradeln könnte. Ich hab gesagt, geht klar, aber ich hab kein Rennrad. Das wurde dann gestellt. Da bin ich da hingekommen und hab gefragt, wie weit müssen wir da fahren? Ja, nicht so weit, wurde da gesagt. Am Start hieß es dann plötzlich: 137 Kilometer! Ich dachte, um Gottes willen, ich bin noch nie auf einem Rad gesessen. Und auf dieser Tour waren zwei Bergprüfungen dabei. Ich hatte Riesen Respekt, und hielt mich immer ganz hinten im Feld. Dann kam die erste Bergprüfung und ich denke, warum fahren die denn nicht? Da muss ich überholen, sonst fall' ich vom Radl. Kurzum, ich war oben als Vierter. Erster war Didi Thurau, Zweiter Klaus-Peter Thaler, Dritter ebenfalls ein Profi-Fahrer, Vierter ich. Und das hat mich so fasziniert. Seit diesem Tag bin ich fanatischer Radrennfahrer.

LAS: Sie sind also nicht nur ein Naturtalent im Motorsport, sondern auch im Radsport.

Walter Röhrl: Ja, das ist wahrscheinlich wirklich so. Mit dem Klaus-Peter Thaler bin ich 14 Tage später gleich ins Trainingslager gegangen, und der hat mir gesagt: Wenn du als Jugendlicher mit dem Radsport angefangen hättest, wärst du genauso Weltmeister geworden wie beim Autofahren.

LAS: Wie oft trainiern Sie denn im Augenblick pro Woche?

Walter Röhrl: Ich versuche mindestens zwei bis drei Mal pro Woche auf dem Rad zu sitzen.

LAS: Was ist Ihre Lieblingsstrecke im Regensburger Raum?

Walter Röhrl: Weil ich in Rheinhausen wohne, fahre ich immer Richtung Norden, Richtung Nittenau, und durchs Regental wieder zurück. Da gibts ganz tolle Wege, du kannst flach fahren, wenn du willst. Oder du kannst eben Richtung Karlstein, Nittenau über die Berge fahren. Es ist wenig Verkehr, da kann man wirklich noch schön Rennrad fahren.

LAS: Wenn Sie beruflich im Ausland sind, nehmen Sie das Rad dann mit?

Walter Röhrl: Ja, wenns geht, immer. Wenn ich etwa nach Italien fahre, zum Beispiel vier Wochen in die Toskana, da ist jedes Mal mein Rad dabei. Das gebe ich bei Porsche ab, die nehmen das im LKW mit, und dann fahre ich da unten jeden Tag Rad.

LAS: Machen Sie zusätzlich noch Ausgleichssport?

Walter Röhrl: Wenn ich Zeit habe, schwimmen und Gymnastik. Wegen meiner Körpergröße bin ich da etwa steif, da versuche ich zu dehnen. Im Winter bin ich ein fanatischer Skifahrer und Skitouren-Geher.

LAS: Herr Röhrl, leider ist die Jugend heutzutage nicht mehr so schnell für den Sport zu begeistern wie früher. Welche Tipps können Sie der Jugend mitgeben? Warum sollten die jungen Leute zum Beispiel Radsport betreiben?

Walter Röhrl: Es ist zwar in Ordnung, dass die Jugend heute vorm Computer sitzt, aber sie sollen sich auch bewegen. Wenn ich zurückschaue, in meiner Zeit habe ich so viele junge Leute kennen gelernt, die Sport getrieben haben, ob es jetzt Radfahren, Fußball oder ein anderer Sport war, und letztendlich haben die es alle im Beruf zu etwas gebracht. Weil sie im Sport Disziplin gelernt haben, Ehrgeiz und sich auch mal zu schinden. Das ist fürs ganze Leben unheimlich wichtig. Und dafür ist natürlich der Radsport die ideale Voraussetzung, Radfahren ist wirklich ein harter Sport.

LAS: Neben den jugendlichen Einsteigern gibt es die Gruppe der Wiedereinsteiger ab 40 oder 50. Die spüren, sie müssten wieder etwas tun für ihre Gesundheit und Fitness. Was können sie dieser Gruppe mit auf den Weg geben?

Walter Röhrl: Wenn jemand mit 40 oder 50 merkt, er muss wieder was machen, hat er in der Regel schon zu viel Gewicht. Dann mit Laufen einzusteigen schädigt die Gelenke. Radfahren ist hier ideal, weil man das Gewicht mit den Gelenken nicht selber tragen muss. Allerdings wichtig: Langsam anfangen, flach fahren und nicht übertreiben.

LAS: Welche radsportlichen Ziele treiben Sie persönlich noch um in den nächsten Jahren?

Walter Röhrl: Ich möchte möglichst lang in dem Fitness-Zustand bleiben, dass ich beim Arber-Marathon zumindestens diese 175 km fahren kann. Und dass ich im Ziel ankomme, ohne dass ich ein Sauerstoffzelt brauche.

LAS: Herr Röhrl, vielen Dank fürs Interview.

Radfahren – alle Strecken auf einen Blick

Seite		Schwierig-keit	Länge (km)
1	**127**	**Rennrad: Regensburger Osten und Vorderer Bayerischer Wald**		
127	a) Brennberg	◐(◐)	56
127	b) Donaustauf–Altenthann–Regenstauf	◐(◐)	52
127	c) Donaustauf–Altenthann–Kürn–Fußenberg	◐(◐)	46
127	a) Donautal–St. Englmar–Michelsneukirchen–Regental	◐◐(◐)	170
2	**131**	**Rennrad: Laber, Naab und mehr**		
131	a) Kurze Naabrunde	◐	41
131	b) Labertour	◐	51
131	c) Naabfahrt mit Aussicht	◐(◐)	60
131	d) Hohenfels-Runde: Fünf-Täler-Fahrt mit Aussicht	◐◐	130
3	**135**	**Rennrad: Westwärts – Laber, Donau, Altmühl**		
135	a) Kurze Donau-Laber-Runde	◐	30
135	b) Zwei Flüsse – zwei Berge	◐	35
135	c) Höhenrunde im Westen	◐(◐)	80
135	d) Auf nach Kipfenberg!	◐◐(◐)	150
4	**139**	**Rennrad: Ab in den Süden!**		
139	a) Köferinger Runde	◐	38
139	b) Hagelstadter Runde	◐	48
139	c) Schierlinger Runde	◐	60
139	d) Niederbayerische Kul-Tour	◐◐	140
5	**144**	**Rennrad – Bergtraining. Wadlzwicker, Wadlfresser**		
144	a) Der Wadlzwicker	◐◐	55
144	b) Der Wadlfresser – 3400 Höhenmeter im Westen	◐◐◐	175

Was bedeutet die Unterteilung in Familien- und Rennradstrecken?

Familienstrecken

Jede Familienstrecke hat 3 Streckenvarianten zur Auswahl:

Variante a: Länge bis 20 km, flach, oder mit leichten Schiebepassagen. Da können auch die Kleinsten mit, und wenn's gar nicht mehr geht, holen Mama oder Papa schnell das Auto. Bei allen Strecken ist Gelegenheit zur Einkehr oder es winkt ein motivierendes Ziel wie etwa ein Badeweiher.

Variante b: Mit etwa 40 km Länge schon etwas ambitionierter, leichte Steigungen inclusive.

Variante c: Die reicht schon bis zu 70 Kilometer, mit sportlicheren Hügeln; für die sportlichen Familien mit etwas größerem Nachwuchs.

Wo nicht anders angegeben, fahren Sie auf Asphalt-Untergrund.

Rennradstrecken

In jedem Gebiet sind stets 4 Streckenvarianten vorgestellt: Drei, die am Nachmittag und Feierabend in 1/12 bis 2 Stunden machbar sind, sowie eine, die man sich fürs Wochenende vornehmen sollte.

An Bergen wird nicht gespart, besonders nicht bei den Strecken 5 a und 5 b. Ein besonderes Highlight: die Strecke 5b, die »Wadlfresser-Tour«, bei der Sie in 170 km auf 3400 Höhenmeter kommen.

Tipp 1: Fahren Sie doch mal die Strecken des Arberradmarathons ab. Info unter www.arberradmarathon.de.

Die Ausgangspunkte zu allen Strecken sind stets als Sammelpunkte für mehrere Fahrer gedacht, ebenso als Startpunkt für die Vermessung. Ihre Anfahrtskilometer sollten Sie zusätzlich mit einrechnen.

Tipp 2: Fahren Sie die Rundstrecken doch mal in der entgegengesetzten Richtung, und Sie werden das Gefühl einer völlig anderen Strecke erleben.

Die Rennradler sind selbstverständlich eingeladen, auch die Familienstrecken zu testen, und umgekehrt.

1 Regensburger Osten und Vorderer Bayerischer Wald

Streckenprofile

Streckenlänge ist jeweils gemessen von der Regenbrücke (Frankenstr.) aus.

Strecke Rennrad 1a: Brennberg

Länge:	ca. 56 km
Schwierigkeit:	technisch leicht/Ausdauer: mittel
Höhendifferenz:	ca. 600 hm/Min. Höhe: 325 m; max. Höhe: 609 m
Startpunkt:	Sammelpunkt: Regenbrücke Frankenstr./Holzgartenstr., oder: Parkplatz der Donau-Arena
Rasten/Erfrischung:	Donaustauf, Brennberg, Wiesent, Bach
Besonderheiten:	Feierabend-Klassiker im Osten; kurzweilige Runde mit Berg- und Flachetappen

Strecke Rennrad 1b: Donaustauf – Altenthann – Regenstauf

Länge:	ca. 52 km
Schwierigkeit:	technisch leicht/Ausdauer: mittel
Höhendifferenz:	ca. 700 hm/Min. Höhe: 327 m; max. Höhe: 552 m
Startpunkt:	Sammelpunkt: Regenbrücke Frankenstr./Holzgartenstr., oder: Parkplatz der Donau-Arena
Rasten/Erfrischung:	Donaustauf, Bernhardswald, Regenstauf
Besonderheiten:	Hügelige Runde mit zwei Flusstälern

Strecke Rennrad 1c: Donaustauf – Altenthann – Kürn – Fußenberg

Länge:	ca. 46 km
Schwierigkeit:	technisch leicht/Ausdauer: mittel
Höhendifferenz:	ca. 600 hm/Min. Höhe: 327 m; max. Höhe: 552 m
Startpunkt:	Sammelpunkt: Regenbrücke Frankenstr./Holzgartenstr., oder: Parkplatz der Donau-Arena
Rasten/Erfrischung:	Donaustauf, Altenthann, Kürn, Gonnersdorf
Besonderheiten:	Gemächliche Hügelrunde mit zwei Anstiegen

Strecke Rennrad 1d: Donautal– St. Englmar – Michelsneukirchen – Regental

Länge:	ca. 170 km
Schwierigkeit:	technisch mittel/Ausdauer: mittel bis schwer
Höhendifferenz:	ca. 2300 hm/Min. Höhe: 314 m; max. Höhe: 904 m
Startpunkt:	Sammelpunkt: Regenbrücke Frankenstr./Holzgartenstr., oder: Parkplatz der Donau-Arena
Rasten/Erfrischung:	Grün/Maibrunn, Marienthal, Heilinghausen
Besonderheiten:	Fluss- und Bergfahrt mit Ausblick; langer Anstieg vor St. Englmar

Die Strecken in Kür^ze

Strecke Rennrad 1 a: Brennberg

Schwabelweis • Donaustauf • Überführung: Ri. Falkenstein •
Brennberg • Frauenzell • Wiesent •
Bach • dann Rückweg wie Hinweg

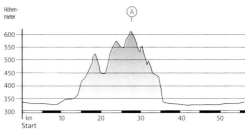

1 a: Brennberg

Strecke Rennrad 1 b: Donaustauf – Altenthann – Regenstauf

Schwabelweis • Donaustauf • auf Überführung: Ri. Falken stein • gut 4 1/2 km
Steigung • unmittelbar nach dem höchsten Punkt Abzweigung im spitzen Winkel nach links • immer Ri. Bernhardswald auf der Hauptstraße • vor Lichtenberg Rechtskurve • in Reiting Linkskurve • Kreuzung vor Bernhardswald:
rechts in Ort, dann links auf Hauptstr.
(alte B 16) Ri. Regensburg, neue B 16 überqueren, dann am Ortsausgang rechts
stets Ri. Kürn • in Kürn rechts Ri. Nittenau, beim Kirchlein links Ri. Schneckenreuth • durch Schneckenreuth •
nach 400 m links nach Schneitweg und
weiter nach Regenstauf • Hauptstr. links
Ri. Regensburg • Am Ortsausgang links
abbiegen Ri. Autobahn, dann rechts
durch die Unterführung, über die Regenbrücke • An Kreuzung links Ri. Regendorf/Lappersdorf • knapp 2 km nach
Regendorf vor der Autobahnunterführung links in Regental-Radweg bis Ausgangspunkt

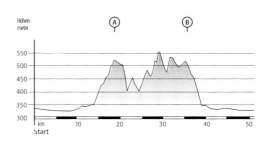

1 b: Altenthann

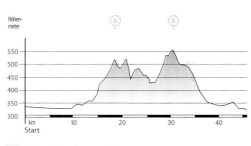

1 c: Altenthann – Kürn

Strecke Rennrad 1c: Donaustauf – Altenthann – Kürn – Fußenberg

Schwabelweis • Donaustauf • auf Überführung: Ri. Falkenstein • gut 4 1/2 km
Steigung • 300 m nach dem höchsten

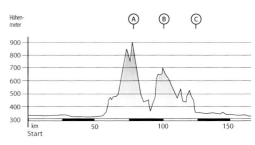

1 d: St. Englmar – Michelsneukirchen

Strecken 1a–d für Rennrad

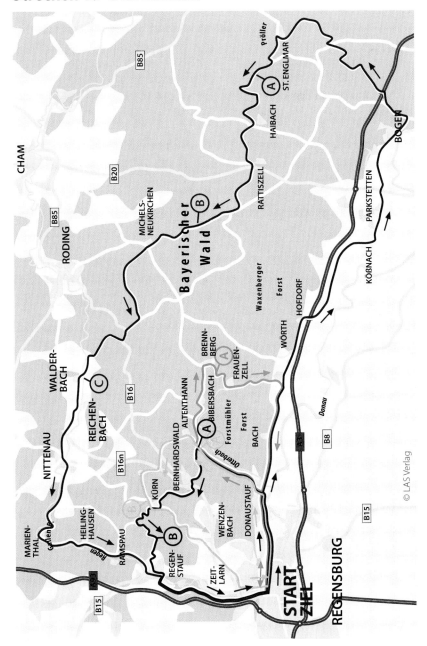

Punkt der Steigung Abzweigung nach links immer Ri. Altenthann • durch den Ort • geradeaus Ri. Hauzendorf, nächste Kreuzung links • Hauzendorf • Pettenreuth • dort nach der Kirche links Ri. Regensburg/Kürn • nächste Kreuzung Ri. Regensburg/Kürn • durch Kürn Ri. Regensburg • immer gerade nach Thanhausen, • Fußenberg • Gonnersdorf, dort auf Vorfahrtsstr. rechts Ri. Regensburg einbiegen • Regensburg-Gallingkofen • weiter bis zur Kreuzung mit B 15 (Amberger Str.) links • nach 1 km rechts der Amberger Str.weiter folgen • über Straße »Reinhausen« und Holzgartenstr. zum Ausgangspunkt

Strecke Rennrad 1d: Donautal – St. Englmar – Michelsneukirchen – Regental
Schwabelweis • Donaustauf • Wörth • nach Hofdorf rechts halten, Autobahn überqueren • Niederachdorf • in Pondorf nach Linkskurve rechts Ri. Kirchroth• in Kirchroth rechts Ri. Straubing durch den Ort • nach dem Ort rechts Ri. Straubing • nach 2,4 km vor der 2. Überfpührung rechts ab, Ri. Parkstetten/Kößnach, und dann links auf Überführung Ri. Parkstetten • Staatsstr. überqueren, nach 400 m rechts abbiegen Ri. Parkstetten • Parkstetten: links auf die Vorfahrsstr. Ri. -Bogen, dann Vorfahrtstr. nach rechts verlassen Ri. Bogen • nach Parkstette B 20 überqueren und dann links auf Staatsstr. Ri. Bogen • geradeaus Ri. Deggendorf (nicht links nach Bogen) • nach dem Bogenberg links abbiegen Ri. Viechtach/St. Englmar • nach gut 2 km rechts ab Ri. Perasdorf/Schwarzach • durch Waltersdorf auf der Vorfahrstr. Ri. Perasdorf • Meidendorf • Perasdorf: auf Vorfahrstr. durch • bei Hintersollach geradeaus über die Kreuzung Ri. St. Englmar • St. Englmar rechts liegen lassen, oben an der Kreuzung links Ri. Straubing/Bogen • in Grün rechts und sofort wieder links Ri. Elisabethszell • vor Elisabethszell rechts weg Ri. Mitterfels/Haibach • vor Haibach rechts Ri. Mitterfels • über die nächste Kreuzung geradeaus Ri. Rattiszell • Herrnfehlburg • an der nächsten Kreuzung über die B 20 geradeaus Ri. Haunkenzell • Euersdorf, Haunkenzell • nächste Kreuzung rechts Ri. Falkenstein • nächste Kreuzung rechts Ri. Roding/Zinzenzell • Zinzenzell, weiter Ri. Roding • Michelsneukirchen: bei der Kirche links Ri. Falkenstein, nach 300 m rechts Ri. Woppmannsdorf • Woppmannsdorf: am Dorfausgang links Ri. Dörfling • bei Hutting geradeaus witer nach Au • bei Au an der Kreuzung rechts • nach 2,4 km Kreuzung mit B 16, Spitzkehre links Ri. Regensburg • nach 1,5 km bei Kiesried rechts Ri. Walderbach • Beucherling • Katzenrohrbach nach Walderbach • dann am rechten Regenufer (oder linkes Ufer: 100 m vor der Brücke: Regental-Radweg über Reichenbach und Bodenstein) bis Nittenau • Nittenau Ri. Regensburg durchqueren und am Regen entlang über Stefling, Marienthal, Kleinramspau nach Regenstauf • dort am Ortseingang rechts über Regenbrücke, dann gleich links durch Diesenbach • gut 500 m nach Bahnunterführung links abbiegen und stets geradeaus über Edlhausen und Regendorf Ri. Regensburg • vor der Autobahnunterführung links auf Radweg, dem folgen bis Ausgangspunkt

2 Laber, Naab und mehr

Streckenprofile

Streckenlänge ist jeweils gemessen vom Hotel an der Autobahnauffahrt Pfaffenstein aus.

Strecke Rennrad 2 a: Kurze Naabrunde

Länge:	ca. 41 km
Schwierigkeit:	technisch leicht/Ausdauer: leicht
Höhendifferenz:	ca. 350 hm/Min. Höhe: 332 m; max. Höhe: 451 m
Startpunkt:	Beginn Radweg beim Hotel, Am Europakanal
Rasten/Erfrischung:	Wolfsegg, Duggendorf, Pielenhofen, Mariaort
Besonderheiten:	Feierabend-Klassiker an der Naab; sanfte Steigung inklusive

Strecke Rennrad 2 b: Labertour

Länge:	ca. 51 km
Schwierigkeit:	technisch leicht/Ausdauer: leicht
Höhendifferenz:	ca. 700 hm/Min. Höhe: 332 m; max. Höhe: 488 m
Startpunkt:	Beginn Radweg beim Hotel, Am Europakanal
Rasten/Erfrischung:	Pielenhofen, Frauenberg, Laaber, Deuerling, Eichhofen, Eilsbrunn
Besonderheiten:	Schöner Anstieg von Pielenhofen nach Münchsried; idyllische Rückfahrt an der Laber

Strecke Rennrad 2 c: Naabfahrt mit Aussicht

Länge:	ca. 60 km
Schwierigkeit:	technisch leicht/Ausdauer: mittel
Höhendifferenz:	ca. 800 hm/Min. Höhe: 332 m; max. Höhe: 550 m
Startpunkt:	Beginn Radweg beim Hotel, Am Europakanal
Rasten/Erfrischung:	Kallmünz, Pielenhofen, Mariaort
Besonderheiten:	All-in-one-Runde mit Aussicht, Bergtraining und Tempotraining an der Naab

Strecke Rennrad 2d: Hohenfels-Runde: Fünf-Täler-Fahrt mit Aussicht

Länge:	ca. 130 km
Schwierigkeit:	technisch mittel/Ausdauer: mittel
Höhendifferenz:	ca. 1700 hm/Min. Höhe: 332 m; max. Höhe: 591 m
Startpunkt:	Beginn Radweg beim Hotel, Am Europakanal
Rasten/Erfrischung:	Kallmünz, Schmidmühlen, Velburg, Hohenfels, Beratzhausen, Laaber, Deuerling, Mariaort
Besonderheiten:	Landschaftlich idyllische Fahrt durch den Oberpfälzer Jura; Fahrt an der Naab, Vils, Lauterach, Forellenbach (bei Hohenfels), Schwarze Laber

Die Strecken in Kürze

Strecke Rennrad 2a: Kurze Naabrunde

Radweg Richtung Mariaort • nach gut 3 km rechts auf Überführung über die B 8, Richtung Pettendorf • geradeaus bis Rohrdorf • rechts • nach gut 1 km links, Ri. Wolfsegg • Wolfsegg • Heitzenhofen • nach der Brücke links Ri. Regensburg • Etterzhausen: nach Naabbrücke, vor Tankstelle, Straße nach links queren, und auf Radweg auffahren • Radweg bis Mariaort, rechts durch Unterführung unter B 8, dann im Ort links • Radweg zurück bis Ausgangspunkt

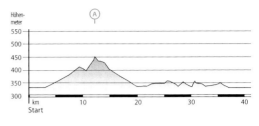

2 a: Kurze Naabrunde

Strecke Rennrad 2b: Labertour

Radweg Richtung Mariaort • nach gut 3 km rechts auf Überführung über die B 8, Richtung Pettendorf • nach 2 1/2 km links Ri. Adlersberg • Hauptstr. Ri. Pettendorf • vor Pettendorf links abbiegen • nach gut 4 km an Kreuzung links Ri. Pielenhofen • Pielenhofen: Naabbrücke, dann links, 1. Straße rechts, nochmal rechts, dann links und geradeaus über die Staatsstr. Ri. Münchsried/Laaber • stets auf Hauptstr. bleiben • Autobahn unterqueren und geradeaus Ri. Laaber • Laaber: Bahn unterqueren, dann rechts der Hauptstr. folgend ins Tal abfahren, unten links halten den Ort Ri. Deuerling durchqueren • Labertal bis B 8 • auf B 8 rechts, nach 250 m links nach Deuerling, nach 300 m links abbiegen Ri. Undorf • vor Undorf rechts weg Ri. Eichhofen/Alling • Labertal bis Alling • links Ri. Sinzing • der Straße folgend

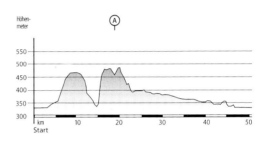

2 b: Labertour

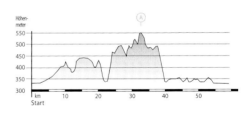

2 c: Naabfahrt mit Aussicht

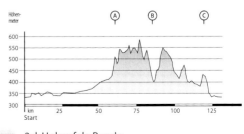

2 d: Hohenfels-Runde

Strecken 2a–d für Rennrad

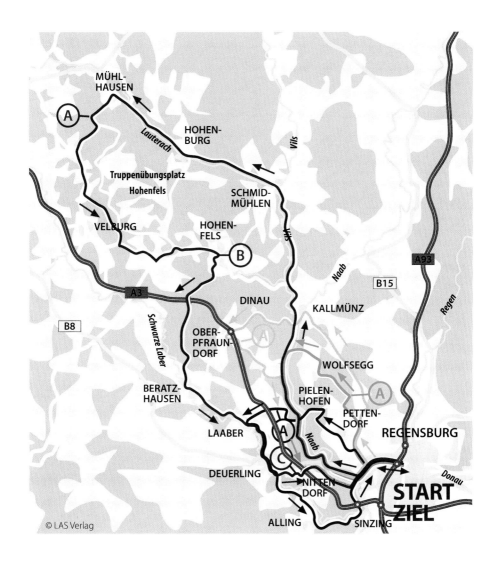

die Autobahnbrücke unterqueren, dann gleich rechts ab • bei Riegling rechts runter zur Donau • dann links bis Wallfahrtskirche Mariaort • Naab auf Fußgängerbrücke überqueren • in Mariaort rechts und geradeaus auf Radweg bis zum Ausgangspunkt

Strecke Rennrad 2c: Naabfahrt mit Aussicht

Radweg Richtung Mariaort • nach gut 3 km rechts auf Überführung über die B 8, Richtung Pettendorf • geradeaus • nach Schwetzendorf rechts weg nach Baiern • dort rechts und an der nächsten Kreuzung links Ri. Kallmünz • Kallmünz: Berg runter, dann links, über Naabrücke • links, nach Dallackenried • Autobahn unterqueren, dann links durch Unterpfraundorf • im Ort links Ri. Rechberg • Autobahn überqueren • Rechberg • Wischenhofen, dort rechts Ri. Brunn • nach 750 m im Wald links abfahren nach Duggendorf • im Tal rechts Ri. Regensburg • Etterzhausen: nach Naabrücke, vor Tankstelle, Straße nach links queren, und auf Radweg auffahren • Radweg bis Mariaort, rechts durch Unterführung unter B 8, dann im Ort links • Radweg zurück bis Ausgangspunkt

Strecke Rennrad 2d: Hohenfels-Runde: Fünf-Täler-Fahrt mit Aussicht

Radweg bis Mariaort, rechts durch Unterführung unter B 8, dann sofort links auf Radweg Ri. Etterzhausen • nach Tankstelle rechts Ri. Kallmünz • an Kallmünz vorbei Ri. Amberg • Vilstal bis Schmidmühlen • links ins Lauterachtal: Hohenburg • Utzenhofen • nach Prönsdorf links Ri. Velburg • 750 m nach Reichertswinn links Ri. St. Colomann • bei Freudenricht links nach Hörmannsdorf • kurz nach dem Ort links nach Großbissendorf und Hohenfels • am Ortseingang rechts Ri. Raitenbuch • nach 2,5 km Kreuzung rechts Ri. Raitenbuch • bei Raitenbuch: Kreuzung nach links, nach 300 m rechts Ri. Lupburg • nach gut 1 km links Ri. Schwarzenthonhausen/Beratzhausen • Beratzhausen: nach links, Ort auf Hauptstr. Ri. Laaber durchqueren • Laaber: Ort Ri. Deuerling durchqueren • Labertal bis B 8 • auf B 8 rechts, nach 250 m links nach Deuerling, nach 300 m links abbiegen Ri. Undorf • durch Undorf • nach Undorf nicht auf B 8, sondern geradeaus Ri. Nittendorf • der Hauptstr. folgend Autobahn überqueren, an Ampel links und der Vorfahrtstr. folgend auf B 8, rechts Ri. Regensburg • unten 50 m vor der Ampel rechts in Radweg Ri. Regensburg • bei Wallfahrtskirche Mariaort Naab auf Fußgängerbrücke überqueren • in Mariaort rechts und geradeaus auf Radweg bis zum Ausgangspunkt

3 Westwärts: Laber, Donau, Altmühl

Streckenprofile

Streckenlänge ist jeweils gemessen von der Eisenbahnbrücke Großprüfening – Sinzing aus.

Strecke Rennrad 3a: Kurze Donau-Laber-Runde

Länge:	ca. 30 km
Schwierigkeit:	technisch leicht/Ausdauer: leicht
Höhendifferenz:	ca. 300 hm/Min. Höhe: 334 m; max. Höhe: 459 m
Startpunkt:	Eisenbahnbrücke Großprüfening – Sinzing
Rasten/Erfrischung:	Oberndorf, Lohstadt, Bergmatting, Sinzing
Besonderheiten:	Feierabend-Klassiker im Westen; Bergetappe beim Rosengarten

Strecke Rennrad 3b: Zwei Flüsse – zwei Berge

Länge:	ca. 35 km
Schwierigkeit:	technisch leicht/Ausdauer: leicht
Höhendifferenz:	ca. 550 hm/Min. Höhe: 334 m; max. Höhe: 469 m
Startpunkt:	Eisenbahnbrücke Großprüfening – Sinzing
Rasten/Erfrischung:	Saxberg, Schwalbennest
Besonderheiten:	Schöner stetiger Anstieg auf die Oberndorfer Hänge

Strecke Rennrad 3c: Höhenrunde im Westen

Länge:	ca. 80 km
Schwierigkeit:	technisch leicht/Ausdauer: mittel
Höhendifferenz:	ca. 1000 hm/Min. Höhe: 334 m; max. Höhe: 542 m
Startpunkt:	Eisenbahnbrücke Großprüfening – Sinzing
Rasten/Erfrischung:	Deuerling, Painten, Haugenried, Frauenhäusl, Saxberg, Oberndorf, Matting, Schwalbennest
Besonderheiten:	Für Liebhaber einsamer Strecken: 25 km durch den Paintner Forst und den Frauenforst; Training für die Rennradstrecke 5 b

Strecke Rennrad 3 d: Auf nach Kipfenberg!

Länge:	ca. 150 km
Schwierigkeit:	technisch mittel/Ausdauer: mittel bis schwer
Höhendifferenz:	ca. 1800 hm/Min. Höhe: 334 m; max. Höhe: 578 m
Startpunkt:	Eisenbahnbrücke Großprüfening – Sinzing
Rasten/Erfrischung:	Dietfurt, Beilngries, Kinding, Kipfenberg, Westerhofen, Altmannstein, Hienheim, Kelheim, Oberndorf, Matting, Schwalbennest
Besonderheiten:	Die Runde führt durch alles Schöne im Westen: Oberpfälzer Jura, Naturpark Altmühltal, Köschinger und Hienheimer Forst mit Donautal

Die Strecken in Kürze

Strecke Rennrad 3a: Kurze Donau-Laber-Runde

Eisenbahnbrücke Großprüfening – Sinzing• Fußgängerbrücke Bad Abbach• Gundelshausen • Bergmatting • an Kreuzung rechts, dann wieder rechts • Alling • Ri. Sinzing • der Straße folgend die Autobahnbrücke unterqueren, dann gleich rechts ab • bei Riegling rechts runter zur Donau • auf halber Höhe rechts rauf und über die Eisenbahnbrücke zum Ausgangspunkt

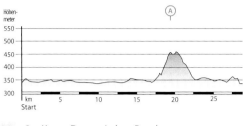

3 a: Kurze Donau-Laber-Runde

Strecke Rennrad 3b: Zwei Flüsse – zwei Berge

Über Eisenbahnbrücke • an Kreuzung links Ri. Sinzing • Vorfahrtstr. folgen bis Berg nach Alling • links Ri. Saxberg • nach Saxberg links nach Reichenstetten, Dürnstetten, Lindach, Ri. Herrnsaal • an Kreuzung links Ri. Kapfelberg • vor Kapfelberg rechts zum Sportboothafen • in Poikam Eisenbahn unterqueren, an nächster Kreuzung links und am Ortsausgang geradeaus auf Insel • Fußgängerbrücke, dann links • Am Ortseingang Oberndorf rechts den Weg bergauf • nach gut 1 km, oben auf der Höhe links weg Ri. Graßlfing • in Graßlfing nach der Kirche links runter nach Unterirading • dort rechts bis Ausgangspunkt

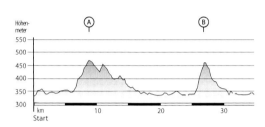

3 b: Zwei Flüsse – zwei Berge

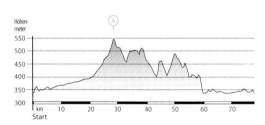

3 c: Höhenrunde im Westen

Strecke Rennrad 3c: Höhenrunde im Westen

Über Eisenbahnbrücke • an Kreuzung

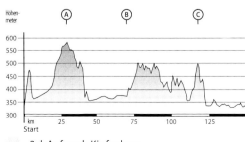

3 d: Auf nach Kipfenberg

Strecken 3a–d für Rennrad

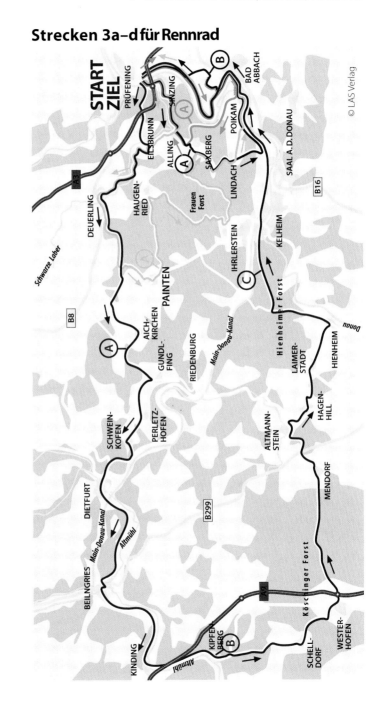

links Ri. Sinzing • Vorfahrtstr. folgen bis Alling • nach rechts der Laber folgen bis Deuerling • in Deuerling an der Kreuzung links über die Laber, auf Vorfahrtstr. durch den Ort, danach links auf die B 8 • nach 650 m links • der Straße folgen bis Painten • Painten: auf Hauptstr. nach links einbiegen Ri. Kelheim, nach ca. 400 m links weg • durch den Paintner Forst bis kurz vor Haugenried • Spitz nach rechts auf die größere Straße Ri. Kelheim einbiegen • 9 km durch den Frauenforst bis zur nächsten Kreuzung • sofort links bergauf Ri. Sinzing • Frauenforst durchqueren • am Waldrand rechts Ri. Schneckenbach • vor Saxberg rechts • Reichenstetten • Dürnstetten • in Lindach links Ri. Kapfelberg • in Kapfelberg rechts bis zur Donau, dann spitz nach links auf die Hauptstr. und nach gut 300 m rechts, am Sportboothafen entlang • Poikam: Eisenbahn unterqueren, an nächster Kreuzung links und am Ortsausgang geradeaus auf Insel • Fußgängerbrücke, dann links • Straße bis zum Ausgangspunkt

Strecke Rennrad 3 d: Auf nach Kipfenberg!
Über Eisenbahnbrücke • nach dem Bergerl rechts nach Eilsbrunn und durch den Ort • nach der Laberbrücke rechts der Laber folgen bis Deuerling • in Deuerling an der Kreuzung links über die Laber, auf Vorfahrtstr. durch den Ort, danach links auf die B 8 • nach 650 m links • der Straße 5,5 km folgen bis zu einer lang gezogenen Linkskurve • dort rechts ab nach Wolflier • bei Winkl links und kurz darauf über die Kreuzung geradeaus nach Aichkirchen • im Ort nach der Kirche spitz nach rechts • an der nächsten größeren Kreuzung links Ri. Riedenburg • kurz vor Jachenhausen spitz nach rechts • Otterzhofen • Perletzhofen, dort rechts nach Schweinkofen • dort nach der Kirche links haltend Ri. Dietfurt ins Altmühltal abfahren • Dietfurt auf der Umgehungsstr. Ri. Beilngries südlich umfahren • Beilngries: Ortseingang links über die Brücke Ri. Zentrum, dann Ri. Kinding/Eichstätt den Ort durchqueren • bei Kinding rechts weg Ri. Kipfenberg • Kipfenberg: Ortsmitte an der Kirche links weg Ri. Denkendorf • nach 1,4 km rechts ab nach Schelldorf • dort links nach Stammham • dort zunächst Ri. Ingolstadt, bei der Kirche links weg zur Autobahnunterführung • nach gut 8 km Köschinger Forst vor Mendorf links halten Ri. Altmannstein, ebenso bei der Kreuzung mit der Staatsstr. • Altmannstein: durch Ort Ri. Riedenburg, am Ortsausgang rechts nach Hagenhill • dort links nach Laimerstadt • in Laimerstadt rechts, dann am Ortsausgang links nach Hienheim • dort links Ri. Kelheim • nach ca. 5,5 km, im Wald an der Kreuzung nach rechts Ri. Kelheim • Kelheim: geradeaus durch Altstadt, dann links über die Kanalbrücke, danach die erste rechts Ri. Kelheimwinzer • stets geradeaus bis Kapfelberg • vorm Ort rechts, am Sportboothafen entlang • Poikam: Eisenbahn unterqueren, an nächster Kreuzung links und am Ortsausgang geradeaus auf Insel • Fußgängerbrücke, dann links • Straße bis zum Ausgangspunkt

4 Ab in den Süden!

Streckenprofile

Streckenlänge ist jeweils gemessen vom der Markomannenstr. (METRO) aus

Strecke Rennrad 4 a: Köferinger Runde

Länge:	ca. 38 km
Schwierigkeit:	technisch leicht/Ausdauer: leicht
Höhendifferenz:	ca. 200 hm/Min. Höhe: 328 m; max. Höhe: 435 m
Startpunkt:	Markomannenstr. an der METRO
Rasten/Erfrischung:	Köfering, Bad Abbach
Besonderheiten:	Kurze, unkomplizierte Ausfahrt;

Strecke Rennrad 4 b: Hagelstadter Runde

Länge:	ca. 48 km
Schwierigkeit:	technisch leicht/Ausdauer: leicht
Höhendifferenz:	ca. 300 hm/Min. Höhe: 328 m; max. Höhe: 435 m
Startpunkt:	Markomannenstr. an der METRO
Rasten/Erfrischung:	Hagelstadt, Thalmassing, Bad Abbach
Besonderheiten:	Feierabend-Ausfahrt im (fast) niederbayerischen Hügelland

Strecke Rennrad 4 c: Schierlinger Runde

Länge:	ca. 60 km
Schwierigkeit:	technisch leicht/Ausdauer: leicht
Höhendifferenz:	ca. 450 hm/Min. Höhe: 328 m; max. Höhe: 435 m
Startpunkt:	Markomannenstr. an der METRO
Rasten/Erfrischung:	Köfering, Thalmassing, Schierling
Besonderheiten:	Feierabend-Ausfahrt im zum Teil niederbayerischen Hügelland

Strecke Rennrad 4 d: Niederbayerische Kul-Tour

Länge:	ca. 140 km
Schwierigkeit:	technisch leicht/Ausdauer: mittel
Höhendifferenz:	ca. 1050 hm/Min. Höhe: 323 m; max. Höhe: 472 m
Startpunkt:	Markomannenstr. an der METRO
Rasten/Erfrischung:	Sünching, Aufhausen, Schierling, Rohr, Bad Gögging, Kloster Weltenburg, Kelheim, Bad Abbach
Besonderheiten:	Die Strecke führt uns unter anderem vorbei an: Schloss Sünching, Kirche Maria Schnee in Aufhausen, Asamkirche Rohr, Romanische Klosterkirche Biburg, Kurort Bad Gögging, Römerkastell Eining, Kloster Weltenburg, Befreiungshalle Kelheim

Die Strecken in Kürze

Strecke Rennrad 4 a: Köferinger Runde

Vom Sammelpunkt aus die Bajuwarenstr. zum Radweg der Ostumgehung • nach der Überquerung der Bahn und des Autobahnzubringers rechts in die Siemens-Str. und geradeaus weiter in die Kremser Str. nach Irl • durch den Ort Ri. Barbing • An der Kreuzung die B 8 leicht rechterhand auf dem Radweg unterfahren und durch Barbing • auf Höhe Metzgerei Deutsch (linker Hand) rechts in den Mintrachinger Weg und Südumgehung überqueren • links auf Straße, dann rechts und Autobahn überqueren • die erste dann links, und bei der nächsten Kreuzung rechts nach Rosenhof • Mintrachling, links nach Mangolding, dort links • nach dem Ort die 2. rechts nach Köfering • geradeaus durch Köfering Ri. Gelekofen • Ort auf Haupstr. durchqueren Ri. Wolkering • geradeaus bis über die Autobahn, dann die erste rechts • nach Seedorf rechts Ri. Oberhinkofen • dort links Ri. Regensburg • nach der Autobahnüberquerung rechts zum Ausgangspunkt

Strecke Rennrad 4 b: Hagelstadter Runde

Vom Sammelpunkt aus die Bajuwarenstr. zum Radweg der Ostumgehung • nach der Überquerung der Bahn und des Autobahnzubringers rechts in die Siemens-Str. und geradeaus weiter in die Kremser Str. nach Irl • durch den Ort Ri. Barbing • An der Kreuzung die B 8 leicht rechterhand auf dem Radweg unterfahren und durch Barbing • auf Höhe Metzgerei Deutsch (linker Hand)

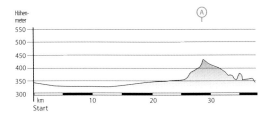

4 a: Köferinger Runde

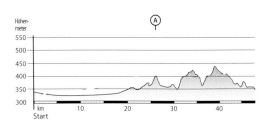

4 b: Hagelstadter Runde

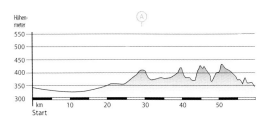

4 c: Schierlinger Runde

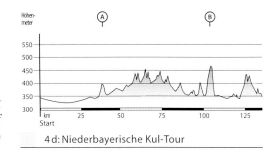

4 d: Niederbayerische Kul-Tour

Strecken 4a–d für Rennrad

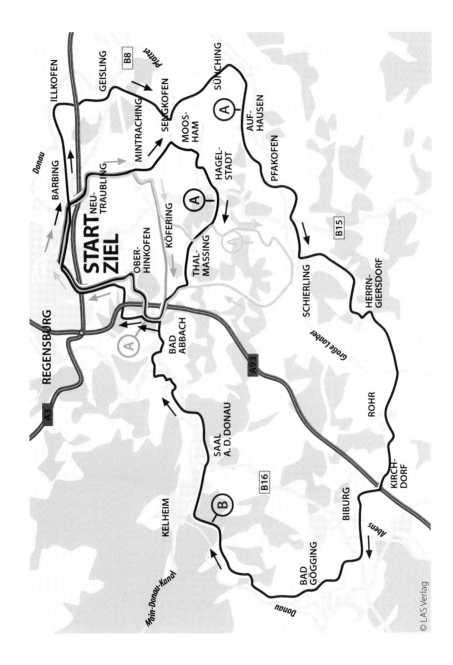

rechts in den Mintrachinger Weg und Südumgehung überqueren • links auf Straße, dann rechts und Autobahn überqueren • die erste dann links, und bei der nächsten Kreuzung rechts nach Rosenhof • Mintraching, links nach Mangolding, am Ortsausgang rechts nach Tiefbrunn und Moosham • dort rechts halten Ri. Aufhausen • Langenerling, dort rechts nach Hagelstadt • links auf B 15, nach 250 m rechts weg nach Neueglofsheim und Thalmassing • den Ort nach links Ri. Wolkering durchqueren, am Ortsausgang links nach Weillohe • dort im Ort nach rechts Ri. Poign • nach Poign auf die Staatsstr. Ri. Bad Abbach, nach der Autobahnüberführung rechts • nach Seedorf rechts Ri. Oberhinkofen • dort links Ri. Regensburg • nach der Autobahnüberquerung rechts zum Ausgangspunkt

Strecke Rennrad 4 c: Schierlinger Runde
Vom Sammelpunkt aus die Bajuwarenstr. zum Radweg der Ostumgehung • nach der Überquerung der Bahn und des Autobahnzubringers rechts in die Siemens-Str. und geradeaus weiter in die Kremser Str. nach Irl • durch den Ort Ri. Barbing • An der Kreuzung die B 8 leicht rechterhand auf dem Radweg unterfahren und durch Barbing • auf Höhe Metzgerei Deutsch (linker Hand) rechts in den Mintrachinger Weg und Südumgehung überqueren • links auf Straße, dann rechts und Autobahn überqueren • die erste dann links, und bei der nächsten Kreuzung rechts nach Rosenhof • Mintraching, links nach Mangolding, dort links • nach dem Ort die 2. rechts nach Köfering • am Ortsausgang links nach Thalmassing • kurz nach dem Ortseingang links weg nach Neueglofsheim • an der Allee hoch zum Schloss (linkerhand) rechts abbiegen und über Unter-/Obersanding, Ober-/Unterlaichling nach Schierling • den Ort gerade Ri. Langquaid durchqueren • einen guten 1/2 km nach dem Ortsausgang nach rechts weg Ri. Paring, • über Dünzling, Weillohe und Poign zur Staatsstr. Ri. Abbach, dort links • nach der Autobahnüberführung rechts • nach Seedorf rechts Ri. Oberhinkofen • dort links Ri. Regensburg • nach der Autobahnüberquerung rechts zum Ausgangspunkt

Strecke Rennrad 4 d: Niederbayerische Kul-Tour
Vom Sammelpunkt aus die Bajuwarenstr. zum Radweg der Ostumgehung • nach der Überquerung der Bahn und des Autobahnzubringers rechts in die Siemens-Str. und geradeaus weiter in die Kremser Str. nach Irl • durch den Ort Ri. Barbing • An der Kreuzung die B 8 leicht rechterhand auf dem Radweg unterfahren und durch Barbing • nach Barbing links Ri. Donaustauf und die erste wieder rechts • vorbei am Sarchinger Weiher, Friesheim, Illkofen, Eltheim, und bei Irrlbruck links durch Geisling • im Ort vor der Kirche rechts, B 8 überqueren, geradeaus bis Sengkofen • vor dem Ort rechts • über Taimering nach Sünching • bei der Kirche rechts, am Schloss vorbei, nach Haidenkofen, Aufhausen, Pfakofen • dort geradeaus durch

Rogging, nach Zaitzkofen, Unterdeggenbach • dort Bahnunterführung, B 15 kreuzen, Ri. Schierling • Schierling: ca. 500 m nach Ortseingang links, Bahngleise überqueren, dann rechts, und an der Kirche links abbiegen Ri. Allersdorf • nach Allersdorf links durch Wahlsdorf • auf der Hauptstr. Ri. Tiefenbach • dort nach der Rechtskurve im Ort links nach Semerskirchen • dort rechts Ri. Herrngiersdorf und in einer Linkskurve zur Hauptstr. • dort links einbiegen und für gut 1 km draufbleiben • dann rechts nach Sittelsdorf abbiegen, und weiter über Altbach und Laaberg Ri. Rohr • dort auf der Hauptstr. durch den Ort Ri. Siegenburg • in Kirchdorf rechts abbiegen zur Kirche, Ri. Abensberg • Autobahn überqueren, und nach Mitterhörlbach links weg nach Biburg • Biburg geradeaus durchfahren, B 301 queren und in Altdürnbuch bei der Kirche rechts weg • B 16 überqueren und über Ober- und Niederulrain nach Heiligenstadt und weiter nach Bad Gögging, dort auf Staatsstr. rechts Ri. Kelheim • über Eining, Staubing und Weltenburger Berg nach Kelheim • dort am Kreisverkehr nach dem Ortseingang rechts, stets geradeaus der Vorfahrtstr. folgen, nach Ortsausgang Ri. Saal an der Donau • B 16 und Bahn unterqueren, in Saal am Kreisverkehr die dritte Ausfahrt Ri. Untersaal • dort kurz vor der Kirche rechts auf den Radweg abbiegen (Achtung: unauffälliger Weg!) • dem Radweg folgen bis zur Staustufe Bad Abbach, dort Donau queren • Poikam umfahren, nach dem Ort rechts auf die Insel und über die Fußgängerbrücke • rechts zur Ortsmitte Bad Abbach, weiter Ri. Köfering • 500 m vor der Autobahnauffahrt nach links Ri. Seedorf, Hohengebraching • im Ort rechts nach Neudorf • durch den Ort und weiter nach Scharmassing • links auf die Kreisstraße Ri. Regensburg • nach der Autobahnüberquerung rechts zum Ausgangspunkt

5 Wadlzwicker –
Wadlfresser: 3400 Höhenmeter im Westen

Streckenprofile

Streckenlänge ist jeweils gemessen von der Eisenbahnbrücke Großprüfening – Sinzing aus

Strecke Rennrad 5 a: Der Wadlzwicker

Länge:	ca. 55 km
Schwierigkeit:	technisch mittel/Ausdauer: mittel
Höhendifferenz:	ca. 900 hm/Min. Höhe: 334 m; max. Höhe: 511 m
Startpunkt:	Eisenbahnbrücke Großprüfening – Sinzing
Rasten/Erfrischung:	Lohstadt, Bergmatting, Saxberg, Frauenhäusl, Haugenried, Schönhofen, Eilsbrunn
Besonderheiten:	Höhenmeter in vier Anstiegen; für den sportlichen Feierabend

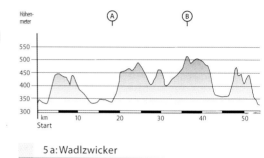

5 a: Wadlzwicker

Der Wadlzwicker-Rundenvorschlag stammt von Dr. Oswald Peterhans vom Veloclub, herzlichen Dank dafür.

Strecke Rennrad 5 b: Der Wadlfresser – 3400 Höhenmeter im Westen

Länge:	ca. 175 km
Schwierigkeit:	technisch schwer/ Ausdauer: schwer
Höhendifferenz:	ca. 3400 hm/Min. Höhe: 334 m; max. Höhe: 545 m
Startpunkt:	Eisenbahnbrücke Großprüfening – Sinzing
Rasten/Erfrischung:	In nahezu jedem Ort gibt es eine oder mehrere Gaststätten.
Besonderheiten:	Sightseeing-Tour durch die wunderbare Tallandschaft des Altmühltals mit dem Zweck Höhenmeter zu sammeln; nur für sehr gut trainierte Fortgeschrittene

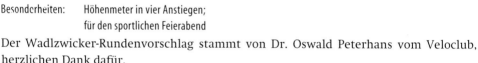

5 b: Wadlfresser

Strecken 5 a und b für Rennrad

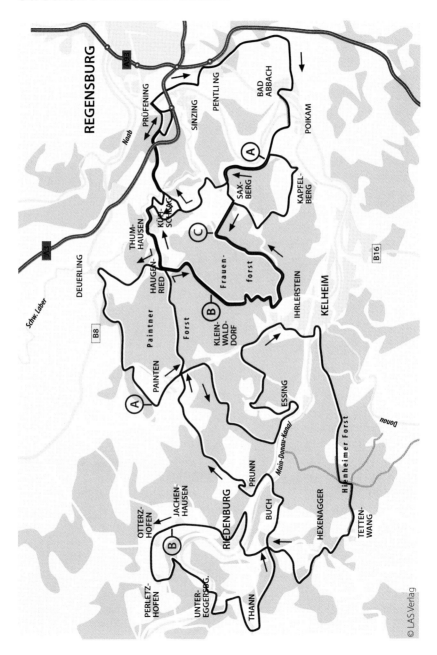

© LAS Verlag

Die Strecken
Strecke Rennrad 5 a: Wadlzwicker

An der Eisenbahnbrücke Großprüfening–Sinzing Ri. Bad Abbach • Bei der Weichsl-mühle links spitz bergauf nach Pentling • vor REAL rechts Ri. Großberg, bei der Tankstelle B 16 überqueren • Hohengebraching, Seedorf, dann rechts Ri. Bad Ab-bach • Ri. Oberndorf, dann über die Fußgängerbrücke • dann rechts nach Gun-delshausen • über Rosengarten nach Bergmatting, Saxberg, Schneckenbach • rechts Ri. Kelheim, durch Frauenforst • 100 m vor der Straße Kelheim–Ihrlerstein rechts nach Haugenried • in Thumhausen links den Berg runter • unten an der Kreuzung rechts • an der Laber bis Hardt, Abzweigung links nach Eilsbrunn • nach Eilsbrunn Autobahnunterführung, und 900 m danach rechts hoch, oben links nach Vogelsang • den Berg runter, unten links Richtung Riegling, kurz davor rechts weg, rechts rauf und die Eisenbahnbrücke überqueren, Ausgangspunkt

Strecke Rennrad 5 b: Der Wadlfresser – 3400 Höhenmeter im Westen

Diese Strecke trägt ihren Namen nicht zu Unrecht. Und dass das Höhenprofil einer Fieberkuve ähnelt, ist auch kein Zufall. Hier geht es um Höhenmeter. Und damit das Ganze nicht so schwer fällt, haben wir es mit zauberhafter Landschaft garniert. Im Westen sind die Anstiege nicht so lang wie im Bayerischen Wald, max. 5 km mit 200 Höhenmetern, sodass immer wieder Ruhephasen dazwischen sind.
Damit sich niemand verfährt, anbei eine kurze Streckenbeschreibung:
Wir starten an der Eisenbahnbrücke Sinzing, die wir überqueren. Danach wärmen wir uns auf der Steigung Richtung Eilsbrunn erst mal auf. Runter gehts bis zur La-ber, dann links die Straße überqueren, und sofort rechts die Straße Richtung Zei-ler. Den Berg rauf, oben auf der Anhöhe rechts Ri. Schönhofen abbiegen, den Berg hinab wieder ins Labertal. Einige Kilometer laberaufwärts erwartet uns links von der Hauptstraße abbiegend der knackige, 15%ige Thumhausener Berg. Oben ange-kommen sind wir endgültig warm und fahren weiter nach Haugenried. Nach dem Ort die erste Abzweigung rechts, und dann gleich wieder nach rechts. Das Sträss-lein führt uns über Irgertshofen runter nach Deuerling. Im Ort links halten und links auf die B8 einbiegen, die wir nach wenigen hundert Metern sofort wieder nach links verlassen. An Bachleiten vorbei folgen wir jetzt stetig und leicht berg-auf dem Talverlauf bis Painten. Im Ort an der Kreuzung auf die Hauptstraße links Ri. Kelheim. Gut 1,5 km nach dem Ortsausgang liegt rechter Hand, etwas versteckt, ein Waldparkplatz. Dort rein, und den geteerten Forstweg geradeaus entlang. Jetzt folgt ein wunderbares autofreies Stück Wald. Vorsicht, der Weg ist nicht immer ganz sauber. Nach 5,5 km durch Wald und Tal bei der Dreieckskreuzung links berg-ab Ri. Essing. Unten im Altmühltal halten wir uns links, durch den malerischen

Markt Essing mit seinem Kopfsteinpflaster durch. Kurz nach dem Ortsausgang führt links ein Strässlein Ri. Randeck. Der nächste Berg wartet, ebenso wie oben die Schloss-Schänke, wo wir uns mit einem schönen Ausblick belohnen können. Weiter durch den Ort, auf einsamer Straße durch Eisensdorf und hinab durch den Wald, bis wit im Tal auf die größere Straße treffen, die uns links bergauf Ri. Ihrlerstein bringt. Oben angekommen rechts abbiegen und durch Ihrlerstein durch bis zum höchsten Punkt. Dann der Hauptstraße nicht nach links folgen, sondern rechts die Hauptstraße verlasssen, und sosfort die erste wieder rechts bergab Richtung Gronsdorf.

Unten im Altmühltal rechts, dann die Straße überqueren und rüber über die Schleusenbrücke. Nach einem kleinen Anstieg treffen wir auf die Straße Ri. Befreiungshalle, in die wir rechts bergauf einbiegen. Ein schöner Berg und einsame schier endlose Wälder erwarten uns jetzt für die nächsten Kilometer. Nach einer langen Geraden überqueren wir an der Kreuzung die Straße Essing–Hienheim und und nehmen geradeaus den etwas lächrigen Weg Richtung Gut Schwaben.

Den Weiler durchqueren wir, im Wald an der ersten Kreuzung links, und kurz darauf wieder rechts Ri. Tettenwang. Aus dem Wald heraus, in den Ort rein, und an der ersten Kreuzung rechts Ri. Hexenagger, ebenso unten im Schambachtal rechts. In Kürze fahren wir in Hexenagger mit seiner malerischen Burg ein. Jetzt heißt es aufpassen: wir nehmen n ach dem Ortseingang die 2. links, ein kleines Weglein, das uns Ri. Hattenhausen bringt. Nach 2 km Kilometer biegen wir rechts ab Ri. Frauenberghausen. Eine nette Steigung von 15 % erwartet uns, ebenso wie oben der grandiose Ausblick auf die Tallandschaften der Altmühl und ihrer Nebentäler.

In Frauenberghausen links Ri. Riedenburg abbiegen. Der »Downhill« bringt uns schnell wieder ins bereits bekannte Schambachtal zurück. Unten im Tal biegen wir nach links Ri. Riedenburg ab. Wir bleiben auf der Straße, die die Stadt umgeht, und halten uns an der Kreuzung rechts Ri. Kelheim. Einige hundert Meter nach dem Ortsausgang fahren wir links die Durchgangsstraße verlassend, in einer ausladenden Spitzkehre den Berg Ri. Hemau hoch. Auf der Fahrt nach oben, und später auf der Aussichtsplattform, genießen wir den schönen Blick auf die Dreiburgenstadt und ihre Jura-Umgebung.

Wir folgen der Straße bis Jachenhausen, wo wir nach links Ri. Otterzhofen abbiegen. Dort halten wir uns links Ri. Perletzhofen. Im Ort an der Kreuzung dann links Ri. Gundlfing abbiegen. Eine kurvige Straße bringt uns schnell von der Jurahöhe zum Talgrund. Unten, in Gundlfing, biegen wir rechts auf die Staatsstraße ab. Wir folgen der Altmühl, oder besser: dem Kanal, für einige Kilomter aufwärts. Links taucht auf der waldigen Höhe Schloss Eggersberg auf.

Die erste Kanalbrücke ist unsere. Wir queren das Gewässer, fahren nach rechts durch Untereggersberg, und dann rauf auf den Berg. Oben stoßen wir auf die Straße, die linker Hand im nahen Schloss Eggersberg endet. Wer will, kann sich dort eine romatische Erfrischung mit Aussicht genehmigen.

Alle anderen biegen rechts ab, und dann nach Georgenbuch wieder rechts Ri. Thann. Im Ort halten wir uns links Ri. Schafshill/Neuenhinzenhausen, am Ortsausgang dann rechts abbiegen und zur Kreisstraße fahren. Dort links abbiegen.

Auf gemütlicher Abfahrt schaukeln wir wieder einmal dem Schambachtal zu. Unten, im Talgrund, fahren wir an der Kreuzung geradeaus und bergauf Ri. Buch. NAchdem wir auch diesen Anstieg gemeistert haben, halten wir uns im Ort geradeaus und kurven die Abfahrt runter Ri. Einthal/Nusshausen.

Unten wird uns als Erstes links oben auf dem Felsvorsprung die malerische Burg Prunn auffallen. Wir queren die Kanalbrücke, dann sofort links durch Nusshausen und rein nach Prunn. Im Ort führt nach rechts die Straße Ri. Painten bergauf.

Nach einigen Kehren haben wir die Hochfläche vor uns. Wir fahren durch Baiersdorf und durch menschenleere Feld-, Wald- und Wiesengegenden, durchqueren Maierhofen und sehen schließlich Paiten vor uns liegen. Vor dem Ort nehmen den rechts nach Neulohe abzweigende Weg.

An der Hauptstraße biegen wir links ab, fahren nach Painten rein. Jetzt aufgepasst: Die erste Straße nach rechts, eine Spitzkehre, sollten wir nicht verpassen. Sie führt uns durch die einsamste Partie unserer Tour. Mit Verpflegungsstellen sieht es die nächsten Kilometer auch schlecht aus. Also vorsorgen.

Wir queren also den Paintner Forst, bis wir an der anderen Seite angelangt, Haugenried erkennen können. An der Kreuzung, fast schon am Ortseingang, wir sind da schon am Anfang unserer Tour vorbeigekommen, biegen wir scharf rechts ab Ri. Kelheim. Nach wenigen Metern hat uns der Wald wieder, und wir lassen uns die nächsten kurvenreichen Kilometer durch die Einsamkeit des Frauenforstes rollen.

Wir passieren Irlbrunn und ahnen die Zivilisation wieder, wenn wir an den nächsten Häusern auf eine größere

Straße treffen, die Verbindung Kelheim–Sinzing. Auf die biegen wir links bergauf ein. Achtung: Nicht rechts, dort geht's nach Kelheim oder Ihrlerstein.

Wir klettern also bergauf, und machen uns warm für die letzten drei Berwertungen vor dem Ziel. Und das geht so: Oben die Lichtung mit dem Frauenhäusl (rechterhand; deftige Stärkung möglich) passieren, durch den Frauenforst bis zur Anzweigung rechts nach Schneckenbach, weiter Ri. Saxberg, vor dem Ort rechts Ri. Reichenstetten und Dürnstetten abbiegen.

Der nächste Ort ist Lindach, dort links Ri. Kapfelberg, wo wir uns links Ri. Gundelshausen halten. Dort die Gleise unterqueren und links Ri. Bergmatting

Bergwertung 1: Der wohlbekannte Rosengarten vor Bergmatting. Nach Bergmatting dann rechts abbiegen. An der Kreuzung rechts Ri. Alling abfahren.

Bergwertung 2: Wenn's unten flach wird, Achtung! Am Schild »Alling« und »Wasserzweckverband Viehhausen« sofort links und im Wald mit 12 % den Berg hoch bis Viehhausen. Geradeaus durch den Ort, bis zum Feuerwehrgerätehaus. Dort rechts Ri. Zeiler. Ab Zeiler befinden wir uns dann auf der Hinstrecke. Im Labertal links und gleich wieder rechts Ri. Eilsbrunn.

Bergwertung 3: Der Eilsbrunner Berg, jetzt in umgekehrter Richtung. Die letzten Kilometer lassen wir es dann auf bekannter Strecke bis zu unserem Ausgangs-punkt ausrollen

Auch bei dieser Strecke gilt: Fahren Sie sie auch mal in umgekehrter Richtung. Das garantiert ungeahnte Erlebnisse.

1 Im Osten: Donautal mit Badeanschluss

Streckenprofile

Streckenlänge ist jeweils gemessen vom Parkplatz Donau-Arena aus.

Strecke Familie 1 a: Sarchinger Weiher

Länge:	ca. 21 km hin und zurück
Schwierigkeit:	technisch leicht/Ausdauer: leicht
Höhendifferenz:	flach
Startpunkt:	Parkplatz Donau-Arena
Rasten/Erfrischung:	Sarching
Besonderheiten:	flache Strecke mit Bade-Ziel Sarchinger Weiher

Strecke Familie 1 b: Am Donaustrand

Länge:	ca. 48 km
Schwierigkeit:	technisch leicht: Ausdauer: leicht
Höhendifferenz:	flach
Startpunkt:	Parkplatz Donau-Arena
Rasten/Erfrischung:	Donaustauf, Bach, Kiefenholz, Geisling, Illkofen, Friesheim, Barbing
Besonderheiten:	flache Strecke, bis Kiefenholz auch bei Inlinerskatern beliebt; Rückfahrt mit Blick auf die Hügel des Vorderen Bayerischen Waldes; Baden im Sarchinger Weiher

Strecke Familie 1c: Höhenrunde

Länge:	ca. 58 km
Schwierigkeit:	technisch mittel/Ausdauer: schwer
Höhendifferenz:	ca. 500 hm/Min. Höhe: 322 m; max. Höhe: 563 m
Startpunkt:	Parkplatz Donau-Arena
Rasten/Erfrischung:	Frauenzell, Wiesent, Geisling, Illkofen, Friesheim, Barbing
Besonderheiten:	Für trainierte Familien; Nepal-Pavillon oberhalb von Wiesent (Öffnungszeiten unter www.nepal-himalaya-pavillon.de); Bad im Sarchinger Weiher

Die Strecken in Kürze

Strecke Familie 1 a: Sarchinger Weiher

Dem Donaurad folgend an Schwabelweis und Tegernheim vorbei • bei Donaustauf Radweg nach links verlassen und auf Donaubrücke auffahren • ca. 900 m nach der Donau links nach Sarching • Sarching im Zickzack durchqueren, entweder an Kreuzung links oder geradeaus und dann nach 1,2 km links zum Sarchinger Weiher • Rückweg gleich Hinweg

Strecke Familie 1 b: Am Donaustrand

Dem Donaurad folgend an Schwabelweis vorbei, Tegernheim, Donaustauf, Walhalla, Sulzbach, Demling, Frengkofen • in Kiefenholz entweder am Ortseingang rechts dem geschotterten Radweg folgen, oder im Ort rechts den Teerweg nehmen • an der Staustufe Geisling links und 2 x rechts auf der Staatsstr. die Donau überqueren • dann rechts zur Staustufe und links auf Weg nach Geisling • Ort geradeaus durchqueren • rechts nach Eltheim, Illkofen, Friesheim • am Sarchinger Weiher vorbei geradeaus nach Barbing • Ort durchqueren und am Ortsausgang auf Radweg B 8 unterfahren, dann rechts auf Radweg weiter • nach 1,6 km bei Straßenkreuzung (links nach Irl) B 8 überqueren und geradeaus ins Hafengebiet • nach 350 m links bis Auffahrt Osttangente • auffahren und Donau überqueren, dann rechts runter und rechts unter Unterführung zum Ausgangspunkt

Strecke Familie 1 c: Höhenrunde

Dem Donauradweg folgend an Schwabelweis vorbei, Tegernheim, Donaustauf, Walhalla • bei Sulzbach auf Überführung Staatsstr. queren, Ri. Falkenstein • nach 13 km, am höchsten Punkt unserer Tour, nach rechts Ri. Frauenzell/Wiesent abbiegen • nächste Kreuzung rechts • Frauenzell • Wiesent • Kreuzung geradeaus die Donau überqueren • dann rechts zur Staustufe und links auf Weg nach Geisling • Ort geradeaus durchqueren • rechts nach Eltheim, Illkofen, Friesheim • am Sarchinger Weiher vorbei geradeaus nach Barbing • Ort durchqueren und am Ortsausgang auf Radweg B 8 unterfahren, dann rechts auf Radweg weiter • nach 1,6 km bei Straßenkreuzung (links nach Irl) B 8 überqueren und geradeaus ins Hafengebiet • nach 350 m links bis Auffahrt Osttangente • auffahren und Donau überqueren, dann rechts runter und rechts unter Unterführung zum Ausgangspunkt

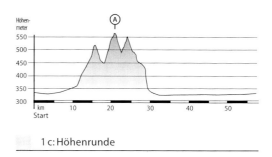

1 c: Höhenrunde

2 Regental im Norden

Streckenprofile

Streckenlänge ist jeweils gemessen von der Reinhausener Brücke aus.

Strecke Familie 2 a: Badeplatz Laub

Länge:	ca. 16 km
Schwierigkeit:	technisch leicht/Ausdauer: leicht
Höhendifferenz:	flach
Startpunkt:	Westseite der Reinhausener Brücke
Rasten/Erfrischung:	Laub, Zeitlarn
Besonderheiten:	flache Strecke, weitgehend Radweg; Spielplatz am Regen (Lappersorf); Badeplatz Regen (Pielmühler Wehr); Badeplatz Laub; auf der Rückfahrt am Sallerner Sportplatz 200 m fester Schotter; auch bei Inlineskatern beliebt; Vorsicht bei der Ortsdurchquerung Zeitlarn und anschließender Überquerung der B 15!

Strecke Familie 2 b: Übern Berg zum Badeplatz Kleinramspau

Länge:	ca. 40 km
Schwierigkeit:	technisch: mittel/Ausdauer: mittel
Höhendifferenz:	ca. 450 hm/Min. Höhe: 330 m; max. Höhe: 552 m
Startpunkt:	Ostseite der Reinhausener Brücke
Rasten/Erfrischung:	Gonnersdodrf, Thanhausen, Hauzenstein, Kürn, Karlstein, Regenstauf, Laub, Zeitlarn
Besonderheiten:	5 km Anstieg vor Kürn; Badeplatz Kleinramspau: die Durchgangsstraße überqueren, dann geradeaus und vor der Fußgängerbrücke rechts über den Parkplatz; Kiosk vorhanden

Strecken 1a–c für Familien

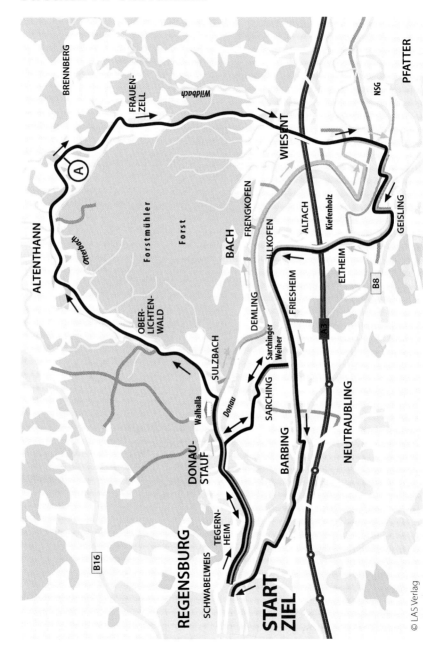

Strecke Familie 2c: Die große Regentalschleife

Länge: ca. 60 km

Schwierigkeit: technisch mittel/Ausdauer: mittel bis schwer

Höhendifferenz: ca. 650 hm/Min. Höhe: 330 m; max. Höhe: 560 m

Startpunkt: Ostseite der Reinhausener Brücke

Rasten/Erfrischung: Kürn, Marienthal, Hirschling, Ramspau, Diesenbach, Regendorf

Besonderheiten: Für trainierte Familien;
                     Malerisch sowohl mit Fernblick von den Bergen als auch am Regen entlang.
                     Sehenswert: Geisterburg Stockenfels: am 1. Sonntag im Monat von Mai bis Okt. geöffnet;
                     mit Fähre von Marienthal (im Wirtshaus fragen) übersetzen und dann den Berg hoch;
                     Badeplätze: Kleinramspau, Laub, Pielmühle.

Die Strecken in Kürze

Strecke Familie 2 a: Badeplatz Laub

Westseite der Reinhausener Brücke • Regentalradweg stadtauswärts bis Regendorf • dort rechts über die Regenbrücke • vor Sportplatz links auf Radweg bis zur B 15, dort rechts auf Radweg Zeitlarn durchqueren • nach Ort B 15 überqueren (Achtung: gefährliche Überquerung!) • dann rechts auf die Haupt-, später Holzäckerstr. genannt • 300 m vor der Unterquerung der B 16 rechts Unterführung unter die B 15 • links der Straße »An der Sallermühle« folgen • B 16 am Radweg unterqueren und nach 200 m rechts in die Straße »Gallingkofen« und sofort wieder links in die »Hauzensteiner Straße« (ist nur ein Wegerl) • Sattelbogener Straße, stets am Regen entlang • Uferstraße, dann Obere Regenstraße • Ausgangspunkt

Strecke Familie 2 b: Übern Berg zum Badeplatz Kleinramspau

Ostseite der Rheinhausener Brücke nach Norden • Obere Regenstr., Uferstr., dann links am Regen entlang • Sattelbogener Str. • ca. 100 m vor deren Linksknick rechts in den Kurpfälzer Weg, dann bei der Ampel die Amberger Str. (B 15; Achtung: verkehrsreich!) queren, Ri. Haslbach • stets geradeaus bis Gonnersdorf • dort links weg nach Fußenberg • gerade durch nach Thanhausen • nach dem Ort an Kreuzung links Ri. Regenstauf • dann die nächste rechts nach Hauzenstein, im Ort rechts, am Schloss vorbei • an Kreuzung links Ri. Kürn • in Kürn beim Kirchlein links Ri. Schneckenreuth • nach Schneckenreuth an Kreuzung geradeaus nach Karlstein • in Karlstein links Ri. Kleinramspau • in Kleinramspau Straße überqueren und sofort links in den Radweg Ri. Regensburg • Regenstauf: auf Radweg Brücke unterfahren, dann rechts in die Wassergasse, Masurenweg, rechts zum Bahnhof, vor Bahnhof rechts rein und Gleise unterqueren, dann sofort links in den Bahnweg, an nächster Kreuzung (gefährliche Querung!) geradeaus Ri. Laub • auf Vorfahrstr. nach Laub, deradeaus durch • nach dem Ort rechts auf Weg am Waldrand entlang, nächste Straße queren, Radweg am Sportplatz entlang bis zur B 15, dort rechts auf Radweg Zeitlarn durchqueren • nach Ort B 15 überqueren (Achtung: gefährliche Überquerung!) • dann rechts auf die Haupt-, später Holzäckerstr. genannt • 300 m vor der Unterquerung der B 16 rechts Unterführung unter die B 15 • links der Straße »An der Sallermühle« folgen • B 16 am Radweg unterqueren und nach 200 m rechts in die Straße »Gallingkofen« und sofort wieder links in die »Hauzensteiner Straße« (ist nur ein Wegerl) • Sattelbogener Straße, stets am Regen entlang • Uferstraße, dann Obere Regenstraße • Ausgangspunkt

Strecke Familie 2 c: Die große Regentalschleife

Ostseite der Rheinhausener Brücke nach Norden • Obere Regenstr., Uferstr., dann links am Regen entlang • Sattelbogener Str. • ca. 100 m vor deren LInksknick rechts in den Kurpfälzer Weg, dann bei der Ampel die Amberger Str. (B 15; Achtung: verkehrsreich!) queren, Ri. Haslbach • stets geradeaus bis Gonnersdorf • dort links weg nach Fußenberg • durch Thanhausen, stets Ri. Nittenau • Kürn • nach gut 3 km links weg Ri. Karlstein • geradeaus nach Grafenwinn • dort beim Feuerwehrhaus rechts • Dürrmaul, Hinterkohlstetten, Vorderkohlstette, Hof am Regen • im Ort links nach STefling • dort auf die Straße Ri. Regensburg • 1 km nach Marienthal rechts auf den Regenralradweg • rechts über Regenbrücke nach Hirschling • im Ort links halten, Ri. Ramspau • Kreuzung vor Ramspau: geradeaus, durch Ort, Ri. Regenstauf • nach 2,3 km links weg nach Wöhrhof, Spindlhof • bei Kreuzung über B 15 • durch Diesenbach • gut 500 m nach Bahnunterführung links abbiegen und stets geradeaus über Edlhausen (ab dort wieder Radweg) und Regendorf Ri. Regensburg • auf Regentalradweg bis Ausgangspunkt

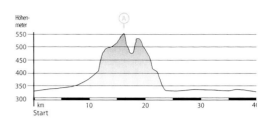

2 b: Übern Berg zum Badeplatz Kleinramspau

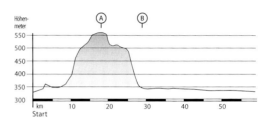

2 c: Die große Regentalschleife

3 Das Naabtal-Trio

Streckenprofile

Streckenlänge ist jeweils gemessen vom Hotel, Am Europakanal, aus.

Strecke Familie 3 a: Etterzhausen

Länge:	ca. 19 km
Schwierigkeit:	technisch leicht/Ausdauer: leicht
Höhendifferenz:	ca. 160 hm;/Min. Höhe: 330 m; max. Höhe: 388 m
Startpunkt:	Beginn Radweg am Hotel, Am Europakanal
Rasten/Erfrischung:	Kneiting, Mariaort
Besonderheiten:	Wer den Kneitinger Berg umfahren will, greift zur Inlinestrecke Nr. 1 auf S. 78; siehe dort auch den Badetipp Schwetzendorfer Weiher.

Strecken 2a–c für Familien

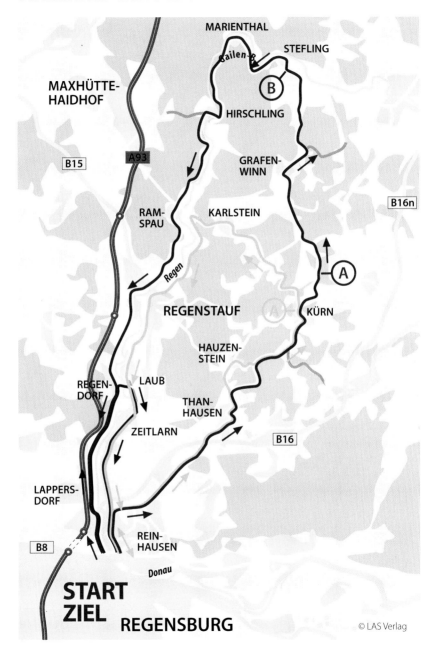

Strecke Familie 3 b: Fluss – Berg - Schwetzendorfer Weiher

Länge:	ca. 32 km
Schwierigkeit:	technisch leicht: Ausdauer: mittel
Höhendifferenz:	gut 300 hm/Min. Höhe: 330 m; max. Höhe: 412 m
Startpunkt:	Beginn Radweg am Hotel, Am Europakanal
Rasten/Erfrischung:	Mariaort, Penk, Pielenhofen, Schwetzendorf
Besonderheiten:	Bademöglichkeiten: An der Naab kurz nach Etterzhausen, wo die Straße eine Linkdskurve macht und sich dem Fluss nähert; Schwetzendorfer Weiher (mit Kiosk); Schotterpassagen an der Naab

Strecke Familie 3 c: Kallmünzer Runde

Länge:	ca. 52 km
Schwierigkeit:	technisch leicht/Ausdauer: mittel
Höhendifferenz:	ca. 650 hm/Min. Höhe: 332 m; max. Höhe: 451 m
Startpunkt:	Beginn Radweg am Hotel, Am Europakanal
Rasten/Erfrischung:	Heitzenhofen, Krachenhausen, Kallmünz, Wolfsegg, Schwetzendorf, Tremmelhauser Höhe
Besonderheiten:	Schotterpassagen an der Naab

Die Strecken in Kürze

Strecke Familie 3 a: Etterzhausen

Radweg Ri. Etterzhausen • 800 m, nachdem der Radweg nicht merh dirket neben der Straße verläuft, rechts durch Utnerführung, dann gleich wieder links • nach 800 m rechtwinklig nach rechts und auf Straße links • geradeaus über Kreuzung (Vorsicht!) nach Kneiting • durch den Ort und Straße folgen bis zur Unterführung Mariaort, vorher rechts auf Radweg nach Etterzhausen • nach der Tankstelle Straße queren oder unterfahren, und über die Naabbrücke • bei derAmpel B 8 queren und wenige Meter danach links auf Radweg Ri. Regensburg einbiegen • bei Wallfahrskirche Mariaort auf Fußgängerbrücke Naab queren • rechts durch Ort • Radweg bis Ausgangspunkt

Alternative: Wer auf dem HInweg die Steigung bei Kneiting umfahren will: 3,2 km auf Radweg geradeaus • 200 m nach dem Bootseinlass rechts Radweg Ri. Schwetzendorf • vor Kneiting links auf die Straße Ri. Mariaort • bei Mariaort Querung der Unterführung unter die B 8 (Vorsicht Senke: keine Sicht auf den Querverkehr!)

Strecke Familie 3 b: Fluss – Berg - Weiher

Radweg Ri. Etterzhausen • in Mariaort rechts über Naabbrücke, dann rechts weiter auf RAdweg bis Etterzhausen • dort rechts, an Ampel B 8 queren, und auf Radweg die Straße nach Kallmünz unterqueren • am rechten Naabufer, am Sportplatz vorbei Radweg Ri. Kallmünz • Pielenhofen: geradeaus, dann rechts Ri. Pettendorf • geradeaus bis Rohrdorf • dort rechts bis Schwetzendorf • dort auf Radweg (linke Straßenseite) am Weiher vorbei, Reifenthal, bis Kneitin • dort an Kreuzung links, durch OBerwinzer • nach Ort, vor Feuerwehrhaus rechts und B 8 unterqueren • links auf Radweg an der Donau bis Ausgangspunkt

Strecke Familie 3 c: Kallmünzer Runde

Radweg Ri. Etterzhausen • in Mariaort rechts über Naabbrücke, dann rechts weiter auf RAdweg bis Etterzhausen • dort rechts, an Ampel B 8 queren, und auf Radweg die Straße nach Kallmünz unterqueren • am rechten Naabufer, am Sportplatz vorbei Radweg Ri. Kallmünz • Radweg folgen bis Kallmünz • vor dem Ort rechts über Naabbrücke und an der Kreuzung Rechts Ri. Regensburg (oder besser erstmal an der Kreuzung links und in den malerischen Ort rein für eine Pause) • nach 4,5 km rechts weg Ri. Heitzenhofen • nach gut 2,5 km links nach Wolfsegg abzweigen • geradeaus durch Ri. Regensburg • nach 3,5 km im Wald rechts weg Ri. Pielenhofen, bei Rohrdorf links nach Schwetzendorf • Am Ortseingang Schwetzendorf links ein unscheinbarer Weg, der nach Hönighausen/Tremmelsdorfer Höhe führt • oben auf der Höhe nach rechts zur Tremmelhauser Höhe • vorm Wirtshaus links den Höhenweg nehmen • nach gut 2 km den Teerweg rechts bergab und links durch Kareth • an der Ampel rechts weg und über den Schelmengraben zur Kreuzung mit der Alten Nürnberger Str., dort rechts • die nächste links und an der Ampel die Frankenstr. queren • Am Europakanal folgen bis Ausgangspunkt

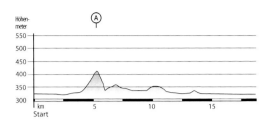

3 a: Etterzhausen

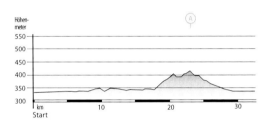

3 b: Fluss – Berg – Schwetzendorfer Weiher

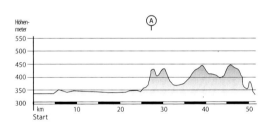

3 c: Kallmünzer Runde

Strecken 3a–c für Familien

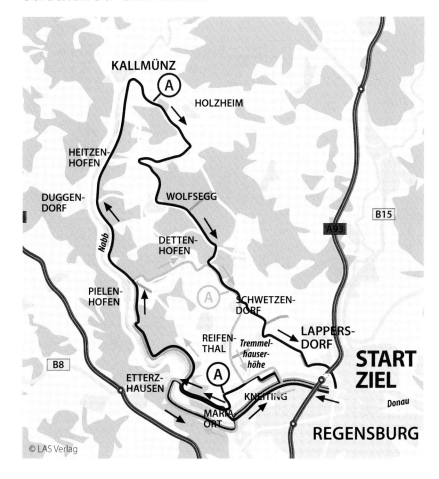

4 Bergiger Westen

Streckenprofile

Streckenlänge ist jeweils gemessen von der Eisenbahnbrücke Großprüfening – Sinzing aus

Strecke Familie 4 a: Bad Abbach

Länge:	ca. 26 km hin und zurück
Schwierigkeit:	technisch leicht/Ausdauer: leicht
Höhendifferenz:	flach
Startpunkt:	Eisenbahnbrücke Großprüfening – Sinzing
Rasten/Erfrischung:	Schwalbennest, Walba, Matting, Oberndorf, Bad Abbach
Besonderheiten:	schöne flache Strecke, auch bei Inlineskatern und Läufern beliebt

Strecke Familie 4 b: Zwei Flüsse – ein Berg

Länge:	ca. 47 km
Schwierigkeit:	technisch leicht: Ausdauer: mittel
Höhendifferenz:	ca. 550 hm/Min. Höhe: 334 m; max. Höhe: 459 m
Startpunkt:	Eisenbahnbrücke Großprüfening – Sinzing
Rasten/Erfrischung:	Schwalbennest, Walba, Matting, Oberndorf, Bad Abbach, Kapfelberg, Lohstadt, Bergmatting
Besonderheiten:	Schiebepassage am Rosengarten nach Gundelshausen

Strecke Familie 4 c: Höhenrunde

Länge:	ca. 75 km
Schwierigkeit:	technisch mittel/Ausdauer: schwer
Höhendifferenz:	ca. 850 hm/Min. Höhe: 334 m; max. Höhe: 538 m
Startpunkt:	Eisenbahnbrücke Großprüfening – Sinzing
Rasten/Erfrischung:	Eichhofen, Schönhofen, Deuerling, Painten, Essing, Kelheim, Oberndorf, Matting, Walba, Schwalbennest
Besonderheiten:	Für trainierte Familien; Ein Besuch in der Tropfsteinhöhle »Schulerloch« (zwischen Altessing und Kelheim) lohnt sich.

Die Strecken in Kürze

Strecke Familie 4 a: Bad Abbach

Entweder auf der Straße oder dem größtenteils geschotterten Radweg direkt neben der Donau fahren • Schwalbennest • Walba • Matting • Oberndorf • bei der Fußgängerbrücke Bad Abbach umkehren oder in Bad Abbach noch stärken

Strecke Familie 4 b: Zwei Flüsse – ein Berg

Entweder auf der Straße oder dem größtenteils geschotterten Radweg direkt neben der Donau fahren • Matting • Oberndorf • Fußgängerbrücke Bad Abbach überqueren • an Kreuzung geradeaus durch Poikam, Ortsausgang rechts, über Staustufenbrücke • dann rechts abfahren und Teerweg folgen • nächste Kreuzung rechts über Bahngleise und Weg folgen • in Alkofen nicht links, sondern geradeaus stets Radweg folgen • Untersaal: geradeaus Hauptstr. kreuzen, und der Vorfahrstraße folgend aus dem Ort • rechts Donaubrücke queren, dann links Ri. Kelheimwinzer, sofort wieder links Ri. Kapfelberg • durch Kapfelberg Ri. Gundelshausen • Rosengarten • Bergmatting • an Kreuzung rechts, dann wieder rechts • Alling • nach Sinzing rein, auf Vorfahrstr. die Bahn unterqueren, dann sofort links • unter Autobahn und Bahnbrücke durch, danach sofort links und wieder links auf die Bahnbrücke rauf • Donau überqueren • Ausgangspunkt

Strecke Familie 4 c: Höhenrunde

Über Eisenbahnbrücke • an Kreuzung links Ri. Sinzing • Vorfahrtstr. folgen bis Alling • nach rechts der Laber folgen bis Deuerling • in Deuerling an der Kreuzung links über die Laber, auf Vorfahrtstr. durch den Ort, danach links auf die B 8 • nach 650 m links • der Straße folgen bis Painten • Painten: auf Hauptstr. nach links einbiegen Ri. Kelheim • 1,5 km nach Ortsausgang rechts, etwas versteckt, ein Waldparkplatz, dort einbiegen und dem Waldweg ca. 5,5 km folgen • an Dreieckskreuzung links bergab Ri. Essing • im Altmühltal links durch Essing, am Ortsausgang rechts nach Alatessing • dort Radweg Ri. Kelheim folgen • Kelheim: ca. 300 m nach Abzweigung zur Befreiungshalle erste Möglichkeit rechts runter zum Kanal, dann links, bei Gasthof Stockhammer rechts und stets dieser Straße folgen bis Kelheimwinzer • weiter nach Kapfelberg • vorm Ort rechts, am Sportboothafen entlang • Poikam: Eisenbahn unterqueren, an nächster Kreuzung links und am Ortsausgang geradeaus auf Insel • Fußgängerbrücke, dann links • Straße, oder vor Oberndorf linker Hand Radweg, bis zum Ausgangspunkt

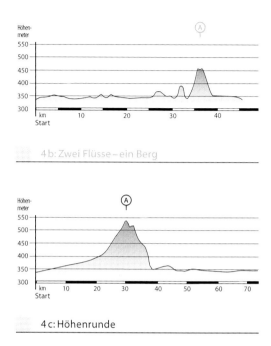

4 b: Zwei Flüsse – ein Berg

4 c: Höhenrunde

5 Falkenstein und zurück

Der Fahrradbus nach Falkenstein

Diese Strecke ist einfach zu schön, um nicht aufgenommen zu werden. Familien benutzen den Bike-Bus nach Falkenstein und rollen dann auf der ehemaligen Bahntrasse wieder nach Regensburg zurück.

Der Fahrradbus fährt in der Regel von Karsamstag bis Anfang Oktober, immer samstags und sonntags, während der Pfingst- und Sommerferien auch wochentags. Haltestellen finden sich auch in der Donaustaufer Str., in Wenzenbach, Hauzendorf und Roßbach. Reservierung beim RBO unter der 0941/6000125 ist nötig. Infos: www.rbo.de; (auf der homepage finden sich auch weitere Fahrradbusse).

Familien mit größeren Kindern fahren mit dem Rad nach Falkenstein und touren dann entweder im Donautal (kürzere Variante) oder im Regental wieder zurück (längere Variante).

Sie können auch mit dem Bus nach Falkenstein fahren, und dann auf dem zweiten Teil der Strecken b und c nach Regensburg zurückfahren.

Strecken 4a–c für Familien

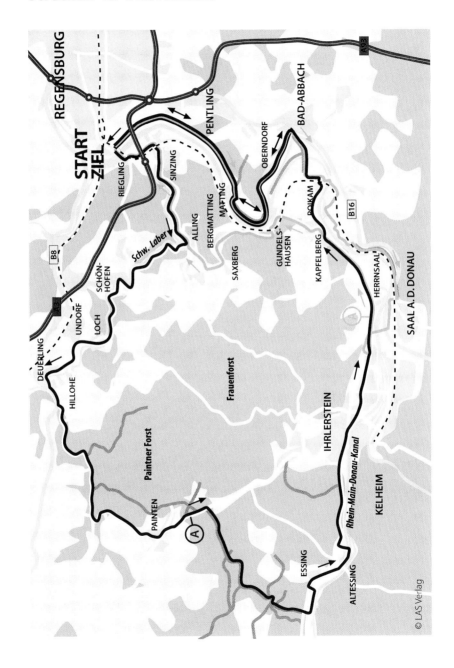

Streckenprofile

Strecke Familie 5 a: Klassiker: Bahntrasse Falkenstein – Gonnersdorf

Länge:	ca. 33 km
Schwierigkeit:	technisch leicht/Ausdauer: mittel
Höhendifferenz:	Steigungen: ca. 250 hm, Gefälle: ca. 450 hm/Min. Höhe: 340 m; max. Höhe: 609 m
Startpunkt:	Falkenstein
Rasten/Erfrischung:	»feste« Tour mit Wirtshäusern u. a. in Falkenstein, Hauzendorf, Bernhardswald, Wenzenbach, Gonnersdorf
Besonderheiten:	Schotterpassagen; an Straßenkreuzungen aufpassen; es geht mitten durch die reizvolle Landschaft des Vorderen Bayerischen Waldes

Strecke Familie 5 b: Falkenstein – Donautal

Länge:	gesamt: ca. 72 km (gemessen von Gonnersdorf bis Parkplatz Donau-Arena)/von Falkenstein aus: ca. 38 km bis Parkplatz Donau-Arena
Schwierigkeit:	technisch mittel: Ausdauer: mittel bis schwer
Höhendifferenz:	gesamt: ca. 700 hm/Min. Höhe: 325 m; max. Höhe: 642 m von Falkenstein aus: ca. 250 hm Steigung, ca. 500 hm Gefälle
Startpunkt:	Gonnersdorf bzw. Falkenstein
Rasten/Erfrischung:	bis Falkenstein siehe Tour 5a, dann: Wiesent, Bach, Donaustauf
Besonderheiten:	Schotterpassagen auf der alten Bahntrasse; von den Anforderungen an die Kondition her schwierig;

Strecke Familie 5c: Falkenstein – Regental

Länge:	gesamt: ca. 90 km (gemessen von Gonnersdorf bis Sallern, Kreuzung B15/B16)/von Falkenstein aus: ca. 56 km bis Sallern
Schwierigkeit:	technisch mittel bis schwer/Ausdauer: schwer
Höhendifferenz:	gesamt: ca. 700 hm/Min. Höhe: 332 m; max. Höhe: 609 m von Falkenstein aus: ca. 450 hm Steigung, ca. 650 hm Gefälle
Startpunkt:	Gonnersdorf bzw. Falkenstein
Rasten/Erfrischung:	bis Falkenstein siehe Tour 5a, dann: Reichenbach, Nittenau, Marienthal, Regenstauf, Diesenbach, Regendorf
Besonderheiten:	Schotterpassagen auf der alten Bahntrasse; von den Anforderungen an die Kondition her schwer

Die Strecken in Kürze

Strecke Familie 5 a: Bahntrasse Falkenstein – Gonnersdorf

Falkenstein: Von der Bushaltestelle aus stets den Hinweisschildern Radweg Ri. Regensburg folgen • durch Feld, Wald und Flur über Gfäll, Schillertswiesen, Roßbach, Hauzendorf und Wenzenbach bis Gonnersdorf, westlicher Ortsrand

Strecke Familie 5 b: Falkenstein – Donautal

Entweder von Gonnersdorf, westlicher Ortsrand, auf der alten Bahntrasse nach Falkenstein (stets den Rad-Wegweisern Ri. Falkenstein folgen) oder mit dem Bus nach Falkenstein und von dort los.
Falkenstein, Ortsmitte, Abzweigung von der Hauptstr. Ri. Arrach • in Arrach rechts weg nach Ebersroith • dort links nach Rettenbach • In Rettenbach erst geradeaus, dann links auf die Staatsstr. Ri. Wörth • knapp 1 km nach dem Weiler Aumbrunn rechts weg und über Rupertsbühl und Dietersweg nach Wiesent • dort links auf die Hauptstr. Ri. Regensburg • Kruckenberg: etwa 400 m nach Ortseingang abbiegen in Feldweg nach links, bis zur Donau • dort links auf den Donauradweg Ri. Regensburg • auf dem Radweg über Frengkofen, Demling, vorbei an Sulzbach, Walhalla, Donaustauf, Tegernheim, Schwabelweis bis zum Parkplatz Donau-Arena (und weiter nach Hause)

Strecke Familie 5c: Falkenstein – Regental

Entweder von Gonnersdorf, westlicher Ortsrand, auf der alten Bahntrasse nach Falkenstein (stets den Rad-Wegweisern Ri. Falkenstein folgen) oder mit dem Bus nach Falkenstein und von dort los.
Falkenstein, Ortseingang: Ri. B 16, Roding • nach knapp 7 km Kreuzung mit B 16, dort rechts Ri. Roding • nach 500 m Weg links durch den Weiler Geresdorf • kurz darauf der Kreuzung links und bei der nächsten rechts Ri. Beucherling und weiter nach Katzenrohrbach • 100 m vor Regenbrücke links rein in den Regental-Radweg • in Reichenbach: rechts nach Bodenstein • in Bodenstein rechts Ri. Nittenau • in Nittenau 1. Kreuzung rechts, Ri. Ortsmitte, dann links Ri. Regensburg/Stefling • Radweg von Nittenau bis nach Stefling, dann Straße und • Radweg beginnt wieder ca. 1 km nach Marienthal • über Kleinramspau nach Regenstauf: auf Radweg Brücke unterfahren, dann rechts in die Wassergasse, Masurenweg, rechts zum Bahnhof, vor Bahnhof rechts rein und Gleise unterqueren, dann sofort links in den Bahnweg, an nächster Kreuzung (gefährliche Querung!) geradeaus Ri. Laub • auf Vorfahrstr. nach Laub, deradeaus durch • nach dem Ort rechts auf Weg am Waldrand entlang, nächste Straße queren, Radweg am Sportplatz entlang bis zur B 15, dort rechts auf Radweg Zeitlarn durchqueren • nach Ort B 15 überqueren (Achtung: gefährliche Überquerung!) • dann rechts auf die Haupt-, später Holzäckerstr. genannt • 300 m

vor der Unterquerung der B 16 rechts Unterführung unter die B 15 • links der Straße »An der Sallermühle« folgen • B 16 am Radweg unterqueren (und weiter nach Hause)

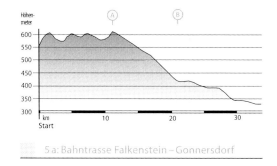

5 a: Bahntrasse Falkenstein – Gonnersdorf

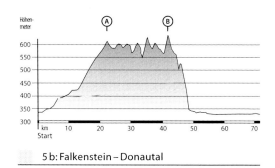

5 b: Falkenstein – Donautal

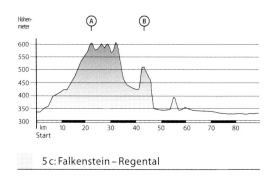

5 c: Falkenstein – Regental

Strecken 5 a–c für Familien

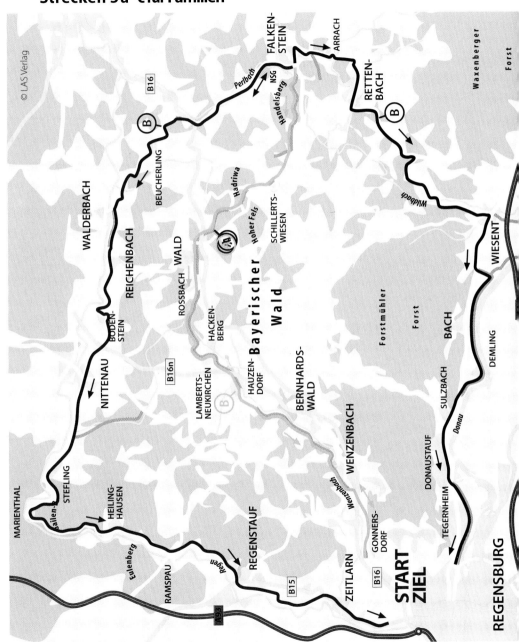

Rückenzentrum (RFZ) Regensburg
Institut für Prävention & Sportmedizin (IPS)

Offizielles Therapie- und Diagnosezentrum
des Olympiastützpunktes (OSP) Bayern

Seit Februar 2004 haben nicht nur Bundeskaderathleten aus Ostbayern ein wohnortnahes Betreuungszentrum des Olympiastützpunktes Bayern. Das Rückenzentrum (RFZ) Regensburg, ein spezialisiertes Test- und Trainingszentrum für die Wirbelsäule und das Institut für Prävention & Sportmedizin (IPS), sind die Adressen in Ostbayern, wenn es um die Diagnostik, Trainingssteuerung und sportmedizinische Versorgung von Sportlern geht.

Mittels einer umfangreichen apparativen Diagnostik kann im RFZ, die Mobilität-Kraft und Leistungsfähigkeit der Nacken-, Hals und Lendenwirbelmuskulatur präzise ermittelt werden. Die Ergebnisse können mit verschiedenen Datenbanken unterschiedlicher Referenz- und Sportlergruppen verglichen und ausgewertet und eine auf die jeweilige Sportart abgestimmte Trainingsplanung erstellt werden. Umfangreiche Vergleichdatenbanken existieren für die Sportarten Ski Alpin, Baseball, Eishockey, Golf und den Mittel- und Langstreckenlauf. Die ca. 300 qm große Trainingsfläche wird von sieben Sport- und Trainingswissenschaftlern betreut und ermöglicht dem Athleten eine betreute Trainingsdurchführung direkt im Institut.

Das Serviceangebot der Regensburger Kaderschmide geht mittlerweile weit über den Rücken hinaus. Neben vielfältigen Möglichkeiten der Kraftdiagnostiken der unteren und oberen Extremitäten, verfügt das Institut auch über eine physiotherapeutische Abteilung mit allen gängigen Behandlungsmöglichkeiten für Sportler.

Die sportmedizinische Leistungsdiagnostik zur Bestimmung der aeroben und/oder anaeroben Schwellen kann sowohl auf dem Laufband-, Fahrrad- oder Ruderergometer stattfinden. Als weitere Serviceleistung bietet das Regensburger Zentrum den Athleten eine sportmedizinische Ernährungsberatung an.

Das Therapie- und Diagnosezentrum des Olympiastützpunktes Bayern ist eng mit dem Sportinternat Regensburg verbunden. Im Sportinternat mit den Schwerpunkten Baseball, Eishockey, Leichtathletik und Fußball wird den C-Kader-Athleten eine optimale Vorbereitung auf den Spitzensport gewährleistet. Ebenso profitiert bereits der Deutsche Baseball Verband (DBV) mit seinem Bundesstützpunkt in Regensburg von der Neuerung.

Nicht nur Bundeskaderathleten von olympischen Verbänden können von dem vielseitigen Leistungsangebot des Therapie- und Diagnosezentrum des Olympiastützpunktes (OSP) Bayern Gebrauch machen.

Ansprechpartner für Sportler

Abteilung	Name	Telefon	Email
Sportmedizin			
Ernährungsmedizin	Dr. med. Frank Möckel	0941 - 464180	fm@sportmedizin-moeckel.de
Trainingswissenschaft			
und Diagnostik	Philipp Weishaupt	0941 - 49597	pw@rfz-regensburg.de
Physiotherapie	Hubert Brüderlein	0941 - 49596	hb@rfz-regensburg.de

Anschrift:

Im Gewerbepark D 50
93059 Regensburg
Tel.: 0941-49596
Fax.: 0941-49598
www.rfz-regensburg.de

Gezielt und effektiv Trainieren

INSTITUT
FÜR
PRÄVENTION
UND
SPORTMEDIZIN

Wir bieten Ihnen:

- umfangreiche sportmedizinische Check-up's zur Überprüfung des Gesundheitszustandes als auch der Leistungsfähigkeit

- sportmedizinische Laktat-Leistungsdiagnostik zur Festlegung der individuell optimalen Trainingsbereiche

- Trainingsberatung und –planung

- Ernährungsanalysen und –optimierung

"Die Betreuung im IPS Regensburg ist einfach super. Ich fühle mich hier richtig gut aufgehoben. Durch die sportmedizinische Leistungsdiagnostik kann ich mein Training gezielter und effektiver gestalten."

Susi Lutz, EM-Dritte 3000m Hindernis, 2005

 ERC INGOLSTADT

 Domspitzmilch Regensburg

 DGSP ZERTIFIZIERTE EINRICHTUNG AUSBILDUNGSINSTITUT

der Deutschen Gesellschaft für Sportmedizin und Prävention (DGSP) für die sportmedizinische Laktat-Leistungsdiagnostik

Institut für Prävention und Sportmedizin (IPS)

Im Gewerbepark D50
93059 Regensburg

Tel.: (0941) 4 64 18-0
Fax: (0941) 4 64 18-27

info@ips-regensburg.de
www.ips-regensburg.de

Das « Wir machen den Weg frei » Prinzip

KIESER Training

»Der Mensch wächste am Widerstand«

Werner Kieser hatte sich frühzeitig spezialisiert – auf die Lösung von Kräftigungsproblemen. Das klingt zunächst einmal simpel, setzt aber an einem zentralen Punkt unserer Zivilisationsleiden an. Mittlerweile sind Rückenprobleme nämlich das Volksleiden Nr. 1 in Deutschland. Jeder Vierte ist davon betroffen. Genau an diesem Punkt setzt Kieser an.

Use it or lose it!

Muskeln müssen genutzt werden, sonst verlieren sie ihren Sinn. Bei den meisten Menschen liegt die Ursache ihrer Schmerzen und Probleme in der nicht trainierten und daher geschwächten Skelettmuskulatur. Das kann Rückenschmerzen, Nackenschmerzen, Wirbelsäulenschäden sowie Stoffwechselerkrankungen wie Osteoporose, Bluthochdruck, Altersdiabetes etc. nach sich ziehen.

Die Lösung liegt laut Kieser in der gezielten Stärkung der Muskulatur. Bei den Rückenleiden erzielt Kieser laut eigenen Angaben eine Erfolgsquote von bis zu 80%, was die erhebliche Reduktion des Schmerzes bzw. Schmerzfreiheit betrifft. Wie kommt das zustande?

Weniger ist mehr!

Keine Disco, keine Fernsehschirme, keine Bar, kein Schickimicki. Nur ein Trinkwasserspender, das ist alles. Überall spürt man im KIESER-Trainingsraum die Konzentration auf das Wesentliche. Und das ist bei KIESER eben die Kräftigung der Muskulatur. Daher gibt es keine optische oder akustische Ablenkung. Ziel ist einzig und allein der Trainingserfolg.

Stattdessen erhält jeder ein wohl dosiertes Krafttraining, das die einzelnen Muskeln gezielt anspricht und stärkt. Und das funktioiert nach einem einfachen Schema: Wer nach 90 Sekunden noch kann, legt beim nächsten Mal mehr auf, wer keine 60 Sektunden schafft, weniger. Ein bis zwei Mal pro Woche je 45 Minuten, das reicht, um den gewünschten Effekt zu erzielen.

Auch Leistungssportler können die gezielten Effekte des KIESER-Trainings für ihre jeweilige Sportart nutzen.

Starker Rücken – schnell im Ziel

Kieser Training ist die optimale Grundlage für alle Sportarten

- Kraft für Ihren Rücken
- Gezielter Muskelaufbau für Ihre Sportart
- Leistungsoptimierung durch spezielle Trainingsmethoden

Testen Sie sich und uns mit einem kostenlosen und individuellen Einführungstraining

Kieser Training Regensburg
Furtmayrstraße 3
Telefon (0941) 705 700

www.kieser-training.com

Gesundheitsorientiertes Krafttraining

Alle Sportarten von A – Z

Aerobic

Herz- und Kreislauftraining in gymnastischer Form unter Anfeuerung durch Trainer und Musik. Hauptsächlich Konditionstraining mit Elementen aus Ausdauertraining (Sprüngen und Tanz), Muskelkräftigung und Streching. Wird auch als Wettkampfsport betrieben.
Erfunden Ende der 1960er Jahre vom US-Amerikaner Dr. med. Kenneth H. Cooper, der ursprünglich als Militärarzt die Fitness der Soldaten untersuchte.

Verband

www.turnverband-bayern.de: Bayer. Turnverband; Aktuelle Informationen und Hinweise zu Angeboten, Veranstaltungen und Lehrgängen

Internet

www.aerobic-dtb.de: Alles über Wettkämpfe, Wertungsvorschriften und Aerobic-Gremien.

Vereine

DJK Nord Regensburg e.V.
Geschäftsstelle: Isarstraße 52, 93057 Regensburg, ✆ 0941/400328, Fax: 0941/4672429, webmaster@djk-regensburg-nord.de, www.djk-regensburg-nord.de

DJK SV Keilberg Regensburg e.V.
Geschäftsstelle: Zur Hohen Linie 28, 93055 Regensburg • ✆ 0941/4 80 90

ESV 1927 Regensburg e.V.
Geschäftsstelle: Dechbettener Brücke 2, 93051 Regenburg • ✆ 0941/33791

Freier Turn- und Sportverein Regensburg e.V.
Geschäftsstelle: An der Schillerwiese 2, 93049 Regensburg • ✆ 0941/2 19 71 • info@freier-tus.de

Kraftsportverein Bavaria Regensburg
Michael Werner, Erikaweg 39, 93053 Regensburg, ✆ 0941/77441

Regensburger Ruderverein 1898 e.V.
Helmut Lederer, Kurt-Schumacher-Straße 27, 93049 Regensburg, ✆ 0941/34861
Bootshaus: Messerschmittstr. 2, 93049 Regensburg, ✆ 0941/2582

Regensburger Turnerschaft e.V.
Geschäftsstelle: Schopperplatz 6, 93059 Regensburg, ✆ 0941/85389 und 894046, • Fax: 0941 894045, rt-info@t-online.de, www.regensburger-turnerschaft.de; Vors.: Hans-Thomas Raith, ✆ 53537

SG Walhalla
Geschäftsstelle: Am Holzhof 1, 93059 Regensburg, ✆ 0941/8 46 20 • info@sg-walhalla.de, www.sg-walhalla.de; Vors.: Karin Gritsch, Görresstr. 7, 93051 Regensburg, ✆ 99667

SSV Jahn von 1889 e.V. Regensburg
Geschäftsstelle: Prüfeninger Straße 57a, 93049 Regensburg, ✆ 0941/6983-100 • Fax 0941/6983-122

SV Burgweinting
SV Burgweinting e.V., Kirchfeldallee 4, 93055 Regensburg, ✆ 0941 7851623, Fax 0941 7851610, info@sv-burgweinting.de, www.sv-burgweinting.de

SV Fortuna Regensburg e. V.
1. Vorsitzender: Dieter Sichert, Ziegenhofstraße 5, 93173 Wenzenbach, ✆ 09407/90060, Fax 0 94 07/9 00 69, Dieter.Sichert@badminton-bezirk-no.de, www.sv-fortuna-regensburg.de
Vereinsheim: Isarstr. 85 • 93057 Regensburg, ✆0941/40 17 39

TSV Oberisling

   Vorstand: Werner Schenkel, Weingartenstraße 25, 93053 Regensburg, ✆ 09401/709696, www.tsv-oberisling.de/Home/home.html

Sonstige Anbieter

Injoy Sports- und Wellnessclub

   Yorckstr. 20-22, 93055 Regensburg; ✆ 0941/3074144; info@o2club.de; www.injoy-regensburg.de

Fitness West

   Hochweg 89, 93049 Regensburg, ✆ 0941/22505; Fax 0941/270505, team@fitnesswest.de, www.fitnesswest.de

Fitness Company

   Am Europakanal 32/Frankenstr., 93059 Regensburg; ✆ 0941/83057-0, Fax 0941/83057-29

   Bahnhofstr. 16, 93047 Regensburg, ✆ 0941/58407-0, Fax 58407-29,

www.fitcom.de

Swiss Training

   Swiss Training HYBRI Fitness GmbH, Im Gewerbepark D9, 93059 Regensburg, ✆ 0941/4612646, Fax 0941/4612645, www.swiss-training.com

Reebok Fitness Club

   Langobardenstr. 2, 93053 Regensburg, Hotline 0800-0941-007, ✆ 0941/70860-10, Fax 0941/70860-11, info@reebok-fitnessclub-regensburg.de, www.regensburg-fitness.de

inform Frauen Fitness

Kumpfmühler Str. 8 a, 93047 Regensburg, ✆ F 0941/27363, www.inform-frauen-fitness.de

Aikido

Kampfsportart zur Selbstverteidigung.

»Aikido« (japanisch) bedeutet »Weg, um Körper und Geist zu einen«. Anfang des 20. Jahrhunders von Morihei Ujeschiba entwickelt, vor allem aus dem Ju Jutsu. Ziel ist es, Aggressionen unter Ausnutzung der Kraft des Angreifers abzuwehren, in der Regel durch Würfe und Hebel. Gefragt ist weniger Stärke als Präzision. Geeignet für jedes Alter, verbessert die Beweglichkeit und Konzentration-/Koordinationsfähigkeit. Allerdings nicht leicht und erst im Laufe mehrerer Jahre wirksam erlernbar. Aikido ist kein Wettkampfsport.

Verband

www.aikido-bayern.de: Fachverband für Aikido in Bayern e.V.

Internet

www.aikido.de: Informationen über Lehrgänge und Ausbildungswesen.

www.aikidoinfo.de: Datenbank mit allen Stilrichtungen und Verbänden: Seminare, Dojos, Verbände, Vereine, Literatur etc.

Vereine

Regensburger Turnerschaft e.V.

   Geschäftsstelle: Schopperplatz 6, 93059 Regensburg, ✆ 0941/85389 und 894046, •Fax: 0941 894045, rt-info@t-online.de, www.regensburger-turnerschaft.de; Vors.: Hans-Thomas Raith, ✆ 53537

Kampfsportzentrum Regensburg

   Von-Donle-Straße 6 e, 93055 Regensburg • ✆ 0941/795679

Ballonfahrt über der Heimat – Das Ballonerlebnis mit AIRSPORT

Entschweben Sie dem Alltäglichen, entdecken Sie die heimatlichen Horizonte und genießen Sie das Gefühl des Dahintreibens. Losgelöst von den Alltagssorgen können Sie aus dem AIRSPORT Ballon mit der bekannten Biermarke – Schneider Weisse - die Welt und Ihre Heimat aus einer ganz anderen Perspektive betrachten. Wenn der Ballon ruhig und sanft in die Höhe steigt, können Sie die Harmonie mit der Natur genießen. Und wo es hingeht – das weiß ganz allein der Wind.
Ein Logenplatz am Himmel
Die Passagiere sind in einem Ballonkorb aus Weide, mit einer Innenhöhe von 1,15 m untergebracht. Sicherheit steht an erster Stelle. Der Pilot, Michael Fröhler, steht am Brenner und am Funkgerät. So aufgeteilt hat jeder Ballongast einen tollen Blick im Postkartenmotiv über die Heimat und kann die Fahrt in vollen Zügen genießen. Mit einer Ballonurkunde, einem Umtrunk, und der Erinnerung an eine gelungene Luftwanderung kommt dann der Satz von selbst: Ballonfahren bei AIRSPORT macht Spaß ...

Buchung bei AIRSPORT

Sie haben die Auswahl von Erlebnisballonfahrten unter der Woche, am Wochenende, oder sogar einen »ganzen Korb« voll mit Startplatzwunsch bei Ihnen zu Hause als Wunschstartplatz.
Mehr Infos gibt es per Prospektanforderung, oder ein Blick ins Internet.

AIRSPORT Ballonzentrum, Michael Fröhler
Ockerweg 3, Hinterzhof, 93164 Laaber
Tel. 09498/90 24 60, Fax 09498/90 24 70
Internet: www.airsport.de, e-mail info@airsport.de

SG Post/Süd

Kaulbachweg 31, 93051 Regensburg, ✆ 0941/92052-0 • Fax 0941/92052-15 • feierler@postsued-regensburg.de, www.postsued-regensburg.de

SV Burgweinting

SV Burgweinting e.V., Kirchfeldallee 4, 93055 Regensburg, ✆ 0941 7851623, Fax 0941 7851610, info@sv-burgweinting.de, www.sv-burgweinting.de

SV Fortuna Regensburg e.V.

1. Vorsitzender: Dieter Sichert, Ziegenhofstraße 5, 93173 Wenzenbach, ✆ 09407/90060, Fax 0 94 07/9 00 69, Dieter.Sichert@badminton-bezirk-no.de, www.sv-fortuna-regensburg.de

Vereinsheim: Isarstr. 85 • 93057 Regensburg, ✆0941/40 17 39

American Football

Aus dem Rugby entwickeltes Kampfspiel zwischen zwei Mannschaften aus elf Spielern/Spielerinnen. Ziel: Durch Befördern des Spielballes hinter die gegnerische Grundlinie mehr Punkte als die Gegner zu erzielen. In den USA sehr beliebt, in Deutschland seit Ende der 1970 in Vereinen betrieben.

Verband

American Football Verband Deutschland e.V.: www.afvby.de: Verbandsinformationen, aktuelle Tabellen und Spielpläne. Hinweise zu Bezirken, Ausschüssen, Jugendarbeit, Cheerleading etc.

Internet

www.football-verband.de: Website über das aktuelle Football-Geschehen in Deutschland.

Vereine

ESV 1927 Regensburg e.V.

Geschäftsstelle: Dechbettener Brücke 2, 93051 Regenburg, ✆ 0941/33791, Fax 0941/32533, info@esv1927-regensburg.de, www.esv1927-regensburg.de;

Vors.: Inge Gerischer, Amselweg 14, 93077 Bad Abbach, ✆ 09405/1371

www.regensburg-phoenix.de

Aqua-Fitness

Sammelbegriff für Gelenk schonende Fitnessangebote im Wasser.

Westbad

Messerschmittstraße 4, 93049 Regensburg, ✆ 0941/601-2944, info@westbad.de, www.westbad.de

Aqua-Jogging

Gelenk schonender Ausdauersport im Wasser, der mit Gurt (tiefes Wasser) oder ohne (Stehtiefe) ausgeführt werden kann.

Westbad

Messerschmittstraße 4, 93049 Regensburg, ✆ 0941/601-2944, info@westbad.de, www.westbad.de

Badminton

Rückschlagspiel für zwei bzw. vier Spielerinnen/Spieler (als Einzel, Doppel und Mixed).
Wird in der Halle mit leichten Schlägern und einem Federball gespielt.

Ziel: Den Ball so über das Netz in die gegnerische Hälfte zu schlagen, dass der Gegner ihn nicht regelgerecht zurückschlagen kann. Zählung nach Punkten und Sätzen.

Badminton schult Schnelligkeit wie Ausdauer sowie Konzentrationsfähigkeit und taktisches Geschick. Freizeitvariante: Federball

Verband

www.bayern-badminton.de: Bayer. Badmintonverband: Alles über Vereine, Regeln, Spielbetrieb und Lehrwesen in Bayern.

Internet

www.badminton.de: Offizielle Seite des Deutschen Badminton-Verbands e.V., Vereine, Spielmöglichkeiten, Badminton-Infos und Trainer-Forum.

www.milon.de: Ergebnisse und Tabellen aller Ligen in Deutschland und Österreich

Vereine

DJK Sportbund Regensburg e.V.
Helmut Petz, Roritzerstraße 12, 93047 Regensburg, ✆+Fax 5 46 66, E-Mail: Vorstand@djk-sportbund-regensburg.de, www.djk-sportbund-regensburg.de

ESV 1927 Regensburg e.V.
Geschäftsstelle: Dechbettener Brücke 2, 93051 Regenburg, ✆ 0941/33791, Fax 0941/32533, info@esv1927-regensburg.de, www.esv1927-regensburg.de;
Vors.: Inge Gerischer, Amselweg 14, 93077 Bad Abbach, ✆ 09405/1371

Regensburger Turnerschaft e.V.
Geschäftsstelle: Schopperplatz 6, 93059 Regensburg, ✆ 0941/85389 und 894046, • Fax: 0941 894045, rt-info@t-online.de, www.regensburger-turnerschaft.de; Vors.: Hans-Thomas Raith, ✆ 53537

SG Post/Süd
Kaulbachweg 31, 93051 Regensburg, ✆ 0941/92052-0 • Fax 0941/92052-15 • feierler@postsued-regensburg.de, www.postsued-regensburg.de

Sonnlandbund Regensburg
Anton Koch, Am Gutshof 10, 93055 Regensburg, ✆ 0941/760015

Sportclub Regensburg
Geschäftsstelle: Alfons-Auer-Straße 26, 93053 Regensburg, ✆ 0941/70 10 9-11 • Fax 701 09 -13, mail@sportclub-regensburg.de, www.sportclub-regensburg.de; Vors.: Alexander Ochs, Graf-Spee-Str. 22, 93053 Regensburg, ✆ 7040070

SV Fortuna Regensburg e.V.
1. Vorsitzender: Dieter Sichert, Ziegenhofstraße 5, 93173 Wenzenbach, ✆ 09407/90060, Fax 0 94 07/9 00 69, Dieter.Sichert@badminton-bezirk-no.de, www.sv-fortuna-regensburg.de
Vereinsheim: Isarstr. 85 • 93057 Regensburg, ✆0941/40 17 39

Ballett

Klassische Form des Bühnentanzes seit dem 15. Jahrhundert.

Stilisierte Bewegungen und Positionen bilden ein festgelegtes, wenn auch flexibles System bilden Im klassischen Ballett wird mit Musik, Tanz, Körpersprache, Kostümen, Beleuchtung und Bühnenbild eine Geschichte erzählt. Schult Beweglichkeit, Körperkontrolle und Kraft.

Internet

www.klassisches-ballett.de: Verzeichnis von Ballettschulen und Tanzstudios in Deutschland. (noch im Aufbau), Deutsche Ballett- und Tanzforen, sowie Blackboards.

Sonstige Anbieter

Ballettschule Köster
Ballett – Gymnastik- Jazzdance, ⌨ Ludwigstraße 6, ✆ 57408

Ballettschule Lautner
Ballett-Gymnastikstudio, ⌨ Gesandtenstr. 6, ✆ 560965

Tanz Forum
⌨ Marschallstr. 10, ✆ 52233

Balletthaus Sinzing
⌨ Donaustr. 1, 93161 Sinzing, ✆ 3810244, 0175/2445587

Tanzstudio Krippner
⌨ Obermünsterstr. 9, ✆ 57706, www.tanzstudio-krippner.de

Ballonfliegen

Sonstige Anbieter

AIRSPORT Ballonzentrum, Michael Fröhler
Ockerweg 3, Hinterzhof, 93164 Laaber, ✆ 09498/90 24 60, Fax 09498/90 24 70, info@airsport.de, www.airsport.de
Siehe S. 180/181

Baseball

Schlagballspiel für zwei Mannschaften zu je neun Spielern US-amerikanischer Herkunft, dort Nationalsport. Wird mit Schlagkeulen (Baseballschlägern) und einem lederüberzogenen Ball gespielt.
Ziel: Mehr Runs (Schlagmänner der angreifenden Mannschaft versuchen, das Feld so oft wie möglich zu umlaufen) als die gegnerische Mannschaft zu erzielen.
Deutsche Variante, stark vereinfacht: Brennball

Verband

www.baseball-in-bayern.de: Homepage des Bayerischen Baseball- und Softball Verbandes; umfassende Infos zum Thema Baseball

Internet

www.baseball-fan.24klick.de: Fachausdrücke und Regeln; Sehr interessant! Einführung und geschichtlicher Hintergrund zum Spiel. Mit einer Liste deutscher Mannschaften, sowie einem Lexikon.
www.dbvnet.de: Offizielle Seite des Baseball Dachverbandes in Deutschland.
www.bw-baseball.de: Hinweise über Mitgliedsvereine und Spielpläne. Auflistung von Lehrgängen und Terminen.

Vereine

 Regensburg Legionäre
Baseball/Softball-Abteilung, SV Schwabelweis e.V.
⌨ Geschäftsstelle: Armin-Wolf-Arena, Donaustaufer Straße 260, 93055 Regensburg, ✆ (0941) 49617, Fax: (0941) 4612441; info@legionaere.de, www.legionaere.de

Basketball

Mannschaftssportart mit zwei gegnerischen Teams zu je fünf Spielerinnen/Spielern, Ziel: Mehr Punkte als das gegnerische Team zu erzielen, indem man den Basket-Ball in den Korb des Gegners wirft.

Verband

www.bbv-online.de: Bayer. Basketballverband; Informationen und News rund um den Basketball in Bayern

Internet

www.basketball.de: Neben Chats und Foren wernde ein Magazin, sowie Scores und Tabellen zur BBL und zur NBA angeboten.

www.basketball-bund.de: Deutscher Basketballbund e.V.; Informationen über Landesverbände, Jugendarbeit, Schiedsrichter und Ausbildung.

Vereine

 DJK Nord Regensburg e.V.

 ✉ Geschäftsstelle: Isarstraße 52, 93057 Regensburg, ✆ 0941/400328, Fax: 0941/4672429, webmaster@djk-regensburg-nord.de, www.djk-regensburg-nord.de

 Regensburger Turnerschaft e.V.

 ✉ Geschäftsstelle: Schopperplatz 6, 93059 Regensburg, ✆ 0941/85389 und 894046, • Fax: 0941 894045, rt-info@t-online.de, www.regensburger-turnerschaft.de; Vors.: Hans-Thomas Raith, ✆ 53537

 SG Post/Süd

 ✉ Kaulbachweg 31, 93051 Regensburg, ✆ 0941/92052-0 • Fax 0941/92052-15 • feierler@postsued-regensburg.de, www.postsued-regensburg.de

Beachvolleyball

→ Volleyball

Behindertensport

Sammelbezeichnung für Sportarten und Wettkampfspiele, die durch Behinderte ausgeübt werden oder als Präventiv-Maßnahme von Menschen, die von einer Behinderung bedroht sind.

Fast alle gängigen Sportarten sind auch als Variante für Behinderte möglich.

Ziel: Körperliche und psychische Stärkung, Rehabilitation.

Wird als Breitensport und als Leistungssport(Paralympics für körperlich Behinderte, Deaflympics für gehörlose und Special Olympics für geistig Behinderte) ausgeübt, mit eigenem Regelwerk und oft speziell ausgebildeten Trainern.

Verband

www.bayerischer-gehoerlosen-sportverband.de: Bayer. Gehörlosenverband; Informiert über Vereine und Sportangebote. Mit Adressen, Terminen, Chronik und Links.

www.bvs-bayern.com: Behinderten und Versehrtensportverband Bayern e.V.; Vereine, Termine, Infos

Internet

www.behindertensport.de: Übersicht über Vereine, die Behindertensport anbieten.

www.rollstuhlsport.de: Informiert über alle Aspekte des Rollstuhlsports.

Tipp: www.kiss-regensburg.org/behinderungen.htm. informiert u. a. über den Regensburger 'Behindertensport

 KISS – Regensburg – Kontakt- und Informationsstelle für Selbsthilfegruppen
D.-Martin-Luther-Str. 14, 6. Stock, 93047 Regensburg, ✆ 0941/5 28 22, Fax 0941/56 51 63
kiss.regensburg@paritaet.org, www.kiss-regensburg.org

Kontakt zu Sportangeboten für Behinderte über KISS, Tel. (0941) 5 28 22:
Behinderten- und Rehabilitationssportgruppe Neutraubling (BRSG)

Gesundheits- und Rehabilitations-Sportverein e.V. Neutraubling (GRSV)

Schützengesellschaft "Tiefes Tal" e. V.

Herzsport

 SG Post/Süd – Herzsportgruppe
⬚ Kaulbachweg 31, 93051 Regensburg, ✆ 0941/92052-0 • Fax 0941/92052-15 • feierler@postsued-regensburg.de,
www.postsued-regensburg.de
Kontakt: über KISS, ✆ (0941) 5 28 22

GRSV. Neutraubling – Herzsportgruppe
Kontakt: über KISS, ✆ (0941) 5 28 22

 Kneipp-Verein Regensburg – Herzsportgruppe
⬚ Dr.-Martin-Luther-Str. I4, 93047 Regensburg, ✆ 0941/52117, Fax 0941/565163 Herzsportgruppe des Kneipp-Vereins

TSV Kareth-Lappersdorf e.V. – Herzsportgruppe
⬚ Am Sportzentrum 1, 93138 Lappersdorf, Vorsitzender: Heinz Lauterbach, Rilkestraße 2, 93138 Lappersdorf, 0941/81355
Kontakt: über KISS, ✆ (0941) 5 28 22

 Regensburger Turnerschaft e.V. – Herzsportgruppe
⬚ Geschäftsstelle: Schopperplatz 6, 93059 Regensburg, ✆ 0941/85389 und 894046, • Fax: 0941 894045, rt-info@t-online.de,
www.regensburger-turnerschaft.de; Vors.: Hans-Thomas Raith, ✆ 53537

Kegeln

Gehörlosen-Sportverein Regensburg
⬚ 1. Vorstand: Heinrich Trimpl, Winkelfeldweg 19, 93053 Regensburg, ✆ und Fax.: 0941/700558, Fax-Büro: 0941/7010945,
Mobil 0171-9301962, Heinrich.Trimpl@t-online.de, www.gsv-regensburg.de
Kontakt: über KISS, ✆ (0941) 5 28 22

Krebsnachsorgesportgruppen

Kontakt über KISS, ✆ (0941) 5 28 22

Morbus-Bechterew-Gruppen

Kontakt: über KISS, ✆ (0941) 5 28 22

Kontakt zu angeleiteten Selbsthilfegruppen mit Trocken- und Wassergymnastik:
– VDK, Hemauerstr. 12b, ✆ (0941) 58 54 00
– Behinderten- und Rehasportgruppe Neutraubling (BRSG), ✆ (09401) 29 91

Sonstiger Behindertensport

Behinderten- und Versehrten-Sportverein e.V.
⬚ Reinhold Amann, Zirngiblstraße 17, 93051 Regensburg, ✆ 0941/997478

Regensburger Ruderverein 1898 e. V.
Helmut Lederer, Kurt-Schumacher-Straße 27, 93049 Regensburg, ☏ 0941/34861
Bootshaus: Messerschmittstr. 2, 93049 Regensburg, ☏ 0941/25826

SG Behinderte-Nichtbehinderte an der Uni Regensburg
Florian Stangl, Erich-Kästner-Straße 15, 93077 Bad Abbach, ☏ 09405/500470, www.sg-beni.de
Postadresse: SG BeNi, Postfach 100 729, 93007 Regensburg

Bergsport

→ Bergsteigen, Bergwandern, Canyoning, → Klettern, → Mountainbike, Seniorenwandern, Skibergsteigen, → Wandern

Internet

www.alpenverein.de: Die offizielle Website des deutschen Alpenvereins mit Links zu allen Sektionen und Landesverbänden, sowie Infos zum Bergspor, Kletteranlagen etc. - sehr übersichtlich und informativ.

www.mountains2b.com: Interessante und aktuelle Tipps rund um den Bergsport.

Vereine

BRK Bergwacht
Dieter Nikol, Hoher-Kreuz-Weg 7, 93055 Regensburg, ☏ 0941/7960545

Deutscher Alpenverein - Sektion Regensburg
Geschäftsstelle: Luitpoldstraße 20, 93047 Regensburg
☏ 0941/560159 • Fax 0941/51917 info@alpenverein-regensburg.de, www.alpenverein-regensburg.de

DJK Sportbund Regensburg e.V.
Helmut Petz, Roritzerstraße 12, 93047 Regensburg, ☏+Fax 5 46 66, E-Mail: Vorstand@djk-sportbund-regensburg.de, www.djk-sportbund-regensburg.de

DJK SV Keilberg Regensburg e.V.
Geschäftsstelle: Zur Hohen Linie 28, 93055 Regensburg, www.djk-sv-keilberg.de, ☏ 0941/4 80 90
Vors.: Heinz Wegscheid: Alfons-Sigl-Str. 28, 93055 Regensburg-Keilberg, ☏ 47395

NaturFreunde Deutschlands, Ortsgruppe Regensburg e.V.
Herbert Utz, Wolfseggerstraße 1, 93138 Lappersdorf, ☏ 0941/80704

SG Post/Süd
Kaulbachweg 31, 93051 Regensburg, ☏ 0941/92052-0 • Fax 0941/92052-15 • feierler@postsued-regensburg.de, www.postsued-regensburg.de

Ski- und Wanderclub 1946 e.V. Regensburg
Franz Obermeier, Ortsstraße 14, 93161 Sinzing-Riegling, ☏ 0941/31110
Vereinsanschrift: Prinz-Rupprecht-Straße 38/III, 93053 Regensburg, www.swc-regensburg.de

SV Fortuna Regensburg e. V.
1. Vorsitzender: Dieter Sichert, Ziegenhofstraße 5, 93173 Wenzenbach, ☏ 09407/90060, Fax 0 94 07/9 00 69, Dieter.Sichert@badminton-bezirk-no.de, www.sv-fortuna-regensburg.de
Vereinsheim: Isarstr. 85 • 93057 Regensburg, ☏0941/40 17 39

Waldverein Regensburg - (Sektion des Bayerischen Waldvereins e.V.)
1. Vorsitzender: Dieter Häckl, Holzgartenstr. 35c, 93059 Regensburg, ☏ 0941/43212, dieter.haeckl@freenet.de
Geschäftsstelle: Fidelgasse 11, 93047 Regensburg, ☏ 0941/567282, Fax.: 0941/5865523, waldverein-regensburg@t-online.de, www.waldverein-regensburg.de

Bergsteigen
→ Bergsport

Bergsportart.

Manche verstehen darunter zusammenfassend das Bergwandern plus leichte bis mittelschweren Kletterpartien, andere bezeichnen damit das Klettern selbst.

Entsprechende Ausrüstung (Eispickel, Steigeisen, Seil etc.) und Knowhow sind Voraussetzung.

Früher zum Zwecke der Erforschung betrieben, ist es heute Freizeitaktivität und Wettkampfsport.

Internet

www.alpenverein.de: Offizielle Website des Deutschen Alpenvereins

Bergwandern
→ Bergsport

Billard

Tisch-Ball-Spiel für zwei oder mehrere Spielerinnen oder Spieler

Wird auf einem mit Stofftuch bezogenem Tisch gespielt, mit Kugeln und einem Spielstock (Queue).

Bekannteste Spielarten sind Karambolage-Billard, oder auf einem Tisch mit Taschen gespielt: Pool-Billard, Englisches Billard und Snooker. Wird in Freizeit-, Amateur- oder Profiligen gespielt.

Verband

www.bayerischer-billardverband.de: Bayer. Billardverband; Datenbank mit Billardterminen und einem Glossar über die im Billardsport gebräuchlichen Fachausdrücke.

Internet

www.billard-spiele.de: Die Plattform für Billardfreunde mit Spielen und Regeln.

www.dart1.de: Internet-Shop für Billard und Dart

Vereine

Billard-Club 1926 Regensburg e.V.

✉ Prof. Dr. Aslanidis Charalampos, Lilienweg 11, 93092 Barbing, ✆ 09401/80532

✉ Postanschrift Verein: Schottenstr. 4, 93047 Regensburg ✆ Fax: 0941/53563 ·
vorstand@Billardclub-Regensburg.de · www.billardcafe-regensburg.de

Pool-Billard-Club 1995 eV

✉ Erwin Hartl, Grunewaldstraße 10, 93053 Regensburg, ✆ 0175/6942454

Straight Pool Regensburg 1987 e.V.

✉ 1. Vorsitzender: Robert Hasenthaler, Aussichtsweg 14, 93138 Lappersdorf, ✆ 0171 – 80 65 47 6

Spiellokal: Äußere Wiener Straße 9, 93055 Regensburg, ✆ 171 - 80 65 47 6, info@sp-regensburg.de, www.sp-regensburg.de

Bogenschießen

Pfeil-Schießen mit Hilfe des Bogens auf Zielscheiben mit Ringen.

Der Bogen, früher Jagdgerät, heute Freizeit- und Wettkampfgerät aus Holz, Fiberglass oder Karbon, bespannt mit einer Sehne aus Darm, Garn oder Kunststoff.

Überbrückt werden Entfernungen bis zu 90 m, bei der Disziplin des Feldbogenschießens ist die Entfernung zur Zielscheibe nicht in jedem Fall bekannt.

Verband

www.bvba.de: Bogensportverband Bayern e.V.

Internet

www.dbsv1959.de: Deutscher Bogensportverband, Informationen, News und Ergebnisse vom Bogensport

www.dfbv.de: Deutscher Feldbogen-Sportverband

www.bogenschiessen.de: Website der Zeitschrift "Traditionell Bogenschießen"

Vereine

Bogenschützen Regensburg e.V.

    Bruno Held, Lappersdorfer Straße 62, 93059 Regensburg, ✆ 0941/87873

 SG Behinderte-Nichtbehinderte an der Uni Regensburg

    Florian Stangl, Erich-Kästner-Straße 15, 93077 Bad Abbach, ✆ 09405/500470, www.sg-beni.de

    Postadresse: SG BeNi, Postfach 100 729, 93007 Regensburg

Boule

Zielspiel mit Wurfkugeln aus Stahl und einer kleineren Zielkugel aus Holz, gespielt auf einer Bahn mit Länge bis zu 15 m.

Ziel: Seine Wurfkugeln (Einzeln oder als Mannschaft) möglichst nahe an eine kleinere Zielkugel zu bringen. Sieger ist, wer zuerst eine vereinbarte Punktzahl erreicht.

Mit festen Regeln (geschlossene Füßen, ohne Anlauf) »Pétanque« genannt.

Internet

www.boule.de: Tipps und Hinweise für das Boule-Spiel.

Vereine

 Boule Club Ratisbonne e.V.

    Vorstand: Alexander Bauer, Lutherstr. 17, 93105 Tegernheim, ✆ 09403-968113, alecb@gmx.de • www.ratisbonne.de

    Spielfeld im Stadtpark, westlich der Ostdeutschen Galerie

Bowling

Kugel- und Zielspiel, auf ebenen Bahnen aus poliertem Holz gespielt. Eine aus den USA stammende Variante des Kegelns.

Ziel: Die bis zu sieben Kilogramm schwere Kugel auf zehn am Bahn-Ende aufgestellte Figuren (Kegel oder Hölzer) zu rollen und mit möglichst wenig Schüben abzuräumen.

Im Wettkampf treten meist mit zwei Teams zu je zwei Mitspielern gegeneinander an.

Verband

www.bskv.de: Bayer. Sportkegler-Verband e.V.

Internet

www.bowling-bayern.de: Informationen über Turniere und Vereine in Bayern.

www.alle9.de: Interessante und witzige Tipps zum Kegelspiel, gute Links, umfassende Informationen.

Vereine

1. Bowling-Verein 1968 e. V. Regensburg

Richard Spieß, Janusstraße 7, 93051 Regensburg

0941/96036 o. 0171/3130724 • Fax 0941/947132 • rspiess@t-online.de • www.bv68.de
(Training im Superbowl: Im Gewerbepark 24, 99588; Golden Bowl: Dr.-Gessler-Str. 2, 401077)

Boxen

Kampfsport, bei dem sich zwei Gegner gleicher Gewichtsklasse nach festen Regeln ausschließlich mit den Fäusten, gedämpft durch gepolsterte Lederhandschuhe, bekämpfen.

Verband

www.boxen-babv.de: Bayerischer Amateur-Boxverband; Vorstellung des bayerischen Amateur-Boxverbands und seiner Funktionäre mit Nachrichten, Ergebnisse und Terminen.

Internet

www.boxen.com: Gut gestaltete Website über das aktuelle, weltweite Boxgeschehen.

Vereine

Regensburger Turnerschaft e.V.

Geschäftsstelle: Schopperplatz 6, 93059 Regensburg, 0941/85389 und 894046, • Fax: 0941 894045, rt-info@t-online.de, www.regensburger-turnerschaft.de; Vors.: Hans-Thomas Raith, 53537

SSV Jahn von 1889 e.V. Regensburg

Geschäftsstelle: Prüfeninger Straße 57a, 93049 Regensburg, 0941/6983-100 • Fax 0941/6983-122

Sonstige Anbieter

BC Boxfit Regensburg e.V.

Geschäftsstelle: Lichtenfelserstr. 12, 93057 Regensburg, 0941/6400790
1. Vorsitzender: Gerhard Süß, Tannenweg 11, 93173 Wenzenbach

Cheerleading

Tänzerisches und akrobatisches Anfeuern eines Teams. In den USA auch Wettkampfsport.

Vereine

ESV 1927 Regensburg e.V.

Geschäftsstelle: Dechbettener Brücke 2, 93051 Regenburg, 0941/33791, Fax 0941/32533,
info@esv1927-regensburg.de, www.esv1927-regensburg.de;
Vors.: Inge Gerischer, Amselweg 14, 93077 Bad Abbach, 09405/1371
www.regensburg-phoenix.de

Eishockey

Bekannte Wintersportart für zwei 6er-Teams auf Schlittschuhen, die auf einer Eisfläche den Puck ins gegnerische Tor zu schießen versuchen.

Verband

www.bev-eissport.de: Bayer. Eissportverband; Die verschiedenen Eissportarten (Curling, Eiskunstlauf, Eishockey, Eissschnellauf) werden vorgestellt - mit Ergebnissen, Terminen und Links.

Internet

www.deb-online.de: Deutscher Eishockey-Bund; Offizielle Seiten des Deutschen Eishockey Dachverbandes mit News, Terminen und Ergebnissen, sowie Infos zu Ligen und Vereinen.

www.damen-eishockey.de: Unabhängige Damen-Eishockey-Infoseite.

Vereine

 Eissportverein Regensburg e.V.

⌖ Geschäftsstelle: Walhalla Allee 22, 93059 Regensburg, ✆ (09 41) 46 72 27 0, Fax (09 41) 46 10 50 50, eissportverein-regensburg@netzblick.com, www.evregensburg.de

 Eishockeyclub Regensburg e.V – EHC Spiders Regensburg

⌖ Erwin Weiß, Nelkenweg 4, 93053 Regensburg, ✆ 0941/75241, Fax 0941/73702, www.ehc-regensburg.de

Eiskunstlauf

Kunstvoll-sportliche Form des Eislaufens mit Musik als Einzel- und Paarlauf.

Verband

www.bev-eissport.de: Bayer. Eissportverband; Die verschiedenen Eissportarten (Curling, Eiskunstlauf, Eishockey, Eisschnellauf) werden vorgestellt - mit Ergebnissen, Terminen und Links.

Internet

www.eislauf-union.de: Homepage der Deutschen Eislauf-Union e.V (nationaler Fachverband für Eiskunstlauf und Eistanz)

Vereine

 Eissportclub Regensburg e.V.

⌖ Büro in der Donau-Arena: ✆ 0941/6987747, Fax 0941/6987748, info@ec-regensburg.de, www.ec-regensburg.de

 Eissportverein Regensburg e.V.

⌖ Geschäftsstelle: Walhalla Allee 22, 93059 Regensburg, ✆ (09 41) 46 72 27 0, Fax (09 41) 46 10 50 50, eissportverein-regensburg@netzblick.com, www.evregensburg.de

Eisstockschießen

Zielspiel für zwei Teams auf Eis, im Sommer auch auf anderen Unterlagen (z. B. Asphalt, Holz oder Beton)

Die Eisstöcke der eigenen Mannschaft sollen dabei möglichst nahe am Ziel, der »Daube« platziert werden. Besonderes Vergnügen bereitet das Abdrängen und Herausschießen gegnerischer Eisstöcke weg vom Ziel.

Tipp: Karte mit Sommerstockbahnen auf S. 264/265

Verband

www.bev-eissport.de: Bayer. Eissportverband; Die verschiedenen Eissportarten (Curling, Eiskunstlauf, Eishockey, Eisschnellauf) werden vorgestellt - mit Ergebnissen, Terminen und Links.

Internet

www.eisstock-verband.de: Deutscher Eisstock-Verband; Ausführliche Informationen über den Eisstocksport.

www.br-online.de/sport-freizeit/thema/fm_eisstock/index.xml: Interessante Infos vom Bayerischen Rundfunk über den Volkssport Eisstockschießen.

Vereine (Asphalt)

Ball-Spiel-Club Regensburg e.V.
[✉] Rudolf Meier, Lusenstraße 13, 93197 Zeitlarn, ✆ 09402/3276
Sportheim BSC Regensburg: Haidhofweg 3, 93055 Regensburg, ✆ 0941/45720 • www.bsc-regensburg.de

SV Harting
[✉] Karl Reithmeier, Kreuzhofstraße 15, 93055 Regensburg, ✆ 0941/7060565, www.sv-harting.de
Geschäftsstelle: Wiesenweg 2, 93055 Regensburg

SG Post/Süd
[✉] Kaulbachweg 31, 93051 Regensburg, ✆ 0941/92052-0 • Fax 0941/92052-15 • feierler@postsued-regensburg.de,
www.postsued-regensburg.de

VfB Regensburg e.V
[✉] Geschäftsstelle: Aussiger Straße 22, 93057 Regensburg, ✆ 0941/62682, www.vfb-regensburg.de;
Vors.: Klaus Hauner, Hangstr. 22, 93173 Grünthal

ESV 1927 Regensburg e.V.
[✉] Geschäftsstelle: Dechbettener Brücke 2, 93051 Regenburg, ✆ 0941/33791, Fax 0941/32533,
info@esv1927-regensburg.de, www.esv1927-regensburg.de;
Vors.: Inge Gerischer, Amselweg 14, 93077 Bad Abbach, ✆ 09405/1371

Freier Turn- und Sportverein Regensburg e.V.
[✉] Geschäftsstelle: An der Schillerwiese 2, 93049 Regensburg, ✆ 0941/2 19 71 • info@freier-tus.de,
www.freier-tus-regensburg.de; Vors.: Reinhold Faderl, Lilienthalstr. 22, 93049 Regensburg, ✆ 35977

Vereine (Eis)

Eissportverein Regensburg e.V.
[✉] Geschäftsstelle: Walhalla Allee 22, 93059 Regensburg, ✆ (09 41) 46 72 27 0, Fax (09 41) 46 10 50 50,
eissportverein-regensburg@netzblick.com, www.evregensburg.de

TSV Kareth-Lappersdorf e.V.
[✉] Am Sportzentrum 1, 93138 Lappersdorf, Vorsitzender: Heinz Lauterbach, Rilkestraße 2, 93138 Lappersdorf, 0941/81355

Eissport
Curling, → Eisstockschießen, → Eishockey, → Eiskunstlauf, Eisschnelllauf, → Short-Track

Faustball
Rückschlagspiel zwischen zwei Teams zu je fünf Spielern

Ziel des Spieles ist es, den Ball über eine in 2 m Höhe gespannte Schnur so ins gegnerische Feld zu schlagen, dass er vom Gegner nicht regelgerecht zurückgespielt werden kann.

Der Ball muss mit der geschlossenen Faust oder dem Unterarm gespielt werden.

Internet
www.dtb-faustball.de: Die offizielle Faustballseite für Deutschland

www.faustball.de: Deutsches Faustballportal

Vereine

DJK Sportbund Regensburg e.V.
[✉] Helmut Petz, Roritzerstraße 12, 93047 Regensburg, ✆ + Fax 5 46 66, E-Mail: Vorstand@djk-sportbund-regensburg.de,
www.djk-sportbund-regensburg.de

ESV 1927 Regensburg e.V.
Geschäftsstelle: Dechbettener Brücke 2, 93051 Regensburg, ✆ 0941/33791, Fax 0941/32533,
info@esv1927-regensburg.de, www.esv1927-regensburg.de;
Vors.: Inge Gerischer, Amselweg 14, 93077 Bad Abbach, ✆ 09405/1371

NaturFreunde Deutschlands, Ortsgruppe Regensburg e.V.
Herbert Utz, Wolfseggerstraße 1, 93138 Lappersdorf, ✆ 0941/80704

SG Post/Süd
Kaulbachweg 31, 93051 Regensburg, ✆ 0941/92052-0 • Fax 0941/92052-15 • feierler@postsued-regensburg.de,
www.postsued-regensburg.de

SG Walhalla
Geschäftsstelle: Am Holzhof 1, 93059 Regensburg, ✆ 0941/8 46 20 • info@sg-walhalla.de, www.sg-walhalla.de;
Vors.: Karin Gritsch, Görresstr. 7, 93051 Regensburg, ✆ 0941/99667

Sportclub Regensburg
Geschäftsstelle: Alfons-Auer-Straße 26, 93053 Regensburg, ✆ 0941/70 10 9-11 • Fax 701 09 -13, mail@sportclub-regens-
burg.de, www.sportclub-regensburg.de; Vors.: Alexander Ochs, Graf-Spee-Str. 22, 93053 Regensburg, ✆ 7040070

Fechten

Sportlicher Zweikampf für Frauen und Männer, mit speziellen Waffen auf einer Fechtbahn (Planche).
Fechten ist Freizeit- wie auch Wettkampfsport. Man unterscheidet zwischen Florettfechten, Degen-
fechten und Säbelfechten.

Verband

www.bfv-fechten.de: Bayer. Fechterverband; Die offizielle Homepage des Verbandes mit Ergebnissen, Berichten, Ausschreibungen und Ranglisten.

Internet

www.fechten.org: Deutscher Fechterbund

Vereine

Fechtclub
Igor Soroka, Prüfeninger Straße 79, 93049 Regensburg, ✆ 0941/28639, www.fechtclub-regensburg.de.vu
Training: Städtische Sporthalle Nord, Isarstr. 24, 93053 Regensburg

Football

→ American Football

Fußball, Frauen

Zu Beginn des 20. Jahrhunderts unterdrückt und verboten, gibt es in Deutschland seit dem 30. Oktober 1970 einen ordentlichen Spielbetrieb für den Frauenfußball. Einschränkungen im Vergleich
zum Männerfußball sind heute weitestgehend abgeschafft. Seit dem Gewinn der Weltmeisterschaft
2003 hat der Frauenfußball in der Öffentlichkeit erhöhten Zuspruch erhalten.

Verband

www.bfv.de: Bayer. Fußballverband; Umfassende Informationen zum Thema Vereinsfußball in Bayern.

Internet

www.frafu.de: Seiten für Frauenfußball mit Tabellen, Vereinen, Statistiken etc.

Vereine

Sportclub Regensburg

Geschäftsstelle: Alfons-Auer-Straße 26, 93053 Regensburg, ☎ 0941/70 10 9-11 • Fax 701 09 -13, mail@sportclub-regens-burg.de, www.sportclub-regensburg.de; Vors.: Alexander Ochs, Graf-Spee-Str. 22, 93053 Regensburg, ☎ 7040070

SpVgg Ziegetsdorf

Günther Dietz, Bernhard-Suttner-Weg 3, 93051 Regensburg, ☎ 0941/993125, www.spvgg-ziegetsdorf.de

SV Sallern Regensburg

1. Vorstand: Hans Otter, Rodingerstrasse 6, 93057 Regensburg, ☎ 0941/63519, Fax: 0941/66694
Geschäftsstelle: Kumpfmühler Straße 8, 93047 Regensburg, ☎ 0941/2803250, Fax: 2803255, www.sv-sallern.de

VfR Regensburg e.V.

Verein: Deggendorfer Str. 21a, 93055 Regensburg, ☎ 0941/792140, info@vfr-regensburg.de, vfr-regensburg.de

Fußball, Männer

Die Vereinssportart Nummer 1 in Deutschland!

Verband

www.bfv.de: Bayerischer Fußballverband; Umfassende Informationen zum Thema Vereinsfußball in Bayern.

Internet

www.fussball-finden.de: 1000 Fußball-Links;

www.f-archiv.de: Abschlusstabellen von 1900 bis heute.

Vereine

Ball-Spiel-Club Regensburg e.V.

Rudolf Meier, Lusenstraße 13, 93197 Zeitlarn, ☎ 09402/3276
Sportheim BSC Regensburg: Haidhofweg 3, 93055 Regensburg, ☎ 0941/45720 • www.bsc-regensburg.de.

DJK Nord Regensburg e.V.

Geschäftsstelle: Isarstraße 52, 93057 Regenburg, ☎ 0941/400328, Fax: 0941/4672429,
webmaster@djk-regensburg-nord.de, www.djk-regensburg-nord.de

DJK Sportbund Regensburg e.V.

Helmut Petz, Roritzerstraße 12, 93047 Regensburg, ☎ +Fax 5 46 66, E-Mail: Vorstand@djk-sportbund-regensburg.de, www.djk-sportbund-regensburg.de

DJK SV Keilberg Regensburg e.V.

Geschäftsstelle: Zur Hohen Linie 28, 93055 Regensburg, www.djk-sv-keilberg.de, ☎ 0941/4 80 90
Vors.: Heinz Wegscheid: Alfons-Sigl-Str. 28, 93055 Regensburg-Keilberg, ☎ 47395

ESV 1927 Regensburg e.V.

Geschäftsstelle: Dechbettener Brücke 2, 93051 Regensburg, ☎ 0941/33791, Fax 0941/32533,
info@esv1927-regensburg.de, www.esv1927-regensburg.de;
Vors.: Inge Gerischer, Amselweg 14, 93077 Bad Abbach, ☎ 09405/1371

FK Phönix Regensburg

Bernhard Frimberger, Karether Weg 1, 93138 Lappersdorf

Freier Turn- und Sportverein Regensburg e.V.

✉ Geschäftsstelle: An der Schillerwiese 2, 93049 Regensburg, ☏ 0941/2 19 71 • info@freier-tus.de, www.freier-tus-regensburg.de; Vors.: Reinhold Faderl, Lilienthalstr. 22, 93049 Regensburg, ☏ 35977

FSV Regensburg-Prüfening e.V.
✉ Götz Gündel, Kurt-Schumacher-Straße 19 c, 93049 Regensburg, ☏ 0941/34258, webmaster@fsv-pruefening.de, www.fsv-pruefening.de

Regensburger Turnerschaft e.V.
✉ Geschäftsstelle: Schopperplatz 6, 93059 Regensburg, ☏ 0941/85389 und 894046, • Fax: 0941 894045, rt-info@t-online.de, www.regensburger-turnerschaft.de; Vors.: Hans-Thomas Raith, ☏ 53537

SG Post/Süd
✉ Kaulbachweg 31, 93051 Regensburg, ☏ 0941/92052-0 • Fax 0941/92052-15 • feierler@postsued-regensburg.de, www.postsued-regensburg.de

SG Walhalla
✉ Geschäftsstelle: Am Holzhof 1, 93059 Regensburg, ☏ 0941/8 46 20 • info@sg-walhalla.de, www.sg-walhalla.de; Vors.: Karin Gritsch, Görresstr. 7, 93051 Regensburg, ☏ 0941/99667

Sportclub Regensburg
✉ Geschäftsstelle: Alfons-Auer-Straße 26, 93053 Regensburg, ☏ 0941/70 10 9-11 • Fax 701 09 -13, mail@sportclub-regens-burg.de, www.sportclub-regensburg.de; Vors.: Alexander Ochs, Graf-Spee-Str. 22, 93053 Regensburg, ☏ 7040070

SpVgg Stadtamhof
✉ 1. Vorstand: Walter Jakomet, Irlinger Weg 5, 93102 Pfatter, ☏ 09481/959430, kontakt@spvgg-stadtamhof.de, www.spvgg-stadtamhof.de

SpVgg Ziegetsdorf
✉ Günther Dietz, Bernhard-Suttner-Weg 3, 93051 Regensburg, ☏ 0941/993125, www.spvgg-ziegetsdorf.de

SSV Jahn 2000 Regensburg e.V.
✉ Geschäftsstelle: Prüfeninger Straße 57 a, 93049 Regensburg, ☏ 0941/6983-100 • Fax 0941/6983-122, info@ssv-jahn.de, www.ssv-jahn.de; Vors.: Franz Nerb, ☏ 504-7102

SV Burgweinting
✉ SV Burgweinting e. V., Kirchfeldallee 4, 93055 Regensburg, ☏ 0941 7851623, Fax 0941 7851610, info@sv-burgweinting.de, www.sv-burgweinting.de

SV Fortuna Regensburg e. V.
✉ 1. Vorsitzender: Dieter Sichert, Ziegenhofstraße 5, 93173 Wenzenbach, ☏ 09407/90060, Fax 0 94 07/9 00 69, Dieter.Sichert@badminton-bezirk-no.de, www.sv-fortuna-regensburg.de
Vereinsheim: Isarstr. 85 • 93057 Regensburg, ☏ 0941/40 17 39

SV Harting
✉ Karl Reithmeier, Kreuzhofstraße 15, 93055 Regensburg, ☏ 0941/7060565, www.sv-harting.de
Geschäftsstelle: Wiesenweg 2, 93055 Regensburg

SV Sallern Regensburg
✉ 1. Vorstand: Hans Otter, Rodingerstrasse 6, 93057 Regensburg, ☏ 0941/63519, Fax: 0941/66694
Geschäftsstelle: Kumpfmühler Straße 8, 93047 Regensburg, ☏ 0941/2803250, Fax: 2803255, www.sv-sallern.de

SV Schwabelweis
✉ Geschäftsstelle: Donaustaufer Straße 260, 93055 Regensburg, ☏ 0941/40553, webmaster@sv-schwabelweis.de, www.sv-schwabelweis.de; Vors.: Karlheinz Rohrbach, Fellingerbergstr. 71, 93055 Regensburg, ☏ 0941/40553

SV Weichs Regensburg e.V.
✉ Hans Schmidt, Weichser Schlossgasse 2, 93059 Regensburg, 0160/6578465

TSV Oberisling

Vorstand: Werner Schenkel, Weingartenstraße 25, 93053 Regensburg, ✆ 09401/709696,
www.tsv-oberisling.de/Home/home.html

 VfB Regensburg e.V

 Geschäftsstelle: Aussiger Straße 22, 93057 Regensburg, ✆ 0941/62682, www.vfb-regensburg.de;
Vors.: Klaus Hauner, Hangstr. 22, 93173 Grünthal

 VfR Regensburg e.V.

 Verein: Deggendorfer Str. 21a, 93055 Regensburg, ✆ 0941/792140, info@vfr-regensburg.de, vfr-regensburg.de

TSV Kareth-Lappersdorf e.V.

 Am Sportzentrum 1, 93138 Lappersdorf, Vorsitzender: Heinz Lauterbach, Rilkestraße 2, 93138 Lappersdorf, 0941/81355

Gewichtheben

Schwerathletische Sportart, bei der Gewichte auf Langhanteln vom Boden in die Höhe gebracht werden müssen. Wird als Wettkampfdisziplin (Reißen, Stoßen), Freizeitvergnügen oder zum Muskelaufbau betrieben.

Verband

www.bgkv.de: Bayer. Gewichtheber- und Kraftsportverband; Offzielle Website mit Terminen und Wettkampfergebnissen.

Internet

www.bvdg-online.de: Seiten des Bundesverbands der Deutschen Gewichtheber e.V.

Vereine

 1. Athleten-Club Regensburg 1965 e.V.

 Roland Lehner, Hauptstraße 71 a, 93105 Tegernheim, ✆ 09403/4776
Vereinsadresse: Frobenius-Forster-Str. 1a, 93055 Regensburg; ac-regensburg@web.de • www.athleten-club.de

 ESV 1927 Regensburg e.V.

 Geschäftsstelle: Dechbettener Brücke 2, 93051 Regenburg, ✆ 0941/33791, Fax 0941/32533,
info@esv1927-regensburg.de, www.esv1927-regensburg.de;
Vors.: Inge Gerischer, Amselweg 14, 93077 Bad Abbach, ✆ 09405/1371

 Kraftsportverein Bavaria Regensburg

 Michael Werner, Erikaweg 39, 93053 Regensburg, ✆ 0941/77441

Gleitschirmfliegen

Fliegen, allein oder zu zweit, an einem Flächenfallschirm aus Nylontuch.

Steuerung über zwei Bremsleinen. Es ist möglich, hunderte von Kilometern zurückzulegen oder, beim so genannten Bergfliegen, vom Berg ins Tal zu fliegen.

Erst mit der erfolgreichen technischen Weiterentwicklung der speziell auf die Verwendung des Gleitsegelns zugeschnitten Gleitschirme setzte sich das Gleitschirmfliegen schließlich als eigene Sportart durch - fast so, wie es sich Barish schon 1965 unter seinem Begriff Slope Soaring vorgestellt hatte.

Verband

www.lvbayern.de: Luftsportverband Bayern e.V.:

Umfassende Informationen über alle Luftsportarten und Flugmöglichkeiten in Bayern.

Internet

www.aeroclub.at: Österreichischer Aeroclub

www.gleitschirm-faq.de: Gleitschirm-FAQ - Antworten zu Fragen rund ums Gleitschirmfliegen

Vereine

 Gleitschirmclub Ratisbona e.V.

GSC Ratisbona e.V., Graudenzer Str. 2a, 93057 Regensburg, ✆ 0941/6001115, info@GSC-Ratisbona.de, www.gsc-ratisbona.de; Infotelefon: 0941/5992-45433, 0941/5992-GLIDE

 Deutscher Alpenverein - Sektion Regensburg

Geschäftsstelle: Luitpoldstraße 20, 93047 Regensburg

✆ 0941/560159 • Fax 0941/51917 info@alpenverein-regensburg.de, www.alpenverein-regensburg.de

Golf

Ein Rasenbahnspiel auf natürlichem Gelände. Ziel des Spiels: Mit Hilfe verschiedener Schläger mit möglichst wenig Schlägen vom Abschlag in ein 10,8 cm breites und bis zu 550 m weit entferntes Loch zu spielen. Der Golfplatz umfasst 18 Spielbahnen bei einer Gesamtlänge bis zu 7 km.

Verband

www.bayerischer-golfverband.de: Bayer. Golfverband; Übersicht über Golfclubs, Golfplätze und Spielmöglichkeiten in Bayern, sowie Turniere, Wettspiele, Jugendförderung, div. Foren.

Internet

www.golf.de: Informationen über Verbandsarbeit, Turniere, Clubnachrichten, Greenfeeangebote, Handicap und Golfjournal

Vereine

 Golfclub Regensburg-Sinzing am Minoritenhof e.V.

Minoritenhof 1, 93161 Sinzing, ✆ 0941/3 78 61 00, Fax 0941/37 86 107, welcome@golfsinzing.de, www.golfsinzing.de

 Golf- und Landclub Regensburg

Geschäftsstelle: 93093 Jagdschloss Thiergarten, ✆ 09403/505, Fax 09403/4391, sekretariat@golfclub-regensburg.de, www.golfclub-regensburg.de

Gymnastik

Schult grundlegende Ausdauer und Koordinationsfähigkeit durch Übungen mit Gehen, Laufen, Hüpfen, Schwingen, Springen; wird zum Teil mit Geräten ausgeführt.

Verband

www.turnverband-bayern.de: Bayer. Turnverband; Aktuelle Informationen und Hinweise zu Angeboten, Veranstaltungen und Lehrgängen.

Vereine

 Deutscher Alpenverein - Sektion Regensburg

Geschäftsstelle: Luitpoldstraße 20, 93047 Regensburg

✆ 0941/560159 • Fax 0941/51917 info@alpenverein-regensburg.de, www.alpenverein-regensburg.de

 DJK Nord Regensburg e.V.

Geschäftsstelle: Isarstraße 52, 93057 Regenburg, ✆ 0941/400328, Fax: 0941/4672429, webmaster@djk-regensburg-nord.de, www.djk-regensburg-nord.de

DJK Sportbund Regensburg e.V.

Helmut Petz, Roritzerstraße 12, 93047 Regensburg, ✆+Fax 5 46 66, E-Mail: Vorstand@djk-sportbund-regensburg.de, www.djk-sportbund-regensburg.de

DJK SV Keilberg Regensburg e.V.

Geschäftsstelle: Zur Hohen Linie 28, 93055 Regensburg, www.djk-sv-keilberg.de, ✆ 0941/4 80 90
Vors.: Heinz Wegscheid: Alfons-Sigl-Str. 28, 93055 Regensburg-Keilberg, ✆ 47395

ESV 1927 Regensburg e.V.

Geschäftsstelle: Dechbettener Brücke 2, 93051 Regenburg, ✆ 0941/33791, Fax 0941/32533, info@esv1927-regensburg.de, www.esv1927-regensburg.de;
Vors.: Inge Gerischer, Amselweg 14, 93077 Bad Abbach, ✆ 09405/1371

Freier Turn- und Sportverein Regensburg e.V.

Geschäftsstelle: An der Schillerwiese 2, 93049 Regensburg, ✆ 0941/2 19 71 • info@freier-tus.de, www.freier-tus-regensburg.de; Vors.: Reinhold Faderl, Lilienthalstr. 22, 93049 Regensburg, ✆ 35977

FSV Regensburg-Prüfening e.V.

Götz Gündel, Kurt-Schumacher-Straße 19 c, 93049 Regensburg, ✆ 0941/34258, webmaster@fsv-pruefening.de, www.fsv-pruefening.de

NaturFreunde Deutschlands, Ortsgruppe Regensburg e.V.

Herbert Utz, Wolfseggerstraße 1, 93138 Lappersdorf, ✆ 0941/80704

Regensburger Ruder-Klub von 1890 e.V.

Vorstand: Hans Thumann, Hemauer Str. 5, 93047 Regensburg, ✆ 0941/51454, vorstand@regensburger-ruder klub.de; Verein: Messerschmittstr. 2/Ost, 93049 Regensburg; ✆ 0941/2 55 14, 2 96 68 15, Fax (09 41) 2 96 68 17, www.regensburger-ruderklub.de

Regensburger Ruderverein 1898 e. V.

Helmut Lederer, Kurt-Schumacher-Straße 27, 93049 Regensburg, ✆ 0941/34861
Bootshaus: Messerschmittstr. 2, 93049 Regensburg, ✆ 0941/25826

Regensburger Turnerschaft e.V.

Geschäftsstelle: Schopperplatz 6, 93059 Regensburg, ✆ 0941/85389 und 894046, • Fax: 0941 894045, rt-info@t-online.de, www.regensburger-turnerschaft.de; Vors.: Hans-Thomas Raith, ✆ 53537

SG Post/Süd

Kaulbachweg 31, 93051 Regensburg, ✆ 0941/92052-0 • Fax 0941/92052-15 • feierler@postsued-regensburg.de, www.postsued-regensburg.de

SG Walhalla

Geschäftsstelle: Am Holzhof 1, 93059 Regensburg, ✆ 0941/8 46 20 • info@sg-walhalla.de, www.sg-walhalla.de;
Vors.: Karin Gritsch, Görresstr. 7, 93051 Regensburg, ✆ 0941/99667

Sonnlandbund Regensburg

Anton Koch, Am Gutshof 10, 93055 Regensburg, ✆ 0941/760015

Sportclub Regensburg

Geschäftsstelle: Alfons-Auer-Straße 26, 93053 Regensburg, ✆ 0941/70 10 9-11 • Fax 701 09 -13, mail@sportclub-regens-burg.de, www.sportclub-regensburg.de; Vors.: Alexander Ochs, Graf-Spee-Str. 22, 93053 Regensburg, ✆ 7040070

SpVgg Stadtamhof

1. Vorstand: Walter Jakomet, Irlinger Weg 5, 93102 Pfatter, ✆ 09481/959430, kontakt@spvgg-stadtamhof.de, www.spvgg-stadtamhof.de

SpVgg Ziegetsdorf

Günther Dietz, Bernhard-Suttner-Weg 3, 93051 Regensburg, ✆ 0941/993125, www.spvgg-ziegetsdorf.de

SSV Jahn von 1889 e.V. Regensburg
Geschäftsstelle: Prüfeninger Straße 57a, 93049 Regensburg, ✆ 0941/6983-100 • Fax 0941/6983-122

SV Burgweinting
SV Burgweinting e.V., Kirchfeldallee 4, 93055 Regensburg, ✆ 0941 7851623, Fax 0941 7851610, info@sv-burgweinting.de, www.sv-burgweinting.de

SV Fortuna Regensburg e.V.
1.Vorsitzender: Dieter Sichert, Ziegenhofstraße 5, 93173 Wenzenbach, ✆ 09407/90060, Fax 0 94 07/9 00 69, Dieter.Sichert@badminton-bezirk-no.de, www.sv-fortuna-regensburg.de
Vereinsheim: Isarstr. 85 • 93057 Regensburg, ✆0941/40 17 39

SV Sallern Regensburg
1.Vorstand: Hans Otter, Rodingerstrasse 6, 93057 Regensburg, ✆ 0941/63519, Fax: 0941/66694
Geschäftsstelle: Kumpfmühler Straße 8, 93047 Regensburg, ✆ 0941/2803250, Fax: 2803255, www.sv-sallern.de

SV Schwabelweis
Geschäftsstelle: Donaustaufer Straße 260, 93055 Regensburg, ✆ 0941/40553, webmaster@sv-schwabelweis.de, www.sv-schwabelweis.de; Vors.: Karlheinz Rohrbach, Fellingerbergstr. 71, 93055 Regensburg, ✆ 0941/40553

SV Weichs Regensburg e.V.
Hans Schmidt, Weichser Schlossgasse 2, 93059 Regensburg, 0160/6578465

TSV Oberisling
Vorstand: Werner Schenkel, Weingartenstraße 25, 93053 Regensburg, ✆ 09401/709696, www.tsv-oberisling.de/Home/home.html

VfB Regensburg e.V
Geschäftsstelle: Aussiger Straße 22, 93057 Regensburg, ✆ 0941/62682, www.vfb-regensburg.de; Vors.: Klaus Hauner, Hangstr. 22, 93173 Grünthal

Handball

Mannschaftssportart, bei der zwei Teams mit je sechs Feldspielern und einem Torwart versuchen, den Ball ins gegnerische Tor zu werfen. Sieger ist, wer nach Ablauf der Spielzeit die meisten Tore erzielt hat.

Der Handball darf mit Beinen oder Unterschenkeln absichtlich nicht gespielt werden.

Gespielt wird in der Halle, früher auch auf den Feld. Seit 1994, als der DHB die erste deutsche Beachhandball-Anlage einweihte, gibt es auch Ansätze zum Beachhandball

Verband
www.bhv-online.de: Bayer. Handballverband; Umfassende Information über das Handballgeschehen in Bayern.

Internet
www.dhb.de: Deutscher Handballbund

www.handballregeln.de: Die offiziellen internationalen Handballregeln

www.ht-o.de: handballtraining-online.de –Das Internetportal für Handballtrainer

Vereine

DJK Nord Regensburg e.V.
Geschäftsstelle: Isarstraße 52, 93057 Regenburg, ✆ 0941/400328, Fax: 0941/4672429, webmaster@djk-regensburg-nord.de, www.djk-regensburg-nord.de

DJK Sportbund Regensburg e.V.
Helmut Petz, Roritzerstraße 12, 93047 Regensburg, ✆+Fax 5 46 66, E-Mail: Vorstand@djk-sportbund-regensburg.de, www.djk-sportbund-regensburg.de

 ESV 1927 Regensburg e.V.
Geschäftsstelle: Dechbettener Brücke 2, 93051 Regensburg, ✆ 0941/33791, Fax 0941/32533, info@esv1927-regensburg.de, www.esv1927-regensburg.de;
Vors.: Inge Gerischer, Amselweg 14, 93077 Bad Abbach, ✆ 09405/1371

 Handballgemeinschaft HG Jahn Nord
Zusammenschluss der Handballabteilungen der DJK Nord Regensburg und des SSV Jahn Regensburg
Michael Frank, Cecilie-Vogt-Weg 7, 93055 Regensburg, ✆ 0941/7000374, www.hg-regensburg.net.ms

 Regensburger Turnerschaft e.V.
Geschäftsstelle: Schopperplatz 6, 93059 Regensburg, ✆ 0941/85389 und 894046, • Fax: 0941 894045, rt-info@t-online.de, www.regensburger-turnerschaft.de; Vors.: Hans-Thomas Raith, ✆ 53537

 SG Post/Süd
Kaulbachweg 31, 93051 Regensburg, ✆ 0941/92052-0 • Fax 0941/92052-15 • feierler@postsued-regensburg.de, www.postsued-regensburg.de

 Sportclub Regensburg
Geschäftsstelle: Alfons-Auer-Straße 26, 93053 Regensburg, ✆ 0941/70 10 9-11 • Fax 701 09 -13, mail@sportclub-regensburg.de, www.sportclub-regensburg.de; Vors.: Alexander Ochs, Graf-Spee-Str. 22, 93053 Regensburg, ✆ 7040070

 SSV Jahn von 1889 e.V. Regensburg
Geschäftsstelle: Prüfeninger Straße 57a, 93049 Regensburg, ✆ 0941/6983-100 • Fax 0941/6983-122

Herzsport

→ Behindertensport

Auch »Koronarsport« genannt.

Leichte Bewegungstherapie unter ärztlicher Aufsicht, die das körperliche Leistungsvermögen nach Herzinfarkt oder koronarer Herzerkrankung bewahren oder steigern soll.

Fachverband

www.herzgruppen-lag-byern.de: Landes-Arbeitsgemeinschaft für kardiologische Prävention und Rehabilitation in Bayern e.V.; Informationen über Sport in der Rehabilitation mit Vereinsadressen.

Internet

www.dgpr.de: Deutsche Gesellschaft für Prävention und Rehabilitation von Herz-Kreislauferkrankungen; Dachverband für alle Bereiche der Prävention und der Rehabilitation im Herz-Kreislaufbereich

Vereine

 Regensburger Turnerschaft e.V.
Geschäftsstelle: Schopperplatz 6, 93059 Regensburg, ✆ 0941/85389 und 894046, • Fax: 0941 894045, rt-info@t-online.de, www.regensburger-turnerschaft.de; Vors.: Hans-Thomas Raith, ✆ 53537

 SG Post/Süd
Kaulbachweg 31, 93051 Regensburg, ✆ 0941/92052-0 • Fax 0941/92052-15 • feierler@postsued-regensburg.de, www.postsued-regensburg.de

 TSV Kareth-Lappersdorf e.V.
Am Sportzentrum 1, 93138 Lappersdorf, Vorsitzender: Heinz Lauterbach, Rilkestraße 2, 93138 Lappersdorf, 0941/81355

Hockey

Stockballspiel für zwei Teams zu je elf Spielerinnen oder Spielern auf Tore.

Kann als Feldhockey, Landhockey oder Rasenhockey gespielt werden; beim Hallenhockey mit Teams zu je sechs Spielern.

Ziel des Spieles ist es, den Ball mit dem Stock in das gegnerische Tor zu treiben. Gewonnen hat die die Mannschaft, die am Spielenden die meisten Tore erzielt hat.

Verband

www.bayernhockey.de: Bayer. Hockeyverband; Übersicht über Vereine, News, Ergebnisse, Termine, Kontaktadressen etc.

Internet

www.hockeyindex.com: Umfangreiche Informationen über alle Hockeyergebnisse weltweit.

www.sport-hockey.de: Einführung in die verschiedenen Hockeyvarianten mit Glossar und Regeln

Vereine

 Regensburger Hockey- u. Tennis-Club e. V.

Peter Löffler, Utastr. 60, 93049 Regensburg, ✆ 0941/51221, 0941/25791(priv.), regensburgerhtc@yahoo.de, www.regensburgerhtc.de

Indiaca

Aus Südamerika stammendes Rückschlagspiel, bei dem ein gefiederter Ball mit der flachen Hand über ein Netz geschlagen wird, ähnlich wie beim Volleyball oder Badminton.

Indiaca kann als Doppel oder mit einer Mannschaft (mit sechs Spielern pro Team) gespielt werden.

Verband

www.indiaca-btsv.de: Bayer. Turnspielverband – FG Indiaca; Offizielle Homepage.

Internet

www.indiaca-dtb.de: Indiaca Homepage des DTB

www.indiaca.de: Website mit Terminen, Kontaktadressen, den offiziellen Regeln etc.

Vereine

 Sonnlandbund Regensburg

Anton Koch, Am Gutshof 10, 93055 Regensburg, ✆ 0941/760015

Inlinehockey

Moderne Variante des Rollhockeys, die auf Inlineskates gespielt wird.

Spiel und Regeln ähneln stark denen des Eishockey. Gespielt wird mit einem Puck, beim Inline-Skaterhockey mit einem Ball.

Street-Hockey wird im Freien auf Asphalt oder Beton gespielt, Pro-Hockey in Hallen.

Die Skates sind besonders flexibel, die Rollen breiter als die beim Freizeitlauf verwendeten und relativ hart.

Verband

www.briv-rollsport.de: Bayer. Rollsport- und Inline-Verband; Vereine, News, Spielergebnisse für Skaterhockey und Inlinehockey.

Internet

www.hockeyindex.com: Umfangreiche Informationen über alle Hockeyergebnisse weltweit.

www.ihl-hockey.de: Homepage des deutschen Inlinehockeyverbandes.

www.ishd.de: Übersicht über das aktuelle Inlineskaterhockey-Ggeschehen in Deutschland.

Vereine

Eishockeyclub Regensburg e.V – EHC Spiders Regensburg

✉ Erwin Weiß, Nelkenweg 4, 93053 Regensburg, ✆ 0941/75241, Fax 0941/73702, www.ehc-regensburg.de

Eissportverein Regensburg e.V.

✉ Geschäftsstelle: Walhalla Allee 22, 93059 Regensburg, ✆ (09 41) 46 72 27 0, Fax (09 41) 46 10 50 50,
eissportverein-regensburg@netzblick.com, www.evregensburg.de

ESV 1927 Regensburg e.V.

✉ Geschäftsstelle: Dechbettener Brücke 2, 93051 Regensburg, ✆ 0941/33791, Fax 0941/32533,
info@esv1927-regensburg.de, www.esv1927-regensburg.de;
Vors.: Inge Gerischer, Amselweg 14, 93077 Bad Abbach, ✆ 09405/1371

Freier Turn- und Sportverein Regensburg e.V.

✉ Geschäftsstelle: An der Schillerwiese 2, 93049 Regensburg, ✆ 0941/2 19 71 • info@freier-tus.de,
www.freier-tus-regensburg.de; Vors.: Reinhold Faderl, Lilienthalstr. 22, 93049 Regensburg, ✆ 35977

Inlineskating

Tipp: Mehr über Inlineskating plus die Top 10-Inlinestrecken in und um Regensburg im Kapitel Kapitel »Inlineskaten«, S. 72 – 92.

»Rollschuhfahren« mit »Rollschuhen«, bei denen die Rollen in einer Reihe (=in line) angeordnet sind. Es gibt verschiedene Variationen: Agressive Skating auf künstlichen oder natürlichen Hindernissen, Fitness-Skating, Speedskating, oder als Teamsport →Inlinehockey.
In Deutschland gelten Inline-Skater rechtlich als Fußgänger.

Verband

www.briv-rollsport.de: Bayer. Rollsport- und Inline-Verband; Vereine, News, Spielergebnisse für Skaterhockey und Inlinehockey.

Internet

www.dilv.de: Deutscher Inlineskate Lehrerverband e.V. - Informationen für Lehrer, Ausbildung, Fortbildung, Seminare und Suchmaschine.

www.skate-network.de: Skate-Network; Alles über Inline-Skating: Informationen, Skatenights und Kurse

www.inline-strecken-fuehrer.de: Inlineskaten weltweit, Streckenverzeichnis, Event-Verzeichnis etc.

Vereine

DJK Nord Regensburg e.V.

✉ Geschäftsstelle: Isarstraße 52, 93057 Regenburg, ✆ 0941/400328, Fax: 0941/4672429,
webmaster@djk-regensburg-nord.de, www.djk-regensburg-nord.de

Eissportverein Regensburg e.V.

✉ Geschäftsstelle: Walhalla Allee 22, 93059 Regensburg, ✆ (09 41) 46 72 27 0, Fax (09 41) 46 10 50 50,
eissportverein-regensburg@netzblick.com, www.evregensburg.de

Freier Turn- und Sportverein Regensburg e.V.

Geschäftsstelle: An der Schillerwiese 2, 93049 Regensburg, ☏ 0941/2 19 71 • info@freier-tus.de, www.freier-tus-regensburg.de; Vors.: Reinhold Faderl, Lilienthalstr. 22, 93049 Regensburg, ☏ 35977

Inline- und Speedskating-Club

Geschäftsstelle: Donaulände 7, 93047 Regensburg, ww.isc-regensburg.de

 NaturFreunde Deutschlands, Ortsgruppe Regensburg e.V.

Herbert Utz, Wolfseggerstraße 1, 93138 Lappersdorf, ☏ 0941/80704

Ju-Jutsu

Ende der 1960er Jahre in Deutschland zusammengestellte praxisnahe Selbstverteidigung mit Elementen aus Judo, Karate, Aikido und Boxen.

Ju-Jutsu ist Dienstpflichtfach bei der Polizei und dem Bundesgrenzschutz.

Verband

www.jjvb.de: Ju-Jutsu-Verband Bayern e.V.; Informationen über Ju-Jutsu in Bayern, die Vereine, den bayerischen Landeskader, aktuelle Termine, sowie Berichte von Veranstaltungen.

Internet

www.djjv.de: Deutscher Ju-Jutsu-Verband e.V.;

www.sanfte-kunst-ju-jutsu.de.vu: Infos rund um die Themen Ju-Jutsu und Selbstverteidigung

www.jujutsuka.de: Informationen über Ju-Jutsu, diverse Technikdarstellungen, ein Ju-Jutsu Wörterbuch und weiterführende Hinweise.

Vereine

 Budokan Regensburg

Gerhard Enders, Peter-Rosegger-Straße 3, 93152 Nittendorf

Training: im Fitnessstudio Bodystyle, Dahlienweg 4, 93105 Tegernheim

☏ 0171/1254185, webmaster@budokan-regensburg.de, www.budokan-regensburg.de

 Kampfsportzentrum Regensburg

Von-Donle-Straße 6 e, 93055 Regensburg • ☏ 0941/795679

 SG Walhalla

Geschäftsstelle: Am Holzhof 1, 93059 Regensburg, ☏ 0941/8 46 20 • info@sg-walhalla.de, www.sg-walhalla.de; Vors.: Karin Gritsch, Görresstr. 7, 93051 Regensburg, ☏ 0941/99667

 SV Burgweinting

SV Burgweinting e. V., Kirchfeldallee 4, 93055 Regensburg, ☏ 0941 7851623, Fax 0941 7851610, info@sv-burgweinting.de, www.sv-burgweinting.de

Judo

Japanische Kampfsportart (Judo = japanisch: sanfter Weg), bei der es darauf ankommt, den Gegner durch Anwendung von Wurf-, Griff-, Halte-, Hebel- oder Würgetechniken kampfunfähig zu machen. Judo schult Kondition und Gewandtheit sowie Geist und Konzentration.

Verband

www.b-j-v.de: Bayerischer Judoverband

Internet

www.judobund.de: Deutscher Judo-Bund

Vereine

Regensburger Turnerschaft e.V.
Geschäftsstelle: Schopperplatz 6, 93059 Regensburg, ✆ 0941/85389 und 894046, • Fax: 0941 894045, rt-info@t-online.de, www.regensburger-turnerschaft.de; Vors.: Hans-Thomas Raith, ✆ 53537

SG Walhalla
Geschäftsstelle: Am Holzhof 1, 93059 Regensburg, ✆ 0941/8 46 20 • info@sg-walhalla.de, www.sg-walhalla.de; Vors.: Karin Gritsch, Görresstr. 7, 93051 Regensburg, ✆ 0941/99667

SV Burgweinting
SV Burgweinting e.V., Kirchfeldallee 4, 93055 Regensburg, ✆ 0941 7851623, Fax 0941 7851610, info@sv-burgweinting.de, www.sv-burgweinting.de

SV Fortuna Regensburg e. V.
1. Vorsitzender: Dieter Sichert, Ziegenhofstraße 5, 93173 Wenzenbach, ✆ 09407/90060, Fax 0 94 07/9 00 69, Dieter.Sichert@badminton-bezirk-no.de, www.sv-fortuna-regensburg.de
Vereinsheim: Isarstr. 85 • 93057 Regensburg, ✆ 0941/40 17 39

Kanusport

Wassersport mit den Bootstypen Kajak (Doppelpaddel) und Kanadier (Stechpaddel).

Kanusport wird betrieben als: Rennsport, Slalom, Wildwasser, Kanupolo, Kanusegeln, Kanu-Triathlon und Marathon.

Verband

www.kanu-bayern.org: Bayerischer Kanuverband

Internet

www.kanu.de: Deutscher Kanu-Verband

www.kanurennsport-web.de: Forum für Kanurennsportler mit News zu Personen und Firmen, sowie Links zu Vereinen

Vereine

Freier Turn- und Sportverein Regensburg e.V.
Geschäftsstelle: An der Schillerwiese 2, 93049 Regensburg, ✆ 0941/2 19 71 • info@freier-tus.de, www.freier-tus-regensburg.de; Vors.: Reinhold Faderl, Lilienthalstr. 22, 93049 Regensburg, ✆ 35977

Regensburger Kanu-Club
Martin Heidrich, Eichenstraße 7, 93161 Sinzing, ✆ 0941/31512, Martin.Heidrich@suedzucker.de, Verein: An der Schillerwiese 4, 93049 Regensburg (Bootshaus), ✆ 0941/26203 (Bootshaus), info@regensburger-kanuclub.de, www.regensburger-kanu-club.de

Regensburger Ruderverein 1898 e. V.
Helmut Lederer, Kurt-Schumacher-Straße 27, 93049 Regensburg, ✆ 0941/34861
Bootshaus: Messerschmittstr. 2, 93049 Regensburg, ✆ 0941/25826

Regensburger Turnerschaft e.V.
Geschäftsstelle: Schopperplatz 6, 93059 Regensburg, ✆ 0941/85389 und 894046, • Fax: 0941 894045, rt-info@t-online.de, www.regensburger-turnerschaft.de; Vors.: Hans-Thomas Raith, ✆ 53537

Karate

Japanische waffenlose Kampfsportart (japanisch »leere Hand«).

Im Karate werden vor allem Schlag-, Stoß-, Tritt- und Blocktechniken trainiert. Neben der Erhöhung der Konzentrationsfähigkeit und der körperlichen Fitness gehören zum Karate ebenso die geistigen Aspekte Respekt und Disziplin.

Stilrichtungen. Koudo Gishi Risei, Shotokan, Shotokan Fudoshin-Ryu, Shotokai, Murakamikai, Wado-Ryu, Goju-Ryu, Shito-Ryu, Uechi-Ryu, Yoshukai, Shorin Ryu Seibukan, Shorinryu Kyudokan, Sankukai, Shorin Ryu Siu Sin Kan, Kyokushin-Kai Karate, Kempo Karate, Shidokan, Shudokan, Doshinkan, Tsunami Karate, Hon-Do-Ryu, Chito-Ryu.

Verband

www.karate-online.de: Bayerischer Karate-Bund e.V.; Offizielle Website mit Adressangaben, Terminkalender, Ergebnislisten

Internet

www.budoforum.net: Forum für japanische Kampfkünste mit einem großen Bereich für Karate-do

www.karatedo.de: Karate-Datenbank

www.klassisches-karate.de/karate/lex0.htm: Kleines Karate-Lexikon

Vereine

Karate-Zentrum

Dahlienweg 4, 93105 Regensburg

Leiter: Heiner Gomeier, Mozartstraße 5, 93093 Donaustauf, ✆ 0 94 03/95 21 888, Fax: 0 94 03/95 21 888, Markus.Gomeier@t-online.de, www.karate-zentrum-regensburg.de

Regensburger Turnerschaft e.V.

Geschäftsstelle: Schopperplatz 6, 93059 Regensburg, ✆ 0941/85389 und 894046, • Fax: 0941 894045, rt-info@t-online.de, www.regensburger-turnerschaft.de; Vors.: Hans-Thomas Raith, ✆ 53537

SV Burgweinting

SV Burgweinting e.V., Kirchfeldallee 4, 93055 Regensburg, ✆ 0941 7851623, Fax 0941 7851610, info@sv-burgweinting.de, www.sv-burgweinting.de

TSV Kareth-Lappersdorf e.V.

Am Sportzentrum 1, 93138 Lappersdorf, Vorsitzender: Heinz Lauterbach, Rilkestraße 2, 93138 Lappersdorf, 0941/81355

Kegeln

Traditionsreiches Spiel, bei dem eine Kunststoffkugel auf eine Kegelbahn so gerollt wird, dass möglichst viele der am anderen Ende der Bahn stehenden neun Kegel umfallen.

Wird als als Freizeit- und Wettkampfsport betrieben.

Verwandt mit dem ➔ Bowling

Verband

www.bskv.de: Bayerischer Sportkegler-Verband e.V.

Internet

www.alle9.de: Interessante und witzige Tipps zum Kegelspiel, gute Links, umfassende Informationen.

Vereine

Ball-Spiel-Club Regensburg e.V.

Rudolf Meier, Lusenstraße 13, 93197 Zeitlarn, ✆ 09402/3276

Sportheim BSC Regensburg: Haidhofweg 3, 93055 Regensburg, ✆ 0941/45720 • www.bsc-regensburg.de.

DJK Nord Regensburg e.V.

Geschäftsstelle: Isarstraße 52, 93057 Regensburg, ✆ 0941/400328, Fax: 0941/4672429, webmaster@djk-regensburg-nord.de, www.djk-regensburg-nord.de

DJK Sportbund Regensburg e.V.

Helmut Petz, Roritzerstraße 12, 93047 Regensburg, ✆+Fax 5 46 66, E-Mail: Vorstand@djk-sportbund-regensburg.de, www.djk-sportbund-regensburg.de

ESV 1927 Regensburg e.V.

Geschäftsstelle: Dechbettener Brücke 2, 93051 Regenburg, ✆ 0941/33791, Fax 0941/32533, info@esv1927-regensburg.de, www.esv1927-regensburg.de; Vors.: Inge Gerischer, Amselweg 14, 93077 Bad Abbach, ✆ 09405/1371

Freier Turn- und Sportverein Regensburg e.V.

Geschäftsstelle: An der Schillerwiese 2, 93049 Regensburg, ✆ 0941/2 19 71 • info@freier-tus.de, www.freier-tus-regensburg.de; Vors.: Reinhold Faderl, Lilienthalstr. 22, 93049 Regensburg, ✆ 35977

FSV Regensburg-Prüfening e.V.

Götz Gündel, Kurt-Schumacher-Straße 19 c, 93049 Regensburg, ✆ 0941/34258, webmaster@fsv-pruefening.de, www.fsv-pruefening.de

Regensburger Turnerschaft e.V.

Geschäftsstelle: Schopperplatz 6, 93059 Regensburg, ✆ 0941/85389 und 894046, • Fax: 0941 894045, rt-info@t-online.de, www.regensburger-turnerschaft.de; Vors.: Hans-Thomas Raith, ✆ 53537

SG Post/Süd

Kaulbachweg 31, 93051 Regensburg, ✆ 0941/92052-0 • Fax 0941/92052-15 • feierler@postsued-regensburg.de, www.postsued-regensburg.de

SG Walhalla

Geschäftsstelle: Am Holzhof 1, 93059 Regensburg, ✆ 0941/8 46 20 • info@sg-walhalla.de, www.sg-walhalla.de; Vors.: Karin Gritsch, Görresstr. 7, 93051 Regensburg, ✆ 0941/99667

Ski- und Wanderclub 1946 e.V. Regensburg

Franz Obermeier, Ortsstraße 14, 93161 Sinzing-Riegling, ✆ 0941/31110
Vereinsanschrift: Prinz-Rupprecht-Straße 38/III, 93053 Regensburg, www.swc-regensburg.de

Sportclub Regensburg

Geschäftsstelle: Alfons-Auer-Straße 26, 93053 Regensburg, ✆ 0941/70 10 9-11 • Fax 701 09 -13, mail@sportclub-regens-burg.de, www.sportclub-regensburg.de; Vors.: Alexander Ochs, Graf-Spee-Str. 22, 93053 Regensburg, ✆ 7040070

Sport-Kegler-Verein Regensburg

1.Vorsitzende: Elfriede Zellner, Dornierstraße 18, 93049 Regensburg, ✆, Fax 0941 - 27 57 1
Verein: Dechbettener Straße 50, 93049 Regensburg, ✆ 0941/23659 • Fax 0941/270981, SKVR-Vorstand@t-online.de, www.skvr.de

SpVgg Stadtamhof

1.Vorstand: Walter Jakomet, Irlinger Weg 5, 93102 Pfatter, ✆ 09481/959430, kontakt@spvgg-stadtamhof.de, www.spvgg-stadtamhof.de

SSV Jahn von 1889 e.V. Regensburg

Geschäftsstelle: Prüfeninger Straße 57a, 93049 Regensburg, ✆ 0941/6983-100 • Fax 0941/6983-122

SV Burgweinting

SV Burgweinting e.V., Kirchfeldallee 4, 93055 Regensburg, ✆ 0941 7851623, Fax 0941 7851610, info@sv-burgweinting.de, www.sv-burgweinting.de

SV Sallern Regensburg

1.Vorstand: Hans Otter, Rodingerstrasse 6, 93057 Regensburg, ✆ 0941/63519, Fax: 0941/66694

Geschäftsstelle: Kumpfmühler Straße 8, 93047 Regensburg, ☎ 0941/2803250, Fax: 2803255, www.sv-sallern.de

SV Weichs Regensburg e.V.
Hans Schmidt, Weichser Schlossgasse 2, 93059 Regensburg, 0160/6578465

VfB Regensburg e.V
Geschäftsstelle: Aussiger Straße 22, 93057 Regensburg, ☎ 0941/62682, www.vfb-regensburg.de;
Vors.: Klaus Hauner, Hangstr. 22, 93173 Grünthal

TSV Kareth-Lappersdorf e.V.
Am Sportzentrum 1, 93138 Lappersdorf, Vorsitzender: Heinz Lauterbach, Rilkestraße 2, 93138 Lappersdorf, 0941/81355

Kendo

Aus Japan stammende Kampfsportart (japanisch »Weg des Schwertes«) mit Bambusstöcken.

Kendo wurde aus dem Schwertkampf der japanischen Samurai abgeleitet.

Nicht nur Technik, sondern auch Moral und Charakter werden geschult.

Verband

www.bkenv.de: Bayerischer Kendoverband; Überblick über alle Kendo-Vereine in Bayern.

Internet

www.dkenb.de: Deutscher Kendobund e.V.; Übersicht über Wettkampftermine, Lehrgänge - mit Infothek zu Prüfungen.

Vereine

SSV Jahn von 1889 e.V. Regensburg
Geschäftsstelle: Prüfeninger Straße 57a, 93049 Regensburg, ☎ 0941/6983-100 • Fax 0941/6983-122

Kickboxen

Kampfsportart, die sich Mitte der 1960er Jahre in den USA aus dem konventionellen Boxen, Karate, Thai-Boxen, Taekwondo und anderen asiatischer Kampfsportarten heraus entwickelte.

Beim Kickboxen werden die Schläge und Tritte voll ausgeführt.

Verband

www.baku-ev.de: Bayerische Amateur Kickbox Union e.V.

Internet

www.wako-deutschland.de: Kickboxverband

www.mtbd.de: Informationen über den Deutschen Muay Thai Bund; Links zu Vereinen, Archiv

Vereine

Kampfkunstverein Regensburg e.V.
Kumpfmühler Straße 49, 93051 Regensburg, ☎ 0941/9 45 58 25 • info@dantraeger.de, www.dantraeger.de

Sonstige

Black-Belt-Center
Waldenberger, Dechbettener Straße 1 a, 93049 Regensburg, ☎ 0941/23853

Klettern

Freizeitbeschäftigung am Fels oder an künstlichen Wänden bzw. Sportart mit zahlreichen Varianten.

Beim Sportklettern ist das Ziel schwierige Routen zu durchsteigen. Beim Alpinklettern sucht man erfolgreich einen Gipfel zu erreichen.

Verband

www.blsw.de: Bayerischer Landesfachverband für Sport- und Wettkampfklettern

Internet

www.alpenverein.de: Deutscher Alpenverein (DAV); Die offizielle Website des deutschen Alpenvereins mit Links zu allen Sektionen und Landesverbänden, sowie Infos zum Bergsport, Kletteranlagen etc. - sehr übersichtlihc und informativ.

www.sportclimbing.de: Neuigkeiten rund ums Klettern; Online-Klettermagazin mit News aus der Kletterszene, Tipps für Anfänger und Veranstatlungskalender - viele nützliche Links.

www.alpinisten.info/sicherheit.klettern.regeln.html: Die Grundregeln für sicheres Klettern; Informationen von Bergsteigern für Bergsteiger mit Tourentipps inkl. Klettersteige und Klettergebiete, Ausrüstungshinweise etc.

Vereine

Deutscher Alpenverein - Sektion Regensburg
⌖ Geschäftsstelle: Luitpoldstraße 20, 93047 Regensburg
✆ 0941/560159 • Fax 0941/51917 info@alpenverein-regensburg.de, www.alpenverein-regensburg.de

NaturFreunde Deutschlands, Ortsgruppe Regensburg e.V.
⌖ Herbert Utz, Wolfseggerstraße 1, 93138 Lappersdorf, ✆ 0941/80704

SSV Jahn von 1889 e.V. Regensburg
⌖ Geschäftsstelle: Prüfeninger Straße 57a, 93049 Regensburg, ✆ 0941/6983-100 • Fax 0941/6983-122

Sonstige Anbieter

MEGA Sports
Enrst-Frenzel-Str. 14, 93083 Obertraubling, ✆ 09401/6767, Fax 09401/6666, www.megasports-regensburg.de

Koronarsport

→ Herzsport

Kraftdreikampf

Wettkampfsportart der Schwerathletik, die sich aus den drei Disziplinen Kniebeugen, Bankdrücken und Kreuzheben zusammensetzt. Kraftdreikampf, auch »Powerlifting« genannt, ist ähnlich dem Gewichtheben (Reißen, Stoßen).

Internet

www.bvdk.de: Offizielle Homepage des Bundesverband der Deutschen Kraftdreikämpfer

http://www.kraftdreikampf.at: Informative Website des österreichischen Verbands für Kraftdreikampf - gute Erklärungen.

Vereine

Kraftsportverein Bavaria Regensburg
⌖ Michael Werner, Erikaweg 39, 93053 Regensburg, ✆ 0941/77441

Krebskranke, Sport für

→ Behindertensport

Vereine

Regensburger Turnerschaft e.V.

✉ Geschäftsstelle: Schopperplatz 6, 93059 Regensburg, ✆ 0941/85389 und 894046, • Fax: 0941 894045, rt-info@t-online.de, www.regensburger-turnerschaft.de; Vors.: Hans-Thomas Raith, ✆ 53537

Kung Fu

Chinesische Kampfsportart (Kung Fu = chin. "geduldige, harte Arbeit") mit vielen Varianten. Ebenso wie beim → Karate werden Hände und Füße für Schlag-, Tritt-, Wurf- und Haltetechniken benutzt. Je nach Schule steht eher die Ausbildung der inneren Werte oder der körperlichen Fähigkeiten im Mittelpunkt.

Vereine

Regensburger Turnerschaft e.V.

✉ Geschäftsstelle: Schopperplatz 6, 93059 Regensburg, ✆ 0941/85389 und 894046, • Fax: 0941 894045, rt-info@t-online.de, www.regensburger-turnerschaft.de; Vors.: Hans-Thomas Raith, ✆ 53537

SG Post/Süd

✉ Kaulbachweg 31, 93051 Regensburg, ✆ 0941/92052-0 • Fax 0941/92052-15 • feierler@postsued-regensburg.de, www.postsued-regensburg.de

Laufen

Tipp 1: Kapitel Laufen, S. 14 – 41, mit weiteren Infos und den 10 Top-Strecken.

Tipp 2: Ein umfangreicher Laufkalender mit überregionalen Veranstaltungen erscheint jährlich bei der LG Domspitzmilch, Geschäftsstelle: Arberstraße 25, 93059 Regensburg, Tel 0941/43828 info@lg-regensburg.de, www.lg-regensburg.de

Lauf-Veranstaltungen auch unter www.blv-sport.de

Verband

www.blv-sport.de: Bayerischer Leichtathletik-Verband e.V; Bayerns Leichtathletik im Internet.

Internet

www.lauftreff.de: Der virtuelle Lauftreff. Portal-Seite für den Laufsport mit Volkslauf-Terminen und -ergebnissen, Berichten und Reportagen, Verzeichnis von Lauftreffs, aktuelle News etc.

Vereine

LLC Marathon Regensburg

✉ Manfred Hübner, Otto-Prager-Weg 1, 93051 Regensburg

✆ 0941/9429136 o. 09401/80043 • Fax 0941/9429156 • info@llc-marathon-regensburg.de, www.llc-marathon-regensburg.de

Leichtathletik-Gemeinschaft Domspitzmilch Regensburg

✉ Norbert Lieske, Hofgartenweg 3, 93051 Regensburg, ✆ 0941/96636

Geschäftsstelle: Thomas Stockmeier, Arberstraße 25, 93059 Regensburg, ✆ 0941/43828, Fax 0941/43828 • info@lg-regensburg.de, www.lg-regensburg.de

Veloclub Ratisbona

Siehe Porträt und Interview im Kapitel »Großvereine«.

✉ Geschäftsstelle: Ziegetsdorfer Straße 46 a, 93051 Regensburg, ✆ 0941/54982 • Fax 0941/567031 • info@veloclub-ratisbona.de, www.veloclub-ratisbona.de

Deutscher Alpenverein - Sektion Regensburg

Geschäftsstelle: Luitpoldstraße 20, 93047 Regensburg

0941/560159 • Fax 0941/51917 info@alpenverein-regensburg.de, www.alpenverein-regensburg.de

 NaturFreunde Deutschlands, Ortsgruppe Regensburg e.V.

Herbert Utz, Wolfseggerstraße 1, 93138 Lappersdorf, 0941/80704

Leichtathletik

Sammelbezeichnung für verschiedene wettkampfmäßige Lauf-, Sprung-, Wurf- und Stoß-Disziplinen. Wird im Freien oder in der Halle als Einzel- oder Mannschaftssportart ausgeübt.

Tipp: Umfangreicher Laufkalender mit überregionalen Leichtathletik-Veranstaltungen erscheint jährlich bei der LG Domspitzmilch, Geschäftsstelle: Arberstraße 25, 93059 Regensburg, 0941/43828, info@lg-regensburg.de, www.lg-regensburg.de

Verband

www.blv-sport.de: Bayerischer Leichtathletik-Verband

Internet

www.leichtathletik.de: Offizielle Website des deutschen Dachverbandes mit umfassenden Informationen zu Sportarten, Sportlern und Wettkämpfen.

Vereine

 DJK Nord Regensburg e.V.

Geschäftsstelle: Isarstraße 52, 93057 Regenburg, 0941/400328, Fax: 0941/4672429, webmaster@djk-regensburg-nord.de, www.djk-regensburg-nord.de

 DJK Sportbund Regensburg e.V.

Helmut Petz, Roritzerstraße 12, 93047 Regensburg, +Fax 5 46 66, E-Mail: Vorstand@djk-sportbund-regensburg.de, www.djk-sportbund-regensburg.de

 ESV 1927 Regensburg e.V.

Geschäftsstelle: Dechbettener Brücke 2, 93051 Regenburg, 0941/33791, Fax 0941/32533, info@esv1927-regensburg.de, www.esv1927-regensburg.de; Vors.: Inge Gerischer, Amselweg 14, 93077 Bad Abbach, 09405/1371

 Leichtathletik-Gemeinschaft Domspitzmilch Regensburg

Norbert Lieske, Hofgartenweg 3, 93051 Regensburg, 0941/96636 Geschäftsstelle: Thomas Stockmeier, Arberstraße 25, 93059 Regensburg, 0941/43828, Fax 0941/43828 info@lg-regensburg.de, www.lg-regensburg.de

 LLC Marathon Regensburg

Manfred Hübner, Otto-Prager-Weg 1, 93051 Regensburg

0941/9429136 o. 09401/80043 • Fax 0941/9429156 • info@llc-marathon-regensburg.de, www.llc-marathon-regensburg.de

 SG Post/Süd

Kaulbachweg 31, 93051 Regensburg, 0941/92052-0 • Fax 0941/92052-15 • feierler@postsued-regensburg.de, www.postsued-regensburg.de

Ski- und Wanderclub 1946 e.V. Regensburg

Franz Obermeier, Ortsstraße 14, 93161 Sinzing-Riegling, 0941/31110 Vereinsanschrift: Prinz-Rupprecht-Straße 38/III, 93053 Regensburg, www.swc-regensburg.de

 TSV Kareth-Lappersdorf e.V.

Am Sportzentrum 1, 93138 Lappersdorf, Vorsitzender: Heinz Lauterbach, Rilkestraße 2, 93138 Lappersdorf, 0941/81355

Luft- und Flugsport

→ Ballonfliegen, Drachenfliegen, Fallschirmspringen, → Gleitschirmfliegen, → Modellflug, → Segelfliegen

Internet

www.biscan.de: Luftfahrtgeschichte Regensburgs

Minigolf

Landläufige Bezeichnung für »Bahnengolf«. Kleinere Variante des Golfs, die mit Schlägern auf 18 Bahnen mit festem Untergrund gespielt. wird.

Ziel ist, den Ball mit möglichst wenigen Schlägen über und durch die Hindernisse auf der Bahn in das Loch zu bewegen. Wird vor allem als Freizeit-, aber auch als Wettkampfsport betrieben.

Verband

www.minigolf-bayern.de: Bayerischer Bahnengolf-Verband e.V.; Verbandshomepage mit Informationen zu Minigolf, Miniaturgolf und Filzgolf. Listung der Bahnengolfsportvereine in Bayern, aktuelle Berichte, Ligensystem etc.

Internet

www.minigolfsport.de: Deutscher Minigolfsport Verband DMV

Verein

Nächstliegende Möglichkeit, mit Bahn, in Neutraubling

Bahnen-Golf-Club (BGC) Neutraubling

Aussigerstrasse 2, 93079 Neutraubling, Postfach 1147, 93067 Neutraubling ✆ 09401/4848, info@minigolf-neutraubling.de, http://minigolf-neutraubling.de/

Modellflug

Flugmodellsport mit unterschiedlichen Regeln für die verschiedenen Modelltypen

Vereine

Vereinigung für Modellflugsport Regensburg

Peter Lessner, Augsburger Straße 1, 93077 Bad Abbach, ✆ 09405/2732 • Fax 09405/2495 vmr@modellflug-regensburg.de, www.modellflug-regensburg.de

Motorfluggruppe Regensburg e.V.

Postf. 120242 Regensburg; Vors.: Richard Müller, Regenstaufer Str. 3, 93142 Maxhütte-Haidhof, ✆ 09471/302111; Flugplatz Regenstauf-Oberhub

Motorsport

Sammelbegriff für die Sportarten, die mit motorgetriebenen Fahrzeuge ausgeübt werden.

Dabei geht es nicht nur um Rennen mit Autos und Motorrädern, sondern auch um Sportarten wie Motorbootrennen oder Motoball.

Verbände

www.adac-nordbayern.de: ADAC Nordbayern;

Bayerischer Motorsport-Verband e.V.: keine homepage, Adresse: Georg-Brauchle-Ring 93, 80992 München, T 089/15990791, F 089/15990792; bmv.mail@t-online.de;

www.bmyv.de: Bayerischer Motor-Yacht-Verband

Internet

www.dmsb.de: Dachverband für Automobil- und Motorsport, gibt Auskunft über Lizenzbestimmungen für verschiedene Rennserien, Termine, Neuigkeiten und Ergebnisse.

www.motorsportbayern.de: Information über Slalom- und Ralleyveranstaltungen in Bayern - Ergebnislisten, Terminkalender und Bildergalerie.

Vereine

Automobilclub Regensburg e.V. im ADAC
✉ Peter Illmann, Friedrich-Ebert-Straße 9 b, 93051 Regensburg, ✆ 0941/96478 • peter.illmann@t-online.de

Mountainbiken

Tipp: Im Kapitel »Mountainbiken« S. 93 – 120: weitere Infos plus die 10 Top-Strecken

Internet

www.bike2b.de: Aktuelle Informationenaus der Mountainbike-Szene.

www.dimb.de: Homepage des deutschen Mountainbike Interessenverbands; Forum mit vielen Informationen.

www.mountainbike.de: Das online-Portal für alle Mountainbiker

Vereine

ESV 1927 Regensburg e.V.
✉ Geschäftsstelle: Dechbettener Brücke 2, 93051 Regenburg, ✆ 0941/33791, Fax 0941/32533, info@esv1927-regensburg.de, www.esv1927-regensburg.de; Vors.: Inge Gerischer, Amselweg 14, 93077 Bad Abbach, ✆ 09405/1371

Rennsportclub 88 Regensburg - RSC 88 e. V.
✉ Oliver Gref, Amberger Straße 27, 93059 Regensburg ✆ 09 41/4 22 63, Fax: 09 41/4 22 45, oliver.gref@rsc88.com, www.rsc88.com

Veloclub Ratisbona
Siehe Porträt und Interview im Kapitel »Großvereine«.
✉ Geschäftsstelle: Ziegetsdorfer Straße 46 a, 93051 Regensburg, ✆ 0941/54982 • Fax 0941/567031 • info@veloclub-ratisbona.de, www.veloclub-ratisbona.de

Nin Jutsu

Alte japanische ganzheitliche Kampfkunst, die von »Ninja-Familien" gepflegt und weitergegeben wurde. Die Ninja (Schattenkrieger) waren keine regulären Soldaten, sondern führten Sonderaufgaben aus. Sie waren Meister der Tarnung und wegen ihrer speziellen Kampfkünste (Ninjutsu) gefürchtet. Ninjutsu ist ein komplexes Kampfkunstsystem von Selbstverteidigungs- und Kampftechniken mit als auch ohne Waffen, Entwickelt werden geistiger und körperlicher Kondition, Intuition, Konzentrationsfähigkeit und Selbstvertrauen.

Internet

www.bujinkandeutschland.de: Offizielle Informationsseite über Bujinkan Budo, autorisiert vom 34. Großmeister Dr. Masaaki Hatsumi

Vereine

SG Post/Süd

⬚ Kaulbachweg 31, 93051 Regensburg, ✆ 0941/92052-0 • Fax 0941/92052-15 • feierler@postsued-regensburg.de, www.postsued-regensburg.de
Abteilungshomepage: www.ninjutsu-regensburg.de

Nordic Inlineskating

Nordic Walking auf Inlineskates, aktuelle Transportart aus der Nordic-Familie

Sonstige Anbieter

Nordic Active Sports (siehe Seite 44): ab Frühjahr/Sommer 2006

Nordic Walking
→ Walking

Tipp: Kapitel Nordic Walking (S. 42 – 71) mit weiteren Infos und den 10 Top-Strecken

Vereine

DJK Nord Regensburg e.V.

⬚ Geschäftsstelle: Isarstraße 52, 93057 Regenburg, ✆ 0941/400328, Fax: 0941/4672429,
webmaster@djk-regensburg-nord.de, www.djk-regensburg-nord.de

DJK SV Keilberg Regensburg e.V.

⬚ Geschäftsstelle: Zur Hohen Linie 28, 93055 Regensburg, www.djk-sv-keilberg.de, ✆ 0941/4 80 90
Vors.: Heinz Wegscheid: Alfons-Sigl-Str. 28, 93055 Regensburg-Keilberg, ✆ 47395

DJK Sportbund Regensburg e.V.

Helmut Petz, Roritzerstraße 12, 93047 Regensburg, ✆+Fax 5 46 66, E-Mail: Vorstand@djk-sportbund-regensburg.de, www.djk-sportbund-regensburg.de

Freier Turn- und Sportverein Regensburg e.V.

⬚ Geschäftsstelle: An der Schillerwiese 2, 93049 Regensburg, ✆ 0941/2 19 71 • info@freier-tus.de,
www.freier-tus-regensburg.de; Vors.: Reinhold Faderl, Lilienthalstr. 22, 93049 Regensburg, ✆ 35977

LLC Marathon Regensburg

⬚ Manfred Hübner, Otto-Prager-Weg 1, 93051 Regensburg
✆ 0941/9429136 o. 09401/80043 • Fax 0941/9429156 • info@llc-marathon-regensburg.de, www.llc-marathon-regensburg.de

SG Walhalla

⬚ Geschäftsstelle: Am Holzhof 1, 93059 Regensburg, ✆ 0941/8 46 20 • info@sg-walhalla.de, www.sg-walhalla.de; Vors.: Karin Gritsch, Görresstr. 7, 93051 Regensburg, ✆ 99667

Veloclub Ratisbona

⬚ Geschäftsstelle: Ziegetsdorfer Straße 46 a, 93051 Regensburg, ✆ 0941/54982 • Fax 0941/567031 • info@veloclub-ratisbona.de, www.veloclub-ratisbona.de

Sonstige Anbieter

Nordic Active Sports (S. 44)

Pétanque
→ Boule

Radsport

Tipp: In den Kapiteln »Mountainbiken« (S. 93 – 120) und »Radfahren« (S. 121 – 169) gibt es weitere Infos und 10 bzw. 35 Top-Strecken für Familie und Rennrad.

→ Mountainbiken

Als Radsport bezeichnet man sämtliche Sportarten auf Fahrrädern: Straßenradsport, Bahnradsport, Mountainbiken, Kunstradfahren, Radball etc. Vor allem im Fitness-Studio und als Wintertraining wird → Spinning bzw. Indoor Cycling betrieben.

Verband

www.bayerischer-radsportverband.de: Bayer. Radsport-Verband e. V.

Internet

www.adfc.de: Allgemeiner Deutscher Fahrradclub - viele Informationen zum Thema Fahrrad.

www.radsport-aktiv.de: Tagesaktuelle Nachrichten aus dem Profi- und Amatuersport, ein Forum für Hobbyradsportler, Veranstaltungskalender und ein Marktplatz.

www.radsport-news.com: Nachrichten, Ergebnisse, Kommentare aus dem internationalen Profi Rad-rennsport.

Vereine

 Radsport Victoria Regensburg e.V.
Martin Pirzer, Iglauer Straße 45, 93197 Zeitlarn, ✆ 0941/6400879, radsport_victoria@yahoo.de, www.radsport-victoria.de

 Rennsportclub 88 Regensburg - RSC 88 e. V.
Oliver Gref, Amberger Straße 27, 93059 Regensburg ✆ 09 41/4 22 63, Fax: 09 41/4 22 45, oliver.gref@rsc88.com, www.rsc88.com

 SG Post/Süd
Kaulbachweg 31, 93051 Regensburg, ✆ 0941/92052-0 • Fax 0941/92052-15 • feierler@postsued-regensburg.de, www.postsued-regensburg.de

 SV Burgweinting
SV Burgweinting e. V., Kirchfeldallee 4, 93055 Regensburg, ✆ 0941 7851623, Fax 0941 7851610, info@sv-burgweinting.de, www.sv-burgweinting.de

Regensburger Triathleten (Tristar)
Roritzerstraße 6, 93047 Regensburg, ✆ 0941/5041395, www.tristar-regensburg.de; Vors.: Dieter Urbanowski, Brandlberger Str. 128

 Veloclub Ratisbona
Siehe Porträt und Interview im Kapitel »Großvereine«.
Geschäftsstelle: Ziegetsdorfer Straße 46 a, 93051 Regensburg, ✆ 0941/54982 • Fax 0941/567031, info@veloclub-ratisbona.de, www.veloclub-ratisbona.de

Reiten

Fortbewegung auf dem Rücken eines Pferdes. Früher das schnellste Transportmittel, heute ein Frei-zeit- oder Sportvergnügen. Reitsportarten sind u. a. Springreiten, Dressurreiten, Military, Galoppren-nen und Voltigieren (Turnen an einem galoppierenden Pferd).

Verband

www.brvf.de: Bayer. Reit- und Fahrverband e. V.; Alle Informationen über Pferdesport in Bayern.

Internet

www.pferd-aktuell.de: Der Service rund um Pferdesport und Pferdezucht im Internet.

www.reiten.de: Themen wie Reiterferien, Ausbildung und Zubehör, sowie viele Links.

www.reiterin.ch: Community für alle Fragen über Reitsport in Süddeutschland, der Schweiz und Österreich mit Lexikon, Forum und Links.

Vereine

Pferdesportverein St. Leonhard
Sabine Schneider, Wiedmannstraße 13, 93105 Tegernheim, ✆ 0941/7807-436

RCR - Reitclub Regensburg e. V.
Vorstand: Rainer Koder, Wiener Straße 18, 93055 Regensburg, ✆ 0941/ 798510 • info@reitclub-regensburg.de, www.reitclub-regensburg.de; Reitanlage Haslbach

Reit-SC Ratisbona Regensburg
Max Uhl, Schwarzhöfe 5, 93182 Duggendorf, ✆ 09409/2205

Reitsportverein Regensburg e.V
Bahnweg 1, 93161 Bruckdorf, ✆ 0171/6721025, Fax 0941/9455139, info@rsv-regensburg.de, www.rsv-regensburg.de; Vors.: Brigitte Tichy, Bischof-von-Senestrey-Str. 7a, 93051 Regensburg, ✆ 0941/99599; Geschäftsstelle: Postfach 100725, 93047 Regensburg, ✆ 0941/99599, Reitanlage: ✆ 09404/8118

Turniergemeinschaft Fuchsenhof Regensburg
Brigitte Zirm, Frauenberger Straße 1, 93164 Brunn-Münchsried, ✆ 09409/1078

Ringen

Ein vorwiegend von Männern ausgeübter Kampfsport ohne Einsatz weiterer Hilfsmittel.

Es werden zwei Stilarten unterschieden: Freistil und griechisch-römisch, bei dem nur Griffe oberhalb der Gürtellinie erlaubt sind.

Verband

www.brv-ringen.de: Bayer. Ringerverband e. V.; Alles über Ringen in Bayern.

Internet

www.ringen.de: Offizielle Website des bayerischen Ringer-Bundes.

Vereine

1. Athleten-Club Regensburg 1965 e.V.
Roland Lehner, Hauptstraße 71 a, 93105 Tegernheim, ✆ 09403/4776
Vereinsadresse: Frobenius-Forster-Str. 1a, 93055 Regensburg; ac-regensburg@web.de • www.athleten-club.de

SV Fortuna Regensburg e. V.
1. Vorsitzender: Dieter Sichert, Ziegenhofstraße 5, 93173 Wenzenbach, ✆ 09407/90060, Fax 0 94 07/9 00 69, Dieter.Sichert@badminton-bezirk-no.de, www.sv-fortuna-regensburg.de
Vereinsheim: Isarstr. 85 • 93057 Regensburg, ✆0941/40 17 39

Rock'n Roll

Tanz mit akrobatischen Einlagen, in den 1950er Jahren in den USA entstanden.

Verband

www.bvrr-online.de: Bayer. Verband für Rock'n'Roll-Tanz der Amateure e.V.

Internet

www.drbv.de: Deutscher Rock'n Roll und Boogie Verband

www.kickballchange.de: Termine, Berichte, Links und Literaturtipps zum Thema Rock'n Roll, Boogie Woogie und Lindy Hop.

www.wrrc.org: World Rock'n Roll Confederation

Vereine

SG Post/Süd

Kaulbachweg 31, 93051 Regensburg, ✆ 0941/92052-0 • Fax 0941/92052-15 • feierler@postsued-regensburg.de, www.postsued-regensburg.de

Sportclub Regensburg

Geschäftsstelle: Alfons-Auer-Straße 26, 93053 Regensburg, ✆ 0941/70 10 9-11 • Fax 701 09 -13, mail@sportclub-regens-burg.de, www.sportclub-regensburg.de; Vors.: Alexander Ochs, Graf-Spee-Str. 22, 93053 Regensburg, ✆ 7040070

TSV Kareth-Lappersdorf e.V.

Am Sportzentrum 1, 93138 Lappersdorf, Vorsitzender: Heinz Lauterbach, Rilkestraße 2, 93138 Lappersdorf, 0941/81355

Rollsport
→ Rollkunstlauf, → Rollhockey

Rollhockey

Eishockey, gespielt auf Inlineskates

Internet

www.rollhockey-online.de: Homepage des deutschen Rollsport und Inline Verbands.

Vereine

ESV 1927 Regensburg e.V.

Geschäftsstelle: Dechbettener Brücke 2, 93051 Regenburg, ✆ 0941/33791, Fax 0941/32533,
info@esv1927-regensburg.de, www.esv1927-regensburg.de;
Vors.: Inge Gerischer, Amselweg 14, 93077 Bad Abbach, ✆ 09405/1371

Rollkunstlauf

In Anlehnung an den Eiskunstlauf betriebene Sportart auf Rollschuhen, bei der die sportliche wie auch die künstlerische Darstellung bewertet wird.

Verband

www.briv-rollsport.de: Bayer. Rollsport- und Inline-Verband; Vereine, News, Spielergebnisse für Ska-terhockey und Inlinehockey.

Vereine

ESV 1927 Regensburg e.V.

Geschäftsstelle: Dechbettener Brücke 2, 93051 Regenburg, ✆ 0941/33791, Fax 0941/32533,
info@esv1927-regensburg.de, www.esv1927-regensburg.de;
Vors.: Inge Gerischer, Amselweg 14, 93077 Bad Abbach, ✆ 09405/1371

Rudern

Wassersportart, bei der Boote mittels Rudern fortbewegt werden.

Als Rennsport (Einer, Zweier, Vierer, Achter) odeWandersport betrieben. Ein Ausdauer- und Kraftsport, der sich positiv auf fast alle Haupt-Muskelgruppen auswirkt. Kann auch indoor an der Maschine betrieben werden. Empfehlenswert ab etwa 8 Jahren (bei entsprechender Körpergröße) bis ins hohe Alter. Zählt zu den gesündesten Sportarten.

Tipp: Um langfristige Schäden an der Wirbelsäule zu vermeiden, sollte man sich als Anfänger die Technik von einem erfahrenen Trainer beibringen lassen.

Verband

www.ruderverband.de: Bayer. Ruderverband e.V.; Alles über Rudern in Bayern.

Internet

www.rudern.de: Internetportal des Deutschen Ruderverbandesmit ausgesuchter Linksammlung.
www.rudern1.de: Internetmagazin zum Thema Rudern - Aktuelle Nachrichten aus der internationalen Ruderwelt.

Vereine

Regensburger Ruderverein 1898 e. V.
Helmut Lederer, Kurt-Schumacher-Straße 27, 93049 Regensburg, ✆ 0941/34861
Bootshaus: Messerschmittstr. 2, 93049 Regensburg, ✆ 0941/25826

Regensburger Ruder-Klub von 1890 e.V.
Vorstand: Hans Thumann, Hemauer Str. 5, 93047 Regensburg, ✆ 0941/51454, vorstand@regensburger-ruder
klub.de; Verein: Messerschmittstr. 2/Ost, 93049 Regensburg; ✆ 0941/2 55 14, 2 96 68 15, Fax (09 41) 2 96 68 17,
www.regensburger-ruderklub.de

Rückenschule

Vorbeugende und aufbauende Rücken-Fitness, dynamische Form der Wirbelsäulengymnastik mit Dehnung, Ausdauer- und Kraftteilen.

Tipp: Siehe dazu auch das Kapitel RFZ/KIESER (S. 170 – 177).

Vereine

DJK Nord Regensburg e.V.
Geschäftsstelle: Isarstraße 52, 93057 Regensburg, ✆ 0941/400328, Fax: 0941/4672429,
webmaster@djk-regensburg-nord.de, www.djk-regensburg-nord.de

ESV 1927 Regensburg e.V.
Geschäftsstelle: Dechbettener Brücke 2, 93051 Regensburg, ✆ 0941/33791, Fax 0941/32533,
info@esv1927-regensburg.de, www.esv1927-regensburg.de;
Vors.: Inge Gerischer, Amselweg 14, 93077 Bad Abbach, ✆ 09405/1371

Freier Turn- und Sportverein Regensburg e.V.
Geschäftsstelle: An der Schillerwiese 2, 93049 Regensburg, ✆ 0941/2 19 71 • info@freier-tus.de,
www.freier-tus-regensburg.de; Vors.: Reinhold Faderl, Lilienthalstr. 22, 93049 Regensburg, ✆ 35977

LLC Marathon Regensburg
Manfred Hübner, Otto-Prager-Weg 1, 93051 Regensburg
✆ 0941/9429136 o. 09401/80043 • Fax 0941/9429156 • info@llc-marathon-regensburg.de, www.llc-marathon-regensburg.de

NaturFreunde Deutschlands, Ortsgruppe Regensburg e.V.
Herbert Utz, Wolfseggerstraße 1, 93138 Lappersdorf, ✆ 0941/80704

Regensburger Ruder-Klub von 1890 e.V.
Vorstand: Hans Thumann, Hemauer Str. 5, 93047 Regensburg, ✆ 0941/51454, vorstand@regensburger-ruder klub.de; Verein: Messerschmittstr. 2/Ost, 93049 Regensburg; ✆ 0941/2 55 14, 2 96 68 15, Fax (09 41) 2 96 68 17, www.regensburger-ruderklub.de

SG Walhalla
Geschäftsstelle: Am Holzhof 1, 93059 Regensburg, ✆ 0941/8 46 20 • info@sg-walhalla.de, www.sg-walhalla.de; Vors.: Karin Gritsch, Görresstr. 7, 93051 Regensburg, ✆ 0941/99667

Ski- und Wanderclub 1946 e.V. Regensburg
Franz Obermeier, Ortsstraße 14, 93161 Sinzing-Riegling, ✆ 0941/31110
Vereinsanschrift: Prinz-Rupprecht-Straße 38/III, 93053 Regensburg, www.swc-regensburg.de

Sonstige Anbieter

Injoy Sports- und Wellnessclub
Yorckstr. 20-22, 93055 Regensburg; ✆ 0941/3074144; info@o2club.de; www.injoy-regensburg.de

Fitness West
Hochweg 89, 93049 Regensburg, ✆ 0941/22505; Fax 0941/270505, team@fitnesswest.de, www.fitnesswest.de

Fitness Company
Am Europakanal 32/Frankenstr., 93059 Regensburg; ✆ 0941/83057-0, Fax 0941/83057-29
Bahnhofstr. 16, 93047 Regensburg, ✆ 0941/58407-0, Fax 58407-29,
www.fitcom.de

Swiss Training
Swiss Training HYBRI Fitness GmbH, Im Gewerbepark D9, 93059 Regensburg, ✆ 0941/4612646, Fax 0941/4612645, www.swiss-training.com

Reebok Fitness Club
Langobardenstr. 2, 93053 Regensburg, Hotline 0800-0941-007, ✆ 0941/70860-10, Fax 0941/70860-11,
info@reebok-fitnessclub-regensburg.de, www.regensburg-fitness.de

inform Frauen Fitness
Kumpfmühler Str. 8 a, 93047 Regensburg, ✆ F 0941/27363, www.inform-frauen-fitness.de

Westbad
Messerschmittstraße 4, 93049 Regensburg, ✆ 0941/601-2944, info@westbad.de, www.westbad.de

Rugby

Ballkampfspiel zweier Teams zu je 15 Spieler auf fußballfeldähnlichem Rasen, im 19. Jahrhundert in Großbritannien entstanden.

Ziel des Spiels ist mehr Punkte als die gegnerische Mannschaft zu erreichen, indem man den eiförmigen Ball ins gegnerische Malfeld ablegt oder über die die Querstange des H-förmigen gegnerischen Tors schießt. Der Ball darf nicht nicht nach vorn geworfen, sondern nur gekickt oder getragen werden. Es wird keine Schutzausrüstung getragen.

Verband
www.rugby-verband-bayern.de

Internet
www.irb.org: Internationaler Rugby Verband mit weltweiten Informationen.
www.rugby.de: Adressen, Vereinslisten, News und Ergebnissen.

Vereine
Rugby-Club Regensburg 2000 e.V.
Sebastian Krieger, Spiegelgasse 1, 93047 Regensburg, ✆ 0941/2 06 08 22, www.regensburg-rugby.de

Sandboarding
Snowboarden mit einem speziellen Brett auf Sanddünen. Nicht in Regensburg zu finden, sondern auf dem Monte Kaolino bei Hirschau ausgeübt (mit Lift): www.sc-montekaolino.com/Monte/monte_liftbetrieb.htm

Internet
www.sandboard.com: englischsprachiges Magazin

Schach
Hinlänglich bekanntes strategisches Brettspiel für zwei Spieler mit dem Ziel, den gegnerischen König schachmatt zu setzen., Aus Indien stammend gab das persische »Schah« = König dem Spiel den Namen. Über Sieg und Niederlage etnscheidet einzig und allein das Können der Spieler.

Verband
www.schachbund-bayern.de: Überblick über Funktionäre, Ordnungen, Ligen und Turniere. Mit aktuellen Links zu den regionalen Gliederungen.

Internet
www.schachbund.de: Deutscher Schachbund; mit umfangreicher Linksammlung

Vereine

DJK Nord Regensburg e.V.
Geschäftsstelle: Isarstraße 52, 93057 Regenburg, ✆ 0941/400328, Fax: 0941/4672429, webmaster@djk-regensburg-nord.de, www.djk-regensburg-nord.de

Regensburger Turnerschaft e.V.
Geschäftsstelle: Schopperplatz 6, 93059 Regensburg, ✆ 0941/85389 und 894046, • Fax: 0941 894045, rt-info@t-online.de, www.regensburger-turnerschaft.de; Vors.: Hans-Thomas Raith, ✆ 53537

Schachclub Bavaria Regensburg von 1881 e.V.
Walter Erhard, Udetstraße 31, 93049 Regensburg, ✆ 0941/83602, 1.vorsitzender@schachclub-bavaria-regensburg.de, www.schachclub-bavaria-regensburg.de

SG Post/Süd
Kaulbachweg 31, 93051 Regensburg, ✆ 0941/92052-0 • Fax 0941/92052-15 • feierler@postsued-regensburg.de, www.postsued-regensburg.de

SV Burgweinting
SV Burgweinting e.V., Kirchfeldallee 4, 93055 Regensburg, ✆ 0941 7851623, Fax 0941 7851610, info@sv-burgweinting.de, www.sv-burgweinting.de

SV Fortuna Regensburg e.V.
1.Vorsitzender: Dieter Sichert, Ziegenhofstraße 5, 93173 Wenzenbach, ✆ 09407/90060, Fax 0 94 07/9 00 69, Dieter.Sichert@badminton-bezirk-no.de, www.sv-fortuna-regensburg.de
Vereinsheim: Isarstr. 85 • 93057 Regensburg, ✆ 0941/40 17 39

TSV Kareth-Lappersdorf e.V.
Am Sportzentrum 1, 93138 Lappersdorf, Vorsitzender: Heinz Lauterbach, Rilkestraße 2, 93138 Lappersdorf, 0941/81355

Schießsport

➔ Bogenschießen, Biathlon

Die Wettkampfteilnehmer schießen mit Bogen- oder Schusswaffen auf bewegliche oder unbewegliche Ziele. Sportschießen wird ausgeübt mit Bogen (Waffe), Armbrust, Gewehr oder Pistole.

Bei uns wird gemeinhin Schießsport mit Schusswaffen assoziiert. Disziplinen sind: Gewehrschießen (Luftgewehr, Kleinkalibergewehr), Pistolenschießen (Luftpistole, Kleinkaliberpistole, Schnellfeuerpistole), Wurftaubenschießen (Schrotgewehr).

Das Mindestalter für die Ausübung des Schießsportes mit Schußwaffen beträgt 12 Jahre. Bei Bogen oder Armbrust besteht keine Alterseinschränkung.

Verletzungen gibt es selten, da der Schießbetrieb nur auf zugelassenen Schießständen und nur unter ständiger Aufsicht stattfinden darf.

Verband

www.bssb.de: Bayer. Sportschützenverband e.V.

Vereine

FSV Regensburg-Prüfening e.V.

Götz Gündel, Kurt-Schumacher-Straße 19 c, 93049 Regensburg, 0941/34258, webmaster@fsv-pruefening.de, www.fsv-pruefening.de

SG Post/Süd

Kaulbachweg 31, 93051 Regensburg, 0941/92052-0 • Fax 0941/92052-15 • feierler@postsued-regensburg.de, www.postsued-regensburg.de

Sportclub Regensburg

Geschäftsstelle: Alfons-Auer-Straße 26, 93053 Regensburg, 0941/70 10 9-11 • Fax 701 09 -13, mail@sportclub-regensburg.de, www.sportclub-regensburg.de; Vors.: Alexander Ochs, Graf-Spee-Str. 22, 93053 Regensburg, 7040070

Sportgemeinschaft E.ON Ostbayern e.V.

Hans Wollitzer, Prüfeninger Str. 20, 93049 Regensburg, 0941/2014093

SpVgg Ziegetsdorf

Günther Dietz, Bernhard-Suttner-Weg 3, 93051 Regensburg, 0941/993125, www.spvgg-ziegetsdorf.de

SV Burgweinting

SV Burgweinting e.V., Kirchfeldallee 4, 93055 Regensburg, 0941 7851623, Fax 0941 7851610, info@sv-burgweinting.de, www.sv-burgweinting.de

TSV Kareth-Lappersdorf e.V.

Am Sportzentrum 1, 93138 Lappersdorf, Vorsitzender: Heinz Lauterbach, Rilkestraße 2, 93138 Lappersdorf, 0941/81355

Schützen-Vereine

SG Adler Sallern

Michel Lintl, Gallingkofen 13, 93057 Regensburg, 0941/65469

SG Altstadtschützen Regensburg e.V.

Max Kappl, Postfach 100601, 93006 Regensburg, 0941/7842778 o. 0171/1948098, Fax: 0941/7842779

SG Alt Weichs 7 Kurfürsten e.V.

Reinhard Maler, Marienbader Straße 2, 93197 Zeitlarn, 0941/63128

SG Armbrustschützen »Großer Stahl« e.V.

Siegfried Schießl, Ludwig-Thoma-Straße 1, 93138 Lappersdorf, 0941/82428

SG Bergschützen Keilberg

Christian Fellerer, Am Birkenfeld 48, 93170 Bernhardswald, ✆ 09407/958870

SG Buchenau Leoprechting
Peter Brandl, Lehenackerweg 2, 93053 Regensburg, ✆ 0941/703815

SG Colosseum Stadtamhof
Richard Scherer, Stadtamhof 5, 93059 Regensburg, ✆ 0941/85227

SG Diana Reinhausen e.V.
Monika Islinger, Nußweg 8, 93105 Tegernheim, ✆ 09403/1710

SG Eichenlaub Regensburg
Christoph Bioly, Ruckäckerweg 23, 93055 Regensburg, ✆ 0941/700712

SG Eintracht Dechbetten e.V.
Herrmann Achter, Hadamarstraße 32 b, 93051 Regensburg, ✆ 0941/999206

Feuerschützen Regensburg e.V.
Albert Hildebrand, Egglfingerstraße 2, 93096 Köfering, ✆ 09406/1758

Hauptschützengesellschaft Regensburg e.V.
Ernst Seidl, Kellerstraße 32 a, 93105 Tegernheim, ✆ 09403/3334

SG Hohe Linie Regensburg-Keilberg e.V.
Kurt Hofmann, Hintere Keilbergstraße 44 c, 93055 Regensburg, ✆ 0941/48201

SG Hubertus Wutzlhofen e.V.
Klaus Hastermann, Ardennenstraße 51, 93057 Regensburg, ✆ 0941/68100

SG Hubertusschützen Regensburg
Adolf Decker, Am Kumpfmühler Kastell 2, 93051 Regensburg, ✆ 0941/98165

SG Konradsiedlung e.V.
Hans-Jürgen Frische, Pommernstraße 4, 93057 Regensburg, ✆ 0941/65177

SG Pfaffenstein Regensburg
Martin Huber, Flandernstraße 7, 93057 Regensburg, ✆ 0941/65545

SG Ratisbona Regensburg
Reiner Lukowiak, Hadamarstraße 38, 93051 Regensburg, ✆ 0941/91702

SG Schützengilde Stadtamhof e.V.
Emmeram Gangkofer, Ortsstraße 34, 3101 Pfatter, ✆ 09451/585

Schützen SV Teppichwerk
Heinrich Neubauer, Prüfeninger Straße 96 a, 93049 Regensburg, ✆ 0941/36540

SG Sportschützen Regensburg e.V.
Werner Fleischmann, Vilsstraße 21, 93059 Regensburg, ✆ 0941/47522

SG Steinfeder Schwabelweis e.V.
Manfred Biller, Tegernheimer Weg 24, 93055 Regensburg, ✆ 0941/2803022

SG Stilles Tal Graß e.V.
Norbert Kohlmeier, Am Dürrbuckel 21, 93080 Pentling, ✆ 09405/1604

SG Tell Burgweinting
Georg Habler, Heuweg 7, 93055 Regensburg, ✆ 0941/701540

SG Turmfalke Regensburg e.V.
Udo Koch, Eisenmannstraße 44, 93049 Regensburg, ✆ 0941/3995496

SG Turmfalke Harting e.V.
Karl Lang, Bühelnstraße 30, 93055 Regensburg, ✆ 0941/700705

SG Thurn & Taxis e.V.
Christian Poh, Wörther Straße 23, 93093 Donaustauf, ✆ 0179/5292776

SG Weiße Taube Regensburg
Anton Götz, Hafnersteig 12, 93051 Regensburg, ✆ 0941/9465966

SG Wilderer Ödenthal 1924 e.V.
Heinrich Weigert, Ödenthal 6, 93057 Regensburg, ✆ 0941/66525

SG Winzer
Ewald Dräxlmaier, Thomas-Ried-Straße 18, 93055 Regensburg, ✆ 0941/709173

SG Ziegetsdorf 1910
Franz Graßl, Macheinerweg 29, 93051 Regensburg, ✆ 0941/39562

WTC Wurftaubenclub Regensburg
Michael Eberl, Birkenweg 13, 93128 Regenstauf, ✆ 09402/8107

SG Zu den Linden 1851 e.V.
Heinrich Jodlbauer, Amberger Straße 128, 93057 Regensburg, el: 0941/63548

SG Zur grünen Au 1929 e.V. Oberisling
Robert Aukofer, Liebhartstraße 56, 93053 Regensburg, ✆ 0941/701683

Schwimmen

Eine der gesündesten Sportarten wegen der verminderten Schwerkraft im Wasser, die die Gelenke entlastet. Zugleich regen Wassertemperatur und der Wasserdruck die Herz-Kreislauffunktionen an. Also auch eine ideale Sportart für ältere Menschen, Schwangere, Behinderte oder in Rehabilitation Befindliche.

Als Wettkampfsportart mit verschiedenen Disziplinen ausgeübt, als Kunst- oder Synchronschwimmen, oder als Teil des ➜ Triathlon.

Verband

www.bayerischer-schwimmverband.de: Bayer. Schwimmverband

Internet

www.dsv.de: Deutscher Schwimm-Verband e.V.

www.schwimmen.dsv.de: Info-Seite für den Deutschen Schwimmsport

www.schwimmsport.de

Tipp: Lage der Badeseen UND Bäder in und um Regensburg: Karte auf S. 264/265

Bäder in Regensburg

Westbad

Messerschmittstraße 4, 93049 Regensburg, ✆ 0941/601-2944, info@westbad.de, www.westbad.de
Bäderlandschaft mit Sport- Wellen-, Kinder- und Thermalbecken sowie eine Rutsche im Innenbereich (ganzjährig). Außenbereich (1. Mai bis 30. Sept.) mit Spaßbecken, Breitrutsche, Wassergrotte, Sprungturm Plansch- und Kneipp-Becken, Liegewiese mit Spielplatz und Sportbereich.
Wellness-Angebote: Wassergymnastik, Wirbelsäulengymnastik, Aqua-Fitness, Aqua-Jogging.

Wöhrdbad

Lieblstraße 26, 93059 Regensburg, ✆ 0941 601-2922, info@rbb-regensburg.de, www.rbb-regensburg.de
Freibad (Mitte Mai bis Mitte Sept.) mit Sport-, Spaß- und Kinderbecken, Wasserrutsche und Strömungskanal stehen den Badegästen von Mitte Mai bis Mitte September zur Verfügung. Liegewiese mit Kinderspielplatz

Hallenbad
Gabelsbergerstraße 14, 93047 Regensburg, ✆ 0941 601-2977, info@rbb-regensburg.de, www.rbb-regensburg.de
Hallenbad (ganzjährig außer Sommerferien) mit Schwimmerbecken, Sprunganlage, Nichtschwimmerbecken, Solarium und
Dampfbad

Vereine

DJK Sportbund Regensburg e.V.
Helmut Petz, Roritzerstraße 12, 93047 Regensburg, ✆+Fax 5 46 66, E-Mail: Vorstand@djk-sportbund-regensburg.de,
www.djk-sportbund-regensburg.de

DLRG - Deutsche Lebens-Rettungs-Gesellschaft
Ortsverband Regensburg, Wöhrdstraße 61, 93059 Regensburg; Vors.: Werner Kammermeier
0941/52699 • Fax 0941/52619 • info@regensburg.dlrg.de, www.regensburg.dlrg.de

Regensburger Turnerschaft e.V.
Geschäftsstelle: Schopperplatz 6, 93059 Regensburg, ✆ 0941/85389 und 894046, • Fax: 0941 894045, rt-info@t-online.de,
www.regensburger-turnerschaft.de; Vors.: Hans-Thomas Raith, ✆ 53537

Ski- und Wanderclub 1946 e.V. Regensburg
Franz Obermeier, Ortsstraße 14, 93161 Sinzing-Riegling, ✆ 0941/31110
Vereinsanschrift: Prinz-Rupprecht-Straße 38/III, 93053 Regensburg, www.swc-regensburg.de

Sonnlandbund Regensburg
Anton Koch, Am Gutshof 10, 93055 Regensburg, ✆ 0941/760015

SSV Jahn von 1889 e.V. Regensburg
Geschäftsstelle: Prüfeninger Straße 57a, 93049 Regensburg, ✆ 0941/6983-100 • Fax 0941/6983-122

Regensburger Triathleten (Tristar)
Roritzerstraße 6, 93047 Regensburg, ✆ 0941/5041395, www.tristar-regensburg.de; Vors.: Dieter Urbanowski,
Brandlberger Str. 128

Wasserwacht-Ortsgruppe Regensburg
Messerschmittstraße 2b, 93049 Regensburg, ✆ 09 41/2 08 53 06 - Fax: 09 41/2 08 50 06, info@wasserwacht-regensburg.de,
www.wasserwacht-regensburg.de

Segelfliegen

Fliegen mit einem motorlosen Flugzeug oder mit abgeschaltetem Motor.
Fluggeräte: Segelflugzeuge, Motorsegler, Ultraleichtflugzeuge, Gleitschirme, oder Hängegleiter. All-
gemein wird als Segelflug das Fliegen mit Segelflugzeugen betrachtet.

Verband
www.lvbayern.de: Luftsportverband Bayern e.V.

Internet
www.segelflug.de: der deutsche Segelflug-Server

Vereine

Luftsportverein Regensburg e.V.
Geschäftsstelle: Postfach 1126, 93081 Obertraubling
1. Vorsitzender: Fritz Lechner, ✆ 0941/76452, fritzlechner@luftsportverein-regensburg.de, www.luftsportverein-regensburg.de

Segeln

Fortbewegungsart von Booten und Schiffen unter Nutzung des Windes. Windkraft stömt ein oder mehrere Segel an, und der erzeugte Sog bewirkt einen Vortrieb (gleiches Prinzip wie beim Segelfliegen). Früher die einzige Möglichkeit, effektiv weite Strecken über Wasser zurückzulegen. Heute als Freizeit-, Urlaubs- und Wettkampfsport betrieben. Verwandt mit dem Segeln ist das ➜ Windsurfen.

Verband

www.bayernsail.de: Bayer. Seglerverband e.V.; Informiert über die Segel-Szene in Bayern.

Internet

www.avero.de/links/segeln/index.html: Segeln lernen, interaktive Grafik, in der die Segelstellung zum Wind trainiert werden kann

www.segel.de: Großes deutsches Segelportal

www.yacht.de: Bekanntes Segler-Magazin

Vereine

Segelclub Ratisbona e.V.

1. Vorstand und Vereinsadresse: Michael Bauer, Geberichstr. 6, 93080 Pentling, ✆ 09405/2200, michael.bauer@scrr.de, www.scrr.de; Vereinsheim am Guggenberger Weiher: ✆ 09401/8677

Segelsportgemeinschaft Regensburg

Udo Saar, Ödenthal 4, 93057 Regensburg, ✆ 0941/699601, Fax: 0941-699602, vorstand@sgr-regensburg.de, www.sgr-regensburg.de; Vereinsheim am Guggenberger Weiher: ✆ 09401-2294

Segel- und Hochseesportverein Regensburg e.V.

Geschäftsstelle: Riesengebirgstraße 89, 93057 Regensburg, ✆ 0941/62151

Seglertreff des deutschen Hochseesportverbandes "Hansa" e.V. (DHH)

Dr. Holger Ertelt, Alte Kneitinger Straße 11, 93152 Etterzhausen, ✆ 09404/961443 · dr.h.ertelt@t-online.de, www.dhh.de/Regensburg

Short-Track

Eislaufdisziplin auf einer ovalen 110-Meter-Kurzbahn mit Massenstart und KO-System über mehrere Runden, bis der Sieger ermittelt ist. Wegen des dicht gedrängten Starterfeldess und der engen Kurvenradien sind Taktik, Schnellkraft und Sprintfähigkeit besonders gefordert.

Verband

www.bev-eissport.de: Bayer. Eissportverband; Die verschiedenen Eissportarten (Curling, Eiskunstlauf, Eishockey, Eisschnelllauf) werden vorgestellt - mit Ergebnissen, Terminen und Links.

Internet

www.worldshorttrack.com: Weltweite Informationen

Vereine

Eissportclub Regensburg e.V.

Büro in der Donau-Arena: ✆ 0941/6987747, Fax 0941/6987748, info@ec-regensburg.de, www.ec-regensburg.de

Skisport

Umfasst im Wesentlichen:

– Ski alpin mit den Disziplinen: Slalom, Riesenslalom, Super-Riesenslalom und Abfahrt.

– Ski nordisch: Skilanglauf, Skispriingen

– Freistil: Trickskisport

– Biathlon (Skilanglauf mit Gewehrschießen)

Siehe auch ➜ Snowboarding

Tipp: Der nächste Lift, mit sanfter 1-km-Anfänger-Abfahrt (ideal für Kinder), liegt in Schneitweg nordöstlich von Regenstauf. Nächst gelegene Skigebiete in St. Englmar, Geißkopf oder Arber.

Verband

www.bsv-ski.de: Bayer. Skiverband e.V.

Internet

www.ski-online.de: Offizielle Website des Deutschen Skiverbandes.

www.ski2b.de: Wintersportportal zum Thema Skilauf

Vereine

Deutscher Alpenverein - Sektion Regensburg
Geschäftsstelle: Luitpoldstraße 20, 93047 Regensburg
0941/560159 • Fax 0941/51917 info@alpenverein-regensburg.de, www.alpenverein-regensburg.de

DJK Nord Regensburg e.V.
Geschäftsstelle: Isarstraße 52, 93057 Regenburg, ✆ 0941/400328, Fax: 0941/4672429, webmaster@djk-regensburg-nord.de, www.djk-regensburg-nord.de

DJK SV Keilberg Regensburg e.V.
Geschäftsstelle: Zur Hohen Linie 28, 93055 Regensburg, www.djk-sv-keilberg.de, ✆ 0941/4 80 90
Vors.: Heinz Wegscheid: Alfons-Sigl-Str. 28, 93055 Regensburg-Keilberg, ✆ 47395

ESV 1927 Regensburg e.V.
Geschäftsstelle: Dechbettener Brücke 2, 93051 Regenburg, ✆ 0941/33791, Fax 0941/32533, info@esv1927-regensburg.de, www.esv1927-regensburg.de;
Vors.: Inge Gerischer, Amselweg 14, 93077 Bad Abbach, ✆ 09405/1371

Freier Turn- und Sportverein Regensburg e.V.
Geschäftsstelle: An der Schillerwiese 2, 93049 Regensburg, ✆ 0941/2 19 71 • info@freier-tus.de, www.freier-tus-regensburg.de; Vors.: Reinhold Faderl, Lilienthalstr. 22, 93049 Regensburg, ✆ 35977

NaturFreunde Deutschlands, Ortsgruppe Regensburg e.V.
Herbert Utz, Wolfseggerstraße 1, 93138 Lappersdorf, ✆ 0941/80704

Regensburger Ruder-Klub von 1890 e.V.
Vorstand: Hans Thumann, Hemauer Str. 5, 93047 Regensburg, ✆ 0941/51454, vorstand@regensburger-ruder klub.de; Verein: Messerschmittstr. 2/Ost, 93049 Regensburg; ✆ 0941/2 55 14, 2 96 68 15, Fax (09 41) 2 96 68 17, www.regensburger-ruderklub.de

SG Post/Süd
Kaulbachweg 31, 93051 Regensburg, ✆ 0941/92052-0 • Fax 0941/92052-15 • feierler@postsued-regensburg.de, www.postsued-regensburg.de

SG Walhalla
Geschäftsstelle: Am Holzhof 1, 93059 Regensburg, ✆ 0941/8 46 20 • info@sg-walhalla.de, www.sg-walhalla.de;
Vors.: Karin Gritsch, Görresstr. 7, 93051 Regensburg, ✆ 0941/99667

Skiclub Harting e.V.
Max Solleder, Gartenweg 9, 93055 Regensburg, ✆ 0941/70088

Ski- und Wanderclub 1946 e.V. Regensburg
Franz Obermeier, Ortsstraße 14, 93161 Sinzing-Riegling, ✆ 0941/31110

Vereinsanschrift: Prinz-Rupprecht-Straße 38/III, 93053 Regensburg, www.swc-regensburg.de

Sonnlandbund Regensburg

Anton Koch, Am Gutshof 10, 93055 Regensburg, ✆ 0941/760015

Sportclub Regensburg

Geschäftsstelle: Alfons-Auer-Straße 26, 93053 Regensburg, ✆ 0941/70 10 9-11 • Fax 701 09 -13, mail@sportclub-regens-
burg.de, www.sportclub-regensburg.de; Vors.: Alexander Ochs, Graf-Spee-Str. 22, 93053 Regensburg, ✆ 7040070

SpVgg Stadtamhof

1. Vorstand: Walter Jakomet, Irlinger Weg 5, 93102 Pfatter, ✆ 09481/959430, kontakt@spvgg-stadtamhof.de,
www.spvgg-stadtamhof.de

SV Burgweinting

SV Burgweinting e.V., Kirchfeldallee 4, 93055 Regensburg, ✆ 0941 7851623, Fax 0941 7851610, info@sv-burgweinting.de,
www.sv-burgweinting.de

TSV Oberisling

Vorstand: Werner Schenkel, Weingartenstraße 25, 93053 Regensburg, ✆ 09401/709696,
www.tsv-oberisling.de/Home/home.html

TSV Kareth-Lappersdorf e.V.

Am Sportzentrum 1, 93138 Lappersdorf, Vorsitzender: Heinz Lauterbach, Rilkestraße 2, 93138 Lappersdorf, 0941/81355

VfB Regensburg e.V

Geschäftsstelle: Aussiger Straße 22, 93057 Regensburg, ✆ 0941/62682, www.vfb-regensburg.de;
Vors.: Klaus Hauner, Hangstr. 22, 93173 Grünthal

Snowboarding

→ Skisport

Surfen auf Schnee mit einem Gleitbrett mit schräg montierten Bindungen.

Internet

www.snowboard.info: Hotel-, Reise- und Shopsuche für Snowboarder

www.snowboard2b.de: Informationen von Snowboardern für Snowboarder.

Vereine

→ Skisport

Spinning

Verbreitetste Form des Indoor-Cycling; Gelenk schonendes Ausdauertraining auf fest installierten
Rädern. Macht vielen mehr Spaß in der Gruppe mit Musik und Instructor.

Vereine

Veloclub Ratisbona

Siehe Porträt und Interview im Kapitel »Großvereine«.

Geschäftsstelle: Ziegetsdorfer Straße 46 a, 93051 Regensburg, ✆ 0941/54982 • Fax 0941/567031,
info@veloclub-ratisbona.de, www.veloclub-ratisbona.de

Sonstige Anbieter

Injoy Sports- und Wellnessclub

Yorckstr. 20-22, 93055 Regensburg; ✆ 0941/3074144; info@o2club.de; www.injoy-regensburg.de

Fitness West

Hochweg 89, 93049 Regensburg, ✆ 0941/22505; Fax 0941/270505, team@fitnesswest.de, www.fitnesswest.de

Fitness Company

 Am Europakanal 32/Frankenstr., 93059 Regensburg; ✆ 0941/83057-0, Fax 0941/83057-29

 Bahnhofstr. 16, 93047 Regensburg, ✆ 0941/58407-0, Fax 58407-29,

www.fitcom.de

Reebok Fitness Club

 Langobardenstr. 2, 93053 Regensburg, Hotline 0800-0941-007, ✆ 0941/70860-10, Fax 0941/70860-11,

info@reebok-fitnessclub-regensburg.de, www.regensburg-fitness.de

inform Frauen Fitness

Kumpfmühler Str. 8 a, 93047 Regensburg, ✆ F 0941/27363, www.inform-frauen-fitness.de

Squash

Hallen-Rückschlagspiel für üblicherweise zwei Spieler mit Punktezählung.

Gespielt wird mit einem Weichgummiball und einer Art verkleinertem Tennisschläger. Ziel ist es, den Ball so oberhalb einer Linie auf der Stirnwand zu schlagen, dass der Gegner den zurückspringenden Ball nicht mehr erreichen kann

Im 19. Jahrhundert im englischen Commonwelth entstanden, kam der Boom in den 1970ern und 80ern nach Deutschland. Seit einigen Jahren ist der Trend rücklaufig.

Verband

www.squash-in-bayern.de: Verband Squash in Bayern e.V.

Internet

www.squashnet.de: Offizielle Seite des deutschen Sqash-Racket-Verbandes.

Vereine

Ratisbona Squash Team Regensburg

 Dagmar Morasch, Hintere Keilbergstraße 40, 93055 Regensburg, ✆ 0941/6001399, info@bundesliga-squash

Step Aerobic

Ausdauertraining mit Steps (Plattformen), das vor allem die Bein- und Gesäßmuskulatur stärkt.

Vereine

DJK SV Keilberg Regensburg e.V.

 Geschäftsstelle: Zur Hohen Linie 28, 93055 Regensburg, www.djk-sv-keilberg.de, ✆ 0941/4 80 90

Vors.: Heinz Wegscheid: Alfons-Sigl-Str. 28, 93055 Regensburg-Keilberg, ✆ 47395

Sonstige Anbieter

Injoy Sports- und Wellnessclub

 Yorckstr. 20-22, 93055 Regensburg; ✆ 0941/3074144; info@o2club.de; www.injoy-regensburg.de

Fitness West

 Hochweg 89, 93049 Regensburg, ✆ 0941/22505; Fax 0941/270505, team@fitnesswest.de, www.fitnesswest.de

Fitness Company

 Am Europakanal 32/Frankenstr., 93059 Regensburg; ✆ 0941/83057-0, Fax 0941/83057-29

 Bahnhofstr. 16, 93047 Regensburg, ✆ 0941/58407-0, Fax 58407-29,

www.fitcom.de

Swiss Training

✉ Swiss Training HYBRI Fitness GmbH, Im Gewerbepark D9, 93059 Regensburg, ✆ 0941/4612646, Fax 0941/4612645, www.swiss-training.com

Reebok Fitness Club

✉ Langobardenstr. 2, 93053 Regensburg, Hotline 0800-0941-007, ✆ 0941/70860-10, Fax 0941/70860-11, info@reebok-fitnessclub-regensburg.de, www.regensburg-fitness.de

inform Frauen Fitness

Kumpfmühler Str. 8 a, 93047 Regensburg, ✆ F 0941/27363, www.inform-frauen-fitness.de

Stockschießen

→ Eisstockschießen

Taekwondo

Aus Südkorea stammender Kampfsport: »der Weg von Fuß und Faust«.

Die Betonung liegt auf Schnelligkeit und Dynamik. Fußtechniken werden stärker verwendet als in vergleichbaren Kampfsportarten wie etwa Karate.

Verband

www.btu-online.de: Bayer. Taekwondo Union

Internet

www.dtu.de: Deutsche Taekwondo Union

www.taekwondo.de: www.taekwondo-homepage.de: verbandsunabhängiges Taekwondo-Nachschlagewerk

Vereine

DJK Nord Regensburg e.V.

✉ Geschäftsstelle: Isarstraße 52, 93057 Regenburg, ✆ 0941/400328, Fax: 0941/4672429, webmaster@djk-regensburg-nord.de, www.djk-regensburg-nord.de

Regensburger Turnerschaft e.V.

✉ Geschäftsstelle: Schopperplatz 6, 93059 Regensburg, ✆ 0941/85389 und 894046, • Fax: 0941 894045, rt-info@t-online.de, www.regensburger-turnerschaft.de; Vors.: Hans-Thomas Raith, ✆ 53537

SV Burgweinting

✉ SV Burgweinting e.V., Kirchfeldallee 4, 93055 Regensburg, ✆ 0941 7851623, Fax 0941 7851610, info@sv-burgweinting.de, www.sv-burgweinting.de

Taekwon-Do Sportverein Regensburg e. V.

✉ Johannes Bartelmann, Bergstraße 5, 93138 Lappersdorf, ✆ 0941/9466959 o. 0170/3025314 • j.bartelmann@gmx.de, www.taekwondo-sv-regensburg.de

Taekwondo Schule Song Kumpfmühl

✉ Armin Burkert, Kumpfmühler Straße 49, 93051 Regensburg

✆ 0941/9455825 • info@dantraeger.de, www.dantraeger.de

Sonstige Anbieter

Black-Belt-Center

✉ Waldenberger, Dechbettener Straße 1 a, 93049 Regensburg, ✆ 0941/23853

Traditional Taekwon-Do Center Regensburg

Adolfo Krunes, Landshuter Str. 51a, © 0941/567340 · Krunes@t-online.de · www.TaekwonDo-Regensburg.de

Tanztheater

Verbindung von Elementen des Tanzes, der Bühne (Sprechen, Singen) mit dem klassischen → Ballett. Strebt jedoch mehr Realitätsnähe an. Anfang des 20. Jahrhunderts in Deutschland entstanden.

Vereine

Regensburger Turnerschaft e.V.

Geschäftsstelle: Schopperplatz 6, 93059 Regensburg, © 0941/85389 und 894046, · Fax: 0941 894045, rt-info@t-online.de, www.regensburger-turnerschaft.de; Vors.: Hans-Thomas Raith, © 53537

Tanzsport

→ Rock 'n Roll

Im engeren Sinne die Paartänze der Lateinamerikanischen Tänze (Rumba, Samba, Cha-Cha-Cha, Paso doble und Jive), der Standardtänze (langsamer Walzer, Tango, Slowfox, Wiener Walzer und Quickstep), des Rock 'n Roll und Boogie Woogie. Als Einzel-Wettkampftanzarten sind zu nennen: Orientalischer Tanz, Cheerleading, Hip Hop, Jazzdance, Modern Dance und Street Dance.

Als Jahrtausende alte Ausdrucksform des Menschen wird das Tanzen seit Anfang des 20. Jahrhunderts auch als Wettkmapfsport gesehen. Geschult werden Körperbeherrschung, Musikalität und Tanz-Technik sowie die Harmonie zwischen den Tanzpartnern beim Paartanz.

Verband

www.ltvb.de: Landes-Tanzsportverband Bayern

Internet

www.tanzen.de: Das Portal für alle Tanzbegeisterten

Vereine

Regensburger Turnerschaft e.V.

Geschäftsstelle: Schopperplatz 6, 93059 Regensburg, © 0941/85389 und 894046, · Fax: 0941 894045, rt-info@t-online.de, www.regensburger-turnerschaft.de; Vors.: Hans-Thomas Raith, © 53537

Sportclub Regensburg

Geschäftsstelle: Alfons-Auer-Straße 26, 93053 Regensburg, © 0941/70 10 9-11 · Fax 701 09 -13, mail@sportclub-regensburg.de, www.sportclub-regensburg.de; Vors.: Alexander Ochs, Graf-Spee-Str. 22, 93053 Regensburg, © 7040070

Tanzclub Blau-Gold Regensburg e.V.

Von-Reiner-Str. 22b, 93053 Regensburg, info@Tanzclub-Blau-Gold.de, www.der-tanzclub.de
Geschäftsstelle und Clubheim: Puricellistraße 11, 93053 Regensburg, © 0941/7040955 · Fax 0941/22030

VfB Regensburg e.V

Geschäftsstelle: Aussiger Straße 22, 93057 Regensburg, © 0941/62682, www.vfb-regensburg.de;
Vors.: Klaus Hauner, Hangstr. 22, 93173 Grünthal

Sonstige Anbieter

Tanzschule Backhausen

Dr.-Gessler-Str. 41, © 993919

Tanzstudio Krippner
Obermünsterstr. 9, ℗ 57706, www.tanzstudio-krippner.de

Tanzschule Unglaub
Puricellistr. 40, ℗ 270320 oder 93179

Tanzschule Huber
Liebigstr. 4, ℗ 448946

Flamenco Tanzstudio
Goldene-Bären-Str. 6, ℗ 701809, 0175/5907809

Salsa Tanzschule
Betty & Rafael Ruiz, ℗ 0171/1447105, www.salsaconclase.de

Salsa Tanzschule
℗ 2008436, 0173/9478555, www.salsaparty.de

Salsa Club
℗ 560573

Tanzschule Baladi
Orientalischer Tanz, ℗ 25014, 0160/97704541

Orientalisches Tanzstudio Athinà
Gewerbepark D53, ℗ 64177

Tango im Fluss
Christine Solf, Hintere Keilbergstr. 44a, 93055 Regensburg, ℗ Fax 0941/401625, www.tangoimfluss.de

TANGO-Werkstatt
Tannenstr. 10, 93152 Undorf, ℗ 09404/2176, Fax: 09404/5793, TANGO-Werkstatt_Regensburg@t-online.de, www.tango-werk-statt.com

Tauchsport

Wasser- oder besser: Unterwassersport mit (Gerätetauchen) oder ohne (Freitauchen, Apnoetauchen) Drucklufttauchgerät.
Tauchen ist Freizeitvergnügen, Wettkampfsport und Beruf (Retten, Forschung, Tiefbau).

Verband
www.bltv-ev.de: Bayer. Landestauchsport-Verband e.V.

Internet
www.vdst.de: Dachverband mit allen Informationen rund ums Tauchen.

www.wetfins.de: Internationale Tauchplatz-Datenbank – Tauchgangbeschreibungen von Tauchplätzen rund um die Welt

Vereine

Tauchclub Ratisbona Regensburg
Vorstand: Ronald Gläser, Roritzerstr. 4, 93072 Neutraubling, ℗ 09401/91 32 55, vorstand@tauchclub-ratisbona.de, www.tauchclub-ratisbona.de; Geschäftsstelle: Postf. 120545, 93027 Regensburg

DLRG - Deutsche Lebens-Rettungs-Gesellschaft

Ortsverband Regensburg, Wöhrdstraße 61, 93059 Regensburg; Vors.: Werner Kammermeier
✆ 0941/52699 • Fax 0941/52619 • info@regensburg.dlrg.de, www.regensburg.dlrg.de

Sporttauchverein Donauhaie Regensburg e.V.
Geschäftsstelle: Markusweg 15, 93164 Waldetzenberg, ✆ 9498/902275, Fax 9498/902276, info@donauhaie.de, www.donauhaie.de

Unterwasserclub Regensburg e.V.
1. Vorstand: Andreas Boy, 1.vorstand@ucr-regensburg.de, Postfach 12 05 31, 93027 Regensburg, www.ucr-regensburg.de

 ### Wasserwacht-Ortsgruppe Regensburg
Messerschmittstraße 2b, 93049 Regensburg, ✆ 09 41/2 08 53 06 - Fax: 09 41/2 08 50 06, info@wasserwacht-regensburg.de, www.wasserwacht-regensburg.de

Tennis

Wohl jedem bekanntes, als Einzel, Doppel oder Mixed gespieltes Rückschlagspiel. Die Spielstärke wird bestimmt durch Ausdauer, Schnellkraft, Technik und Willenskraft.

Verband
www.btv.de: Bayer. Tennisverband e.V.

Internet
www.dtb-tennis.de: Deutscher Tennis-Bund

Vereine

 ### ESV 1927 Regensburg e.V.
Geschäftsstelle: Dechbettener Brücke 2, 93051 Regenburg, ✆ 0941/33791, Fax 0941/32533, info@esv1927-regensburg.de, www.esv1927-regensburg.de;
Vors.: Inge Gerischer, Amselweg 14, 93077 Bad Abbach, ✆ 09405/1371

 ### Regensburger Hockey- u. Tennis-Club e. V.
Peter Löffler, Utastr. 60, 93049 Regensburg, ✆ 0941/51221, 0941/25791(priv.), regensburgerhtc@yahoo.de, www.regensburgerhtc.de

1. Regensburger Tennis-Klub von 1927
Peter Schötz, Postfach 110622, 93019 Regensburg, ✆ 0941/5997222

 ### SG Post/Süd
Kaulbachweg 31, 93051 Regensburg, ✆ 0941/92052-0 • Fax 0941/92052-15 • feierler@postsued-regensburg.de, www.postsued-regensburg.de

 ### SG Walhalla
Geschäftsstelle: Am Holzhof 1, 93059 Regensburg, ✆ 0941/8 46 20 • info@sg-walhalla.de, www.sg-walhalla.de;
Vors.: Karin Gritsch, Görresstr. 7, 93051 Regensburg, ✆ 0941/99667

 ### SV Harting
Karl Reithmeier, Kreuzhofstraße 15, 93055 Regensburg, ✆ 0941/7060565, www.sv-harting.de
Geschäftsstelle: Wiesenweg 2, 93055 Regensburg

SV Schwabelweis
Geschäftsstelle: Donaustaufer Straße 260, 93055 Regensburg, ✆ 0941/40553, webmaster@sv-schwabelweis.de, www.sv-schwabelweis.de; Vors.: Karlheinz Rohrbach, Fellingerbergstr. 71, 93055 Regensburg, ✆ 0941/40553

 ### TC Rot-Blau Regensburg e.V.
1. Vorstand: Dr. Lothar Koniarski, Rosenstr. 12, 93077 Bad Abbach, ✆ 09405/5859 (priv.), 0941/4008111 (gesch.), Fax: 0941/4008197, koniarski@t-online.de

Clubsekretariat: Dürerstraße 3, 93051 Regensburg, ✆ 0941/98763, info@tc-rot-blau.de, www.tc-rot-blau.freezope.org

 TSV Oberisling

✉ Vorstand: Werner Schenkel, Weingartenstraße 25, 93053 Regensburg, ✆ 09401/709696, www.tsv-oberisling.de/Home/home.html

 VfB Regensburg e.V

✉ Geschäftsstelle: Aussiger Straße 22, 93057 Regensburg, ✆ 0941/62682, www.vfb-regensburg.de; Vors.: Klaus Hauner, Hangstr. 22, 93173 Grünthal

 TSV Kareth-Lappersdorf e.V.

✉ Am Sportzentrum 1, 93138 Lappersdorf, Vorsitzender: Heinz Lauterbach, Rilkestraße 2, 93138 Lappersdorf, 0941/81355

Tischtennis

Sehr schnelles Miniatur-Tennis auf einem speziellen Tisch.

Tipp: auf den meisten Spielplätzen im Stadtgebiet sind öffentliche Tischtennis-Tische aufgestellt. Siehe Karte auf S. 264/265)

Verband

www.bttv.de: Bayer. Tischtennis-Verband e.V.

Internet

www.tischtennis.de: Deutscher Tischtennisbund

Vereine

 DJK Nord Regensburg e.V.

✉ Geschäftsstelle: Isarstraße 52, 93057 Regenburg, ✆ 0941/400328, Fax: 0941/4672429, webmaster@djk-regensburg-nord.de, www.djk-regensburg-nord.de

 DJK Sportbund Regensburg e.V.

✉ Helmut Petz, Roritzerstraße 12, 93047 Regensburg, ✆+Fax 5 46 66, E-Mail: Vorstand@djk-sportbund-regensburg.de, www.djk-sportbund-regensburg.de

 ESV 1927 Regensburg e.V.

✉ Geschäftsstelle: Dechbettener Brücke 2, 93051 Regenburg, ✆ 0941/33791, Fax 0941/32533, info@esv1927-regensburg.de, www.esv1927-regensburg.de; Vors.: Inge Gerischer, Amselweg 14, 93077 Bad Abbach, ✆ 09405/1371

 **Regensburger Turnerschaft e.V.**

✉ Geschäftsstelle: Schopperplatz 6, 93059 Regensburg, ✆ 0941/85389 und 894046, • Fax: 0941 894045, rt-info@t-online.de, www.regensburger-turnerschaft.de; Vors.: Hans-Thomas Raith, ✆ 53537

 SG Post/Süd

✉ Kaulbachweg 31, 93051 Regensburg, ✆ 0941/92052-0 • Fax 0941/92052-15 • feierler@postsued-regensburg.de, www.postsued-regensburg.de

 SG Walhalla

✉ Geschäftsstelle: Am Holzhof 1, 93059 Regensburg, ✆ 0941/8 46 20 • info@sg-walhalla.de, www.sg-walhalla.de; Vors.: Karin Gritsch, Görresstr. 7, 93051 Regensburg, ✆ 0941/99667

 Sportclub Regensburg

✉ Geschäftsstelle: Alfons-Auer-Straße 26, 93053 Regensburg, ✆ 0941/70 10 9-11 • Fax 701 09 -13, mail@sportclub-regens-burg.de, www.sportclub-regensburg.de; Vors.: Alexander Ochs, Graf-Spee-Str. 22, 93053 Regensburg, ✆ 7040070

 SV Burgweinting

✉ SV Burgweinting e.V., Kirchfeldallee 4, 93055 Regensburg, ✆ 0941 7851623, Fax 0941 7851610, info@sv-burgweinting.de,

www.sv-burgweinting.de

 TSV Kareth-Lappersdorf e.V.

Am Sportzentrum 1, 93138 Lappersdorf, Vorsitzender: Heinz Lauterbach, Rilkestraße 2, 93138 Lappersdorf, 0941/81355

Triathlon

Seit einigen Jahren trendiger Ausdauer-Mehrkampf, bestehend aus → Schwimmen, Rennradfahren (→ Radsport) und → Laufen, mit ununterbrochener Zeitnahme.

Verband

www.triathlon-bayern.de: Bayer. Triathlon-Verband

Internet

www.dtu-info.de: Deutsche Triathlon Union

www.tri2b.de: Aktuelle news aus der Triathlon-Szene

Vereine

Regensburger Triathleten (Tristar)

Roritzerstraße 6, 93047 Regensburg, ℘ 0941/5041395, www.tristar-regensburg.de; Vors.: Dieter Urbanowski, Brandlberger Str. 128

 LLC Marathon Regensburg

Manfred Hübner, Otto-Prager-Weg 1, 93051 Regensburg

℘ 0941/9429136 o. 09401/80043 • Fax 0941/9429156 • info@llc-marathon-regensburg.de, www.llc-marathon-regensburg.de

 TSV Oberisling

Vorstand: Werner Schenkel, Weingartenstraße 25, 93053 Regensburg, ℘ 09401/709696, www.tsv-oberisling.de/Home/home.html

 Veloclub Ratisbona

Siehe Porträt und Interview im Kapitel »Großvereine«.

Geschäftsstelle: Ziegetsdorfer Straße 46 a, 93051 Regensburg, ℘ 0941/54982 • Fax 0941/567031, info@veloclub-ratisbona.de, www.veloclub-ratisbona.de

Turnen

Sammelbegriff für verschiedene Sportarten mit dem Ziel der ganzheitlichen Fitness und Bewegungsschulung. Eine der ältesten Sportarten, in der Moderne ursprünglich aus dem politischem Hintergrund der deutsch-natiionalen Einigungsbewegung des frühen 19. Jahrhunderts hervorgegangen (»Turnvater« Jahn), heute Wettkampf- und Gesundheitssport in erhaltender und präventiver Funktion mit hohem Frauenanteil.

Zum Kernangebot des Deutschen Turner-Bundes gehören: Gerätturnen: Allgemeine Gymnastik, Rhythmische Sportgymnastik, Trampolinturnen, Rhönradturnen, Aerobic, Akrobatik, Orientierungslauf, Fitness und Gesundheit, Rope Skipping, Wandern, Faustball, Prellball, Indiaca, Ringtennis und Völkerball.

Das klassische Gerätturnen besteht bei den Männern aus den Diszipllinen Boden, Pferd, Ringe, Sprung, Barren und Reck; bei den Frauen aus Boden, Schwebebalken, Stufenbarren und Sprung.

Verband

www.turnverband-bayern.de: Bayer. Turnverband e.V.; Aktuelle Informationen und Hinweise zu Angeboten, Veranstaltungen und Lehrgängen.

Internet

www.dtb-online.de: Umfassende Informationen und Links zu Events und Terminen im Bereich Turnen und Gymnastik.

www.geraetturnen-bayern.de: Homepage der Landesfachausschusses des Bayer. Turnverbandes mit umfangreiche Infos

Vereine

DJK Nord Regensburg e.V.

Geschäftsstelle: Isarstraße 52, 93057 Regensburg, ✆ 0941/400328, Fax: 0941/4672429, webmaster@djk-regensburg-nord.de, www.djk-regensburg-nord.de

ESV 1927 Regensburg e.V.

Geschäftsstelle: Dechbettener Brücke 2, 93051 Regensburg, ✆ 0941/33791, Fax 0941/32533, info@esv1927-regensburg.de, www.esv1927-regensburg.de;
Vors.: Inge Gerischer, Amselweg 14, 93077 Bad Abbach, ✆ 09405/1371

SG Walhalla

Geschäftsstelle: Am Holzhof 1, 93059 Regensburg, ✆ 0941/8 46 20 • info@sg-walhalla.de, www.sg-walhalla.de;
Vors.: Karin Gritsch, Görresstr. 7, 93051 Regensburg, ✆ 0941/99667

Ski- und Wanderclub 1946 e.V. Regensburg

Franz Obermeier, Ortsstraße 14, 93161 Sinzing-Riegling, ✆ 0941/31110
Vereinsanschrift: Prinz-Rupprecht-Straße 38/III, 93053 Regensburg, www.swc-regensburg.de

SSV Jahn von 1889 e.V. Regensburg

Geschäftsstelle: Prüfeninger Straße 57a, 93049 Regensburg, ✆ 0941/6983-100 • Fax 0941/6983-122

SV Burgweinting

SV Burgweinting e.V., Kirchfeldallee 4, 93055 Regensburg, ✆ 0941 7851623, Fax 0941 7851610, info@sv-burgweinting.de, www.sv-burgweinting.de

SV Fortuna Regensburg e.V.

1. Vorsitzender: Dieter Sichert, Ziegenhofstraße 5, 93173 Wenzenbach, ✆ 09407/90060, Fax 0 94 07/9 00 69, Dieter.Sichert@badminton-bezirk-no.de, www.sv-fortuna-regensburg.de
Vereinsheim: Isarstr. 85 • 93057 Regensburg, ✆0941/40 17 39

SV Schwabelweis

Geschäftsstelle: Donaustaufer Straße 260, 93055 Regensburg, ✆ 0941/40553, webmaster@sv-schwabelweis.de, www.sv-schwabelweis.de; Vors.: Karlheinz Rohrbach, Fellingerbergstr. 71, 93055 Regensburg, ✆ 0941/40553

TSV Kareth-Lappersdorf e.V.

Am Sportzentrum 1, 93138 Lappersdorf, Vorsitzender: Heinz Lauterbach, Rilkestraße 2, 93138 Lappersdorf, 0941/81355

Volleyball

In den USA erfundene, weit verbreitete Rückschlag-Mannschaftssportart. Aktuell trendiger Ableger: Beachvolleyball.

Tipp: Beachvolleyballfelder in Regensburg siehe Karte auf S. 264/265

Verband

www.bvv.volley.de: Bayer. Volleyball-Verband e.V.

Internet

www.volleyball-verband.de: Deutscher Volleyball-Verband
www.volleyballer.de; www.volley.de

Vereine

DJK Nord Regensburg e.V.
Geschäftsstelle: Isarstraße 52, 93057 Regensburg, ☏ 0941/400328, Fax: 0941/4672429,
webmaster@djk-regensburg-nord.de, www.djk-regensburg-nord.de

DJK Sportbund Regensburg e.V.
Helmut Petz, Roritzerstraße 12, 93047 Regensburg, ☏+Fax 5 46 66, E-Mail: Vorstand@djk-sportbund-regensburg.de,
www.djk-sportbund-regensburg.de

ESV 1927 Regensburg e.V.
Geschäftsstelle: Dechbettener Brücke 2, 93051 Regensburg, ☏ 0941/33791, Fax 0941/32533,
info@esv1927-regensburg.de, www.esv1927-regensburg.de;
Vors.: Inge Gerischer, Amselweg 14, 93077 Bad Abbach, ☏ 09405/1371

Regensburger Ruder-Klub von 1890 e.V.
Vorstand: Hans Thumann, Hemauer Str. 5, 93047 Regensburg, ☏ 0941/51454, vorstand@regensburger-ruder
klub.de; Verein: Messerschmittstr. 2/Ost, 93049 Regensburg; ☏ 0941/2 55 14, 2 96 68 15, Fax (09 41) 2 96 68 17,
www.regensburger-ruderklub.de

Regensburger Turnerschaft e.V.
Geschäftsstelle: Schopperplatz 6, 93059 Regensburg, ☏ 0941/85389 und 894046, •Fax: 0941 894045, rt-info@t-online.de,
www.regensburger-turnerschaft.de; Vors.: Hans-Thomas Raith, ☏ 53537

SG Post/Süd
Kaulbachweg 31, 93051 Regensburg, ☏ 0941/92052-0 • Fax 0941/92052-15 • feierler@postsued-regensburg.de,
www.postsued-regensburg.de

Sportclub Regensburg
Geschäftsstelle: Alfons-Auer-Straße 26, 93053 Regensburg, ☏ 0941/70 10 9-11 • Fax 701 09 -13, mail@sportclub-regens-
burg.de, www.sportclub-regensburg.de; Vors.: Alexander Ochs, Graf-Spee-Str. 22, 93053 Regensburg, ☏ 7040070

SSV Jahn von 1889 e.V. Regensburg
Geschäftsstelle: Prüfeninger Straße 57a, 93049 Regensburg, ☏ 0941/6983-100 • Fax 0941/6983-122

SV Burgweinting
SV Burgweinting e.V., Kirchfeldallee 4, 93055 Regensburg, ☏ 0941 7851623, Fax 0941 7851610, info@sv-burgweinting.de,
www.sv-burgweinting.de

SV Fortuna Regensburg e.V.
1.Vorsitzender: Dieter Sichert, Ziegenhofstraße 5, 93173 Wenzenbach, ☏ 09407/90060, Fax 0 94 07/9 00 69,
Dieter.Sichert@badminton-bezirk-no.de, www.sv-fortuna-regensburg.de
Vereinsheim: Isarstr. 85 • 93057 Regensburg, ☏ 0941/40 17 39

TSV Kareth-Lappersdorf e.V.
Am Sportzentrum 1, 93138 Lappersdorf, Vorsitzender: Heinz Lauterbach, Rilkestraße 2, 93138 Lappersdorf, 0941/81355

Wakeboarding
Wasserskilaufen auf einem dem Snowboard vergleichbaren Brett. Gezogen wird man per Boot oder
Seilbahn. Möglich auf dem Steinberger See bei Schwandorf: www.wakeboardanlage.de

Walking/Nordic Walking
→ Nordic Walking

Tipp: Beachten Sie die Anzeige »DER AUSRÜSTER« auf S. 13

Verband

www.blv-sport.de: Bayer. Leichtathletik-Verband e.V.

Internet

www.nordic-wandern.de/www.nordic-walking.de: Portale für Nordic Walking und Wandern mit vielen hilfreichen Tipps und Links

Wandern

Der Mensch läuft und geht seit Millionen von Jahren. Der menschliche Bewegungsapparat ist daher auf diese Fortbewegungsarten hin optimiert. Wandern, die gemütliche Form des → Walking, zählt zu den ältesten Möglichkeiten, sich in der Freizeit mit sportlicher Betätigung zu erholen.

Um Regensburg finden sich über 1 000 km Wanderwege, die vom Waldverein gepflegt werden, sowie die Kreuzungen verschiedener Fernwanderwege.

Karte: Die Wanderwege sind verzeichnet auf den Karten des Bayer. Landesvermessungsamtes 1 : 50.000 »Naturpark Altmühltal, östl. Teil« und »Naturpark Vorderer Bayerischer Wald«.

Literatur: »Wanderführer in die Umgebung von Regensburg«, hrsg. v. Waldverein.

Tipp: Das Umweltamt hält 5 Führer bereit »Natur bei uns«, die Wandertouren mit botanischer und geologischer Hintergrundinfo verbinden: 1) Brandlberg und Keilberg, 2) Regental und Mühlberg, 3) Winzerer Höhen, 4) Prüfening, 5) Aubach und Weintinger Hölzl; erhältlich beim Amt für Umwelt-, Natur- und Verbraucherschutz, Hausanschrift: Neues Rathaus, Minoritenweg 4 - 9, 93047 Regensburg; Postanschrift: Postfach 11 06 43, 93019 Regensburg.

Verband

www.turnverband-bayern.de: Bayer. Turnverband e.V.

Internet

www.wanderverband.de: Deutscher Wanderverband; Verzeichnis der großen Wandervereine und wanderfreundlicher Unterkünfte.

www.wanderbares-deutschland.de: Wanderportal mit Informationen rund ums Wandern in Deutschland

www.nordic-wandern.de: Portal für Nordic Walking und Wandern mit vielen hilfreichen Tipps und Links

Vereine

BRK Bergwacht

Dieter Nikol, Hoher-Kreuz-Weg 7, 93055 Regensburg, ✆ 0941/7960545

Deutscher Alpenverein - Sektion Regensburg

Geschäftsstelle: Luitpoldstraße 20, 93047 Regensburg

✆ 0941/560159 • Fax 0941/51917 info@alpenverein-regensburg.de, www.alpenverein-regensburg.de

DJK Sportbund Regensburg e.V.

Helmut Petz, Roritzerstraße 12, 93047 Regensburg, ✆+Fax 5 46 66, E-Mail: Vorstand@djk-sportbund-regensburg.de, www.djk-sportbund-regensburg.de

DJK SV Keilberg Regensburg e.V.

Geschäftsstelle: Zur Hohen Linie 28, 93055 Regensburg, www.djk-sv-keilberg.de, ✆ 0941/4 80 90

Vors.: Heinz Wegscheid: Alfons-Sigl-Str. 28, 93055 Regensburg-Keilberg, ✆ 47395

NaturFreunde Deutschlands, Ortsgruppe Regensburg e.V.
Herbert Utz, Wolfseggerstraße 1, 93138 Lappersdorf, ✆ 0941/80704

SG Post/Süd
Kaulbachweg 31, 93051 Regensburg, ✆ 0941/92052-0 • Fax 0941/92052-15 • feierler@postsued-regensburg.de, www.postsued-regensburg.de

Ski- und Wanderclub 1946 e.V. Regensburg
Franz Obermeier, Ortsstraße 14, 93161 Sinzing-Riegling, ✆ 0941/31110
Vereinsanschrift: Prinz-Rupprecht-Straße 38/III, 93053 Regensburg, www.swc-regensburg.de

SSV Jahn von 1889 e.V. Regensburg
Geschäftsstelle: Prüfeninger Straße 57a, 93049 Regensburg, ✆ 0941/6983-100 • Fax 0941/6983-122

SV Fortuna Regensburg e. V.
1. Vorsitzender: Dieter Sichert, Ziegenhofstraße 5, 93173 Wenzenbach, ✆ 09407/90060, Fax 0 94 07/9 00 69, Dieter.Sichert@badminton-bezirk-no.de, www.sv-fortuna-regensburg.de
Vereinsheim: Isarstr. 85 • 93057 Regensburg, ✆ 0941/40 17 39

Waldverein Regensburg - (Sektion des Bayerischen Waldvereins e.V.)
1. Vorsitzender: Dieter Häckl, Holzgartenstr. 35c, 93059 Regensburg, ✆ 0941/43212, dieter.haeckl@freenet.de
Geschäftsstelle: Fidelgasse 11, 93047 Regensburg, ✆ 0941/567282, Fax.: 0941/5865523, waldverein-regensburg@t-online.de, www.waldverein-regensburg.de

Wasser- und Bootsport

Canyoning, ➔ Kanusport, Kayaking, Kitesurfen, Rafting, ➔ Rudern, Schnorcheln, ➔ Schwimmen, Seesport, ➔ Segeln, Surfen, ➔ Tauchsport, ➔ Wakeboarding, Wasserspringen, Wasserball, Wasserski, Wellenreiten, ➔ Windsurfen, Unterwasserrugby

Vereine
1. Motorboot- u. Wasserskiclub Regensburg e.V.
Johann Lehner, Andreasstraße 21, 93059 Regensburg, ✆ 0941/905050

Regensburger Motorboot- und Wassersportverein
Josef Antes, Bischof-Wittmann-Straße 5, 93051 Regensburg, ✆ 0941/997777, Fax 0941/90508, www.bmyv.de/rmwv1.htm

Wassergymnastik

➔ Aqua-Fitness

Windsurfen

Fortbewegung auf einem Brett mit Segel auf dem Wasser.

Mit Hilfe eines Lenkdrachens als »Kitesurfen« bezeichnet. An Land auch in Verbindung mit Inlineskates, Skateboard oder Snowboard (Snowkiten) ausgeübt.

Sonstige Anbieter
Windsurfschule Guggenberger See
✆ 09405-2346, Fax 09405-963901, surfamguggi@hotmail.de, www.windsurfing-guggi.de

Wing Tsun

Chinesische Kampfkunst mit Betonung schneller Techniken.

Internet

www.ewto.de: weltweites Wing Tsun Portal

Vereine

 SG Post/Süd

✉ Kaulbachweg 31, 93051 Regensburg, ✆ 0941/92052-0 • Fax 0941/92052-15 • feierler@postsued-regensburg.de,
www.postsued-regensburg.de

Wirbelsäulengymnastik

→ Rückenschule

Yoga

Philosophische Lehre aus Indien, im Westen gerne auf das System von gesundheitsfördernden Techniken reduziert, mit Hilfe des Atems und der geistigen Konzentration Körper, Seele und Geist in Einklang zu bringen.

Internet

www.yoga.de: Grundsätzliche Informationen und Links zum Yoga.

Sonstige Anbieter

Yoga Centrum

Barbara Bötsch, ✆ 56712211, www.YogaCentrum.de

Im Licht der Stille

Cornelia Buchmayer, Ludwigsstr. 6, ✆ 89059359, www.yogaimlichtderstille.info

Yogastudio

Christine August, Karlsbaderstr. 3, ✆ 5998140

Großvereine

LLC Marathon

Nicht nur der größte Laufverein Bayerns, auch Deutschlands, findet sich in Regensburg.

Wie kam es dazu? Der LLC, Lang-Laufclub, wurde 1979 gegründet von 26 Laufenthusiasten, die zu diesem Zeitpunkt aufgrund ihrer Begeisterung für die Langstrecke, sprich Marathon, keine Heimat in anderen Sportvereinen fanden. Bis 1989 wuchs der Verein nur sehr langsam, was daran lag, dass die sportlichen Anforderungen an die interessierten Mitglieder sehr hoch waren.

Erst das Angebot, Läufer professionell auf einen Marathon vorzubereiten, eröffnete dem LLC neue Perspektiven. Damit verbunden war die Ausrichtung der ersten Regensburger Marathons 1990. Der Marathon ist inzwischen zu einem Klassiker im Laufkalender gereift (www.regensburg-marathon.de). In der Zwischenzeit wurde das Angebot um einen Halbmarathon, Inline-Halbmarathon und Nordic Walking erweitert.

Der ganz große Durchbruch kam 1999 mit der Durchführung der alljährlich im Frühjahr stattfindenden Einsteigerlauftreffs. Mit dieser Öffnung zum Breitensport verbunden ist eine wahre Mitgliederexplosion. So kann der LLC auf aktuell über 1200 Mitglieder blicken. Das Angebot ist vielseitig: Der Lauftreff wird von einer großen Anzahl ausgebildeter Lauftreffleiter betreut. Kinder und Jugendliche trainieren in auf sie angepassten Gruppen. Die Leistungsgruppe verfügt über einen eigenen Trainer. Auch die neuen Trend-Sportarten wie Walking, Nordic Walking und Triathlon finden im Verein eine gute Plattform.

Vereinsfahrten, die zweimal jährlich durchgeführt werden, sind sehr beliebt. Das Highlight des Vereins ist sicherlich der alljährlich im Mai stattfindene Regensburg Marathon.

Informationen über den LLC findet man unter llc-regensburg-marathon.de, jeden Montag und Donnerstag um 18: 00 Uhr beim Lauftreff (Treffpunkt Infineon-Parkplatz beim Westbad) oder unter Telefon 0941/9429136

LLC Marathon Regensburg e.V
Otto-Prager-Weg 1, 93051 Regensburg, ✆ 0941 942 9136,
Fax 0941 942 9156, llc@llc-marathon-regensburg.de, www.llc-marathon-regensburg.de

Nachgefragt bei: Marion Fuchs, Vorstand des LLC Marathon und Geschäftsführerin der Regensburg-Marathon GmbH

LAS: Frau Fuchs, Sie sind beim LLC Marathon seit …?

Frau Fuchs: … dem Jahre 2000.

LAS: Warum sind Sie Mitglied?

Frau Fuchs: Weil das Laufen in der Gruppe mit einfach mehr Spaß macht, und zum anderen, weil man dann zwei bis drei feste Termine in der Woche hat, die man sich vornehmen und gut einplanen kann, und damit regelmäßig Sport betreibt.

LAS: Wie würden Sie den LLC in einem Satz charakterisieren?

Frau Fuchs: Eine große Lauffamilie.

LAS: Viele sind der Meinung: Laufen kann ja jeder, und das kostenlos und überall. Wo liegen denn die Vorteile einer Vereinsmitgliedschaft beim LLC?

Frau Fuchs: Gemeinsames Training zu festen Zeiten, die Möglichkeit beim Lauftreff unter verschiedenen Leistungsgruppen auswählen zu können. Das Angebot an unterschiedlichen Ausdauersportarten wie Laufen, Walken, Nordic Walken und Triathlon. Weiter eine gezielte Trainingsvorbereitung auf Wettkämpfe und natürlich auch Zusatzangebote wie im Winter die Rückenschule, Schwimmen, Konditionstraining. Dazu die Vereinsfahrten zu interessanten Laufveranstaltungen und die Solidarität im Verein.

LAS: Ihre Funktion als Vorstand und Geschäftsführerin ist ja mit Aufwand verbunden. Was ist Ihr Motiv, diese Arbeit, auch in der Marathon-Organisation auf sich zu nehmen?

Frau Fuchs: Es ist spannend und eine Herausforderung alle Interessen und Anforderungen an aeinem einzigen Wochenende zu bündeln, um für alle Sportler und Besucher diese Veranstaltung zu einem unvergesslichen Erlebnis zu machen.

LAS: Lassen Sie uns ein wenig in die Zukunft blicken. Welche Wettkämpfe und Meisterschaften sind für die nächsten Jahre im Rahmen des Regensburg-Marathon geplant?

Frau Fuchs: Am 28. Mai 2006 findet der 16. Regensburg Marathon statt mit den Wettbewerben HalbMarathon und InlinerHalbMarathon sowie zusätzlich auch der NordicWalking Halbmarathon. In Planung befindet sich auch erstmals ein Duathlon. Und 2007 wird es dann international – die Europameisterschaften der Senioren finden im Tahmen des Marathon-Wochenendes bei uns statt.

LAS: Sind Sie selbst aktive Läuferin und Wettkampfläuferin?

Frau Fuchs: Ich laufe selbst aktiv Marathon, und nehme auch an dem einen oder anderen Wettkampf teil, aber immer unter dem Aspekt ›Spaß‹.

LAS: Wie oft trainieren Sie in der Woche?

Frau Fuchs: In der Regel vier Mal, vor Wettkämpfen, sprich Marathon, bis zu fünf oder sechs Mal.

LAS: Was bereitet Ihnen in der Vereinsarbeit am meisten Freude?

Frau Fuchs: Wenn man sich gemeinsam Ziele gesetzt hat, diese auch erreicht hat und das feedback der Vereinskollegen positiv ist.

LAS: Was möchten Sie in der Vereinsarbeit unbedingt noch verbessern?

Frau Fuchs: Um die Vereinsarbeit weiter erfolgreich machen zu können, wäre es schön, wenn sich weitere Vereinskollegen und insbesondere auch Frauen in die Vereinsarbeit mit einbringen würden. Zum anderen wären statt weiterer Einsparmaßnahmen der Kommunen eine größere finanzielle Unterstützung für die gesellschaftspolitischen Aufgaben des Vereins wünschenswert.

LAS: Legt der LLC mehr Wert auf Leistungs- oder auf Breitensport?

Frau Fuchs: Ich denke, der große Vorteil des LLC ist genau diese Mischung. Wir bieten alles für den Breiten- und Gesundheitssport. Andererseits haben wir eine Leistungsgruppe, die wir sehr wichtig nehmen, weil wir damit auch öffentlich wahrgenommen werden. Beides hat seinen Platz und beides hat auch die gleiche Wertigkeit.

LAS: Ab welchem Alter werden Kinder oder Jugendliche im Verein aufgenommen?

Frau Fuchs: Ab fünf.

LAS: Kinder tendieren ja zunächst von sich aus nicht zum Langlauf. Wie werden die kids bei Ihnen an den Laufsport herangeführt?

Frau Fuchs: Laufen und Bewegung sind bei Kindern natürlich ganz eng miteinander verbunden. Die Kunst besteht sicherlich daran, Kinder spielerisch an den Laufsport heranzuführen. Unser Jugendleiter, Herr Bernd Heilmann schafft da eine perfekte Verbindung zwischen ›Training‹ und Spiel. Die Belohnung für die Kinder besteht in der Teilnahme an Wettkämpfen. Kinder wollen sich messen, sie wollen untereinander ihre Kräfte vergleichen und wissen: Wie stehe ich denn im Vergleich zu anderen?

LAS: Haben Sie ein spezielles Programm oder eine eigene Gruppe für die Erwachsenen-Einsteiger?

Frau Fuchs: Wir bieten jedes Jahr einen ›Einsteiger-Lauftreff‹ an, der acht Wochen vor dem Regensburg-Marathon beginnt. Dort werden schwerpunktmäßig Erwachsene, aber auch Kinder, auf das Laufen vorbereitet. Die Teilnehmer werden von ausgebildeten Übungsleitern sanft ans Laufen herangeführt, sodass sie nach acht Wochen in der Lage sind, eine knappe Stunde locker und ohne Probleme laufen zu können.

LAS: Gibt es auch eine Seniorengruppe im Verein, sagen wir mal, ab 60, oder laufen alle Aktiven, also Frauen, Männer, Senioren, nach Leistungsklassen eingeteilt?

Frau Fuchs: Eine eigene Seniorengruppe haben wir nicht, weil das Laufen den ganz großen und spannenden Vorteil hat, dass alle Altersgruppen gemischt sind. Ein schneller 60-Jähriger kann selbstverständlich mit einem 20-Jährigen zusammen laufen. Die Einteilung erfolgt nach Leistungsstärke, jeder sucht sich die Gruppe aus, in der er sich am wohlsten fühlt

LAS: Wie alt ist das älteste aktive Vereinsmitglied?

Frau Fuchs: Unser ältester und immer noch aktiver Läufer wird in diesem Jahr stolze 80 Jahre alt.

LAS: Wie oft trainiert man pro Woche?

Frau Fuchs: Vom Gros der Mitglieder werden die festen Trainingszeiten, montags, donnerstag und samstags, wahrgenommen.

Die reine Leistungsgruppe trainiert auch drei Mal pro Woche. Deren Training sieht zum Teil anders aus, es gibt dort im Gegensatz zu den anderen Gruppen auch Trainingseinheiten auf der Bahn.

LAS: Wird im Winter auch gelaufen? Was ist mit den Jugendlichen?

Frau Fuchs: Der LLC läuft und walkt das ganze Jahr, egal, ob Sommer oder Winter, egal, ob Feiertage oder Sonstiges. Das Gleiche gilt auch für die Kinder, mit dem Unterschied, dass im Winter nur einmal pro Woche draußen trainiert wird. Als Ergänzung wird ein Hallentraining angeboten. Für die Erwachsenen bietet der Verein zusätzlich Konditionstraining und Rückenschule an.

LAS: Dann bleibt noch die Frage offen, wie man beim LLC Mitglied wird.

Frau Fuchs: Am besten beim Lauftreff vorbeischauen, am Montag oder Donnerstag um 18 Uhr am Infineon-Parkplatz. Mal reinschnuppern, sich das anschauen, und wenns einem gefällt, wovon ich ausgehe, Aufnahmeantrag ausfüllen, und schon ist man dabei.

LAS: Frau Fuchs, wir danken für das Gespräch.

EV Regensburg · Eisbären

Geschichte

Nach ersten Anfängen in den 1930er Jahren dauerte es bis in die 60er Jahre, bis der Eissport in Regensburg seinen Druchbruch hatte.

Der EV Regensburg wurde im Jahr 1962 gegründet, zwei Jahre später das Eisstadion am Unteren Wöhrd errichtet. Nach der Fusion mit der SV Donaustauf schaffte es der EVRD, wie er dann hieß, bis in die 2. Liga, weitere Ambitionen blieben aber mangels Eissport-Halle verwehrt.

Ab 1982 wieder als EVR eigenständig, ging es in der Folge auf und ab, mit dem Konkurs Anfang der 90er Jahre und dem folgenden Wiederaufbau.

Seit 1997/98 trägt die 1. Mannschaft den Namen »Eisbären Regensburg«.

Seit 1999 spielt der EVR in der ca. 5000 Zuschauer fassenden, als Multifunktionshalle gebauten Donau-Arena. Mit dem Aufstieg in die 2. Liga hat sich die Eishockey-Mannschaft dort etabliert.

Abteilungen

Eishockey: 1B-Mannschaft Senioren, Junioren, Jugend, Schüler, Knaben, Kleinschüler (bis 10 Jahre), Kleinstschüler (bis 8 Jahre). In der Vorschule werden vorbereitend Kinder im Alter von etwa 4 - 10 Jahren zusammengefasst.

Das Damenteam spielt in der Landesliga, in letzter Zeit in Spielgemeinschaft mit dem 1. EV Weiden.

Eiskunstlauf: Weniger leistungsorientiert, Grundkenntnisse für alle Altersstufen ab Vorschulalter vermittelt.

Eisstockschützen: richteten 2005 die Eisstock-Europameisterschaft aus.

Inline-Hockey: Training in der Trainingshalle der Donau Arena. Die Saison dauert von Anfang Mai bis Ende Juli.

Weitergehende Infos auf der übersichtlichen homepage des EVR
Eissportverein Regensburg e.V.,
Walhalla-Allee 22 (Donau-Arena), 93059 Regensburg, ✆ (09 41) 46 72 27 0, Fax: (09 41) 46 10 50 50, eissportverein-regensburg@netzblick.com, www.evregensburg.de

Eisbären

Zur Saison 2001/02 wurde die Profimannschaft des EV Regensburg ausgelagert und in der Eisbären Regensburg Betriebs GmbH organisiert.
Die Eisbären Regensburg Betriebs GmbH
Donaustaufer Str. 120 (1.Stock), 93059 R
✆ 4602844, Fax: 4602855, mail: info@dieeisbaeren.de, www.eisbaeren-regensburg.de (sehr aktuell und ausführlich

Fan-Seite EVR und Eisbären
www.ev-regensburg.de: Alle Tabellen, alle Spieler, alle Spieler seit 1965/66

SSV Jahn 2000 Regensburg e.V.

DIE Regensburger Institution in Sachen Fußball.

Geschichte

Die ganze Jahn-Story unter www.ssv-jahn.de/geschichte.php
Hier nur so viel: Fußball wird beim Jahn seit 1907 gespielt.

Seit dem 1. Weltkrieg mit größerem Erfolg. Seit 1926 auf dem hutigen Jahn-Platz an der Prüfeninger Straße. In den 1930er Jahren stand der legendäre National-Keeper Hans Jakob im Tor.

Nach dem 2. Weltkrieg sammelte der Jahn einschlägige Erfahrungen in vielen Ligen: Wechselbad zwischen Landesliga und 2. Liga.

Im Jahre 2000 löste man die Fußball-Abteilung als SSV Jahn 2000 Regensburg e.V. aus dem Hauptverein heraus. 2002 schlossen sich die Fußballer der SG Post/Süd dem SSV Jahn 2000 an.

Spielstätte ist nach wie vor das gut 10.000 Zuschauer fassende Stadion an der Prüfeninger Straße.

Der Verein hat etwa 700 Mitglieder und eine bunte Fan-Szene.

Ende 2005 gibt es 3 Herrenmannschaften und 15 Juniorenteams inkl. der Jahn II U 23 und der U 19 Bundesliagmannschaft.

Der Verein legt großen Wert auf Nachwuchsarbeit: 14 - 16 Jugendteams Juniorenteam, Jugendteams von der A-Jugend abwärts. 31 Jugendtrainer betreuen 235 Nachwuchsspieler.

Geschäftsstelle: Prüfeningerstr. 57a, 93049 Regensburg, ✆ 0941/6983-100, Fax: 0941/6983-122, info@ssv-jahn.de, www.ssv-jahn.de

Fan-Magazin des Jahn: www.jahn-magazin.de

LG Domspitzmilch

Eine der Top-Adressen für die Leichtathletik in Süddeutschland.

Kein Verein, sondern eine Trainings- und Wettkampfgemeinschaft aus etwa 20 bayerischen Leichtathletik-Vereinen mit Schwerpunkt in der Region. Die LG wurde 1970 ins Leben gerufen mit dem Ziel, die Abwanderung von Topathleten der regionalen Vereine zu verhindern und der Spitzen-Leichtathletik einen Platz in Regensburg zu schaffen. Weiterhin sollten für Sportler wie Trainer optimale Trainingsbedingungen geschaffen werden.

Zunächst vorwiegend im regionalen Raum tätig, erweiterte die LG ihen Wirkungskreis in den letzten Jahren erheblich.

Bei den Olympischen Spielen in Athen 2004 stellte die LG die einzigen beiden bayerischen Leichtathleten.

Seit jüngstem arbeitet man auch eng mit dem mit dem 2002 gegründeten Sportinternat Regensburg (www.sportinternat-regensburg.de) zusammen.

Die einzelnen Sportlerinnen und Sportler bleiben weiterhin Mitglied ihrer Stammvereine und werden von der LG Domspitzmilch gefördert.

Die LG brachte und bringt Athletinnen und Athleten bis hin zur internationalen Spitze hervor. Nationale Spitzenplätze sind keine Seltenheit.

Auch als Ausrichter von Wettkämpfen hat sich die LG einen Namen gemacht. So wurde etwa die Organisation der deutschen Crosslaufmeisterschaften 2001 und 2002 hoch gelobt.

Information bietet die sehr gut gepflegte Homepage mit Fotos und umfangreichen Ergebnislisten (www.lg-regensburg.de).

Neben Infos über die LG findet sich eine ausführliche Chronik der Erfolge des Vereins seit 1970, Ergebnisse der aktuellen Wettkämpfe, alle Athleten mit Bestleistungen und Entwicklung, aktuelle Termine und Links in die Leichtathletik-Welt.

Viel Engagement steckt auch im »Laufkalender«, der jährlich als wohl umfangreichste Zusammenstellung seiner Art in Bayern die wesentlichen bayerischen Termine in den Bereichen Laufen/Leichathletik/Triathlon auflistet. Erhältlich ist der »Laufkalender« über die Geschäftsstelle oder das Sportamt Regensburg.

Geschäftsstelle LG Domspitzmilch: Thomas Stockmeier, Arberstraße 25, 93059 Regensburg, 0941/43828, 0941/43828, info@lg-regensburg.de, www.lg-regensburg.de

Nachgefragt bei: Kurt Ring, dem Sportlichen Leiter der LG Domspitz-milch

LAS: Herr Ring, die LG ist ja kein Verein im eigentlichen Sinne. Was war das Motiv, die Gemeinschaft vor etwa 35 Jahren zu gründen?

Kurt Ring: Regensburg hatte damals sehr gute Leichtathleten mit Richard Kick, Dr. Hermann Magerl, mit Karl-Heinz Betz, Gerlinde Hefner, jetzige Pawelke. Der TSV 1860 München und andere Großvereine haben um diese Leute geworben, man wollte sie aber in Regensburg halten. Dazu musste man bessere wirtschaftliche Bedingungen schaffen, wozu die die Vereine nicht in der Lage waren. Deshalb ist ein Förderkreis gebildet worden, mit dem Ziel, eine Leichathletikgemeinschaft unter dem Aspekt der Trainings- und Wettkampfgemeinschaft zu bilden.

LAS: Was hat sich seitdem in der Zielsetzung der LG verändert?

Kurt Ring: Nichts, nur dass sich die LG jetzt mit einem Kopfsponsor immer mehr zu einem geschäftsführenden Verein entwickelt, wobei die Rechte der Stammvereine nach wie vor 100-prozentig gewahrt werden.

LAS: Wie muss man sich die Zusammenarbeit der einzelnen Vereine mit der LG vorstellen?

Kurt Ring: Das ist ganz einfach. Die Vereine stellen uns ihre Jungtalente zur Verfügung und wir übernehmen die fachliche und sportliche Betreuung: Die Vereine zahlen pro Jahr einen geringen Mitgliedsbeitrag an die LG.

LAS: Wie gestaltet sich das Training?

Kurt Ring: Das Training ist mittlerweile komplett LG-Training, weil es bei einem Hochleistungs- bzw. Leistungstraining keinen Sinn macht, im Verein noch etwas abzuwickeln.

LAS: In welchen Disziplinen sieht sich LG vorne?

Kurt Ring: Wir haben Schwerpunkte im Bereich ›Lauf‹ und ›Stabhochsprung‹ mit einem eigenen Trainer, ebenso im Bereich ›Mehrkampf‹. Wir würden gerne wieder einen Schwerpunkt im Sprint setzen, aber die Region ist da im Augenblick abgegrast.

LAS: Gibt es ein Mindestaufnahmealter?

Kurt Ring: Das gibt es nicht, aber wir schauen uns die Leute schon genauer an, auch die Eltern und den Verein, weil wir wissen wollen, ob jeder hinter der Förderung steht. Leistungssport ist eine diffizile Angelegenheit, die nur Sinn macht, wenn zugearbeitet wird.

LAS: Welchen Einzugsbereich hat die LG in etwa?

Kurt Ring: Wir haben in ganz Bayern Athleten sitzen, ja zum Teil sogar deutschlandweit. Wenn jemand wegen des Studiums nach Hamburg, Bremen etc. verschlagen wird, dann bleibt er uns in der Regel treu.

LAS: Sie fördern ja nicht nur Athletinnen und Athleten, sie richten auch selber

Wettkämpfe aus. Welche?

Kurt Ring: Regelmäßig jedes Jahr ein bis zwei Landesmeisterschaften. Ab und an, wie etwa 2001 oder 2002, und jetzt 2006, Deutsche Meisterschaften. Nicht zu vergessen unsere eigenen Meetings, die deutschlandweit einen guten Ruf haben.

LAS: Wie lange sind Sie selbst schon dabei?

Kurt Ring: Seit der Gründung; ich habe mal eine Auszeit genommen, in der ich kurz beim SWC tätig war. Den sportlichen Bereich leite ich seit 1990.

LAS: Wenn Sie die Geschichte der LG Revue passieren lassen, was war das HIghlight der letzten 35 Jahre?

Kurt Ring: Das war sicher zum einen der 4. Platz von Hermann Magerl bei der Olympiade 1972 in München. Aber so ein Sternchen bekommen Sie alle 50 Jahre, das hat auch sehr viel mit Zufall zu tun. Weltklasseathleten werden geboren, die kann man nicht züchten.

Dazu kommt sicher der 12. Platz von Florian Schönbeck 2004 im Zehnkampf in Athen.

LAS: Welche sportlichen Ziele haben Sie als LG-Mann für die Zukunft?

Kurt Ring: Den Standard aufrecht erhalten, den wir momentan haben. Mehr ist aufgrund des finanziellen Rahmens wahrscheinlich nicht möglich. Immer wieder bei nationalen und internationalen Meisterschaften Leute stellen. Ein ganz großer Traum wäre natürlich, in der Uni acht Rundbahnen zu bekommen. Damit hätten wir den Einstieg für die großen Meisterschaften, wozu uns im Augenblick zwei Rundbahnen fehlen. Die Kosten halten sich mit 80 000 Euro im Rahmen, aber die Kassen sind allerorten leer, Sponsoren dünn gesät. Aber wir arbeiten daran.

LAS: Zum Abschluss: Was liegt Ihnen beim Thema ›LG‹ noch besonders am Herzen?

Kurt Ring: Sehr wichtig sit, dass die Talente frühzeitig gebracht werden. Im Fußball beispielsweise ist es ganz normal, dass man die Talente zu den großen Vereinen bringt. In der Leichtathletik ist das leider nicht der Fall. Zu uns werden die Leute oft viel zu spät gebracht, sprich schlecht ausgebildet. Wenn sich mal ein falsches Bewegungsbild eingeschliffen hat, dann lässt es sich nur sehr schwer wieder korrigieren.

Das richtige Einstiegsalter in die spezielle Leistungsförderung liegt zwischen 12 und 14 Jahren. Dann ist eine vernünftige Ausbildung möglich. Inzwischen haben das auch Vereine in weiterer Entfernung, etwa in Amberg, oder auch Einzelsportler, erkannt.

LAS: Herr Ring, wir danken Ihnen für das Gespräch.

VCR – Veloclub Ratisbona e.V.

Rennsport, Triathlon, Radtouristik, Mountainbike, Geselligkeit: so ist es auf der homepage eines der der größten Radsportvereine Bayerns zu lesen.

Vor über 20 Jahren von etwa 40 Radsportbegeisterten aus der Taufe gehoben, wesentlich aufgebaut und straff geführt von Barbara Wilfurth, ist der Verein mittlerweile an die 500 Mitglieder stark.

Weit über die Grenzen Regensburgs hinaus bekannt wurde der Veloclub durch die Organisation des Arbermarathons, der jährlich am letzten Juli-Sonntag stattfindet. Diese Veranstaltung, die an die 6000 Teilnehmer zählt, ist in Radsportkreisen eine feste Institution (www.arberradmarathon.de).

Angeboten werden drei Rennradrunden von 125 bis 250 km und eine Familienrunde mit etwa 55 km. Mountainbiker kommen in zwei Touren-Möglichkeiten (60 km/800 hm; 110 km/2000 hm) auf ihre Kosten.

Was bietet der Veloclub seinen Mitgliedern?

Im Mittelpunkt steht das Rennrad. Ein vielfältiges Angebot an organisierten Rad-Ausfahrten für alle Alters- und Leistungsstufen und die Teilnahme an Rennveranstaltungen stehen von März bis Oktober auf dem Programm.

Renntraining ist bis zu vier mal in der Woche angesagt, Senioren und Tourenfahrer haben zweimal die Woche Gelegenheit zur Ausfahrt.

Farbe in den Trainingsalltag bringen Fernfahrten, das Frühjahrs-Trainingslager auf Mallorca, oder Touren im Ausland wie »Einige der schönsten Alpenpässe in 5 Tagen« und die »Toskanareise«.

Im Winter hält man sich in der Halle, mit dem Lauftreff oder beim Skilanglauf in Form. Wenn das Wetter mitspielt, sind die Mountainbiker auch in der kalten Jahreszeit aktiv.

Einen Ableger des Radsports bildet die wettkampfaktive Triathlon-Gruppe des Vereins.

Training ist auch im clubeigenen Vereinsheim an der Ziegetsdorfer Straße möglich.

Einen Überblick über die Club-Aktivitäten gibt das Vereinsheft, das jedes Jahr herauskommt und die Spektren des Vereins ausführlich beleuchtet.

Die homepage www.veloclub-ratisbona.de bietet einen Rückblick auf bereits gelaufene Veranstaltungen und informiert über die aktuellen Events und Trainingszeiten.

Geschäftsstelle: Ziegetsdorfer Straße 46 a, 93051 Regensburg, ✆ 0941/54982 · Fax 0941/567031 · info@veloclub-ratisbona.de, www.veloclub-ratisbona.de

Nachgefragt bei: Frau Barbara Wilfurth, der 1. Vorsitzenden des Velo- club Ratisbona e.V.

LAS: Frau Wilfurth, beschreiben Sie mal den Veloclub in einem Satz.

Frau Wilfurth: Der Club, der Rennfahrer erfolgreich macht und Radsport zum Erlebnis werden lässt.

LAS: Was ist für Sie das Besondere am Veloclub?

Frau Wilfurth: Der Veloclub hat ein breites Spektrum von Mitgliedern, sehr viele Aktive und auch Freunde, Gönner und Förderer. Wir sind wie eine große Familie. Wir schätzen uns alle sehr und machen viel gemeinsam.

LAS: Einen großen Verein zu leiten, ist ja mit Arbeit und Aufwand verbunden. Was ist Ihr Motiv, das auf sich zu nehmen?

Frau Wilfurth: Zum einen betreibe ich ja den Radsport selbst und bin bei vielen Veranstaltungen präsent. Mir macht das sehr viel Spaß. Ich bin der Typ, der schon immer gerne organisiert hat. Deswegen habe ich dieses Amt iregendwann einmal bekommen.

LAS: Sie sind nach wie vor aktiv auf dem Rennrad?

Frau Wilfurth: Ja. Ich fahre jedes Jahr ein bis zwei Marathons im In- und Ausland, um zu sehen, was dort geboten wird, damit wir unseren eigenen Marathon immer noch besser gestalten können. Auch halte ich mich damit fit und leistungsfähig.

LAS: Wenn Sie zurückdenken, was war Ihr schönstes Erlebnis mit dem Club?

Frau Wilfurth: Wir sind mit einer großen Gruppe in Norwegen Trondheim – Oslo gefahren. Das sind 560 km, davon 400 km bei strömendem Regen. Wir wussten nicht, wie lange es noch regnen würde. Alle wollten aufhören und nicht bei strömendem Regen weiterfahren. Ich war sehr motiviert an diesem Tag, habe alle mitgezogen und wir hatten alle ein großes Gemeinschaftserlebnis.

LAS: Was haben Sie in den nächsten Jahren vor. Was ist ein Ziel, das Sie unbedingt noch realisieren wollen?

Frau Wilfurth: Ich habe ja zwei Söhne, die sehr erfolgreich im Radrennsport waren, im Nationalkader gefahren sind. Wenn die jetzt mit dem Studium fertig werden und das Ganze unterstützen, dann könnte ich mir vorstellen, dass man auf der Arberstrecke oder um Regensburg rum ein Weltcuprennen organisiert.

LAS: Um nochmals auf den Verein zurückzukommen. Wo liegt der Schwerpunkt im Veloclub, eher auf Leistungs- oder Breitensport?

Frau Wilfurth: Wir haben Leistungssportler, den Ostbayerischen Meister, Bayerische Meister, dritte Weltcupsieger. Wir fördern den Radrennsport. Wir legen sehr großes Augenmerk auf die Jugend. So haben wir zur Zeit eine große Jugendabteilung. Im Breitensport bieten wir ein großes Spektrum, und zwar für alle Leistungsklassen.

LAS: Haben Senioren, sagen wir mal ab 50, bei Ihnen auch ein Forum?

Frau Wilfurth: Das ist bei uns ein kleines Manko. 50 ist bei uns noch jung. Unsere Senioren, ab 65, treffen sich zwei oder drei Mal in der Woche und fahren dann 100 oder 120 km. Also, die sind sehr aktiv. Da haben wir auch eine große Gruppe. Aber, wie gesagt, mit der Jugend haben wir unser Durchschnittsalter wieder nach unten korrigiert.

LAS: Fahren die Frauen einfach mit bei den Männern?

Frau Wilfurth: Also, die Frauen fahren nicht einfach mit, sondern die Frauen fahren Rad. Da wird kein Unterschied gemacht zwischen Frauen und Männern. Es gibt wesentlich besser trainierte Frauen als Männer, umgekehrt natürlich genauso.

LAS: Das heißt also, man fährt je nach Leistungsklasse zusammen.

Frau Wilfurth: Genau.

LAS: Ab welchem Alter werden Jugendliche im Veloclub aufgenommen?

Frau Wilfurth: Ein Mindestalter gibt es nicht. Jugendliche werden gefördert, bis sie an einer Jugendgruppe teilnehmen können. Wir haben im Augenblick etwa 16 Jugendliche im Alter zwischen 12 und 16 Jahren, die drei Mal pro Woche trainieren, nach Alter und Leistung gestaffelt.

LAS: Fahren die Jugendlichen im Winter auch Rad? Welche Wintersportmöglichkeiten haben die Jugendlichen bei Ihnen?

Frau Wilfurth: Im Winter wird die Jugend trainiert durch Laufen, Walken oder durch Rollen-Training bei uns im Club-Haus.

LAS: Frau Wilfurth, was haben Sie sonst noch im Zusammenhang mit dem Verein auf dem Herzen?

Frau Wilfurth: Ich bin mit meinem Verein sehr zufrieden. Die Mitglieder sind alle äußerst kooperativ. Sie sehen ja jetzt bei dieser Veranstaltung (Anmerkung: Wir stehen im Zielbereich des Arberradmarathons), die Mitglieder helfen zusammen. Wir haben 220 Mitglieder, die zwei Tage hier ehrenamtlich arbeiten. Das, glaube ich, findet man selten bei einem Verein.

LAS: Frau Wilfurth, wir danken für das Gespräch.

Sportvereine von A – Z

Die Karte auf den nächsten beiden Seiten zeigt die Lage folgender Sportanlagen und Vereine:

Sportanlagen

A Sportboothafen Sinzing

B Tennishalle Eckert, Puricellistraße

C Trimmplatz, Oberer Wöhrd

D Parksquash Gewerbepark

E Trimmpfad Keilberg, Hohe Linie

F Squasheria Liebigstr. 8a

Vereine mit Sportanlagen

1 1. Athleten-Club Regensburg 1965 e.V.; Geschäftsstelle: Frobenius-Forster-Str. 1a

2 Ball-Spiel-Club Regensburg; Sportheim BSC, Haidhofweg 3

3 Billard-Club 1926 Regensburg e.V.; Billardcafé: Schottenstr. 4

4 1. Bowling-Verein 1968 e.V. Regensburg; Golden Bowl/Bowling-Center, Dr. Gessler-Str. 2/ Super Bowl, Im Gewerbepark 24

5 Galaxy Gym e.V.; Günzstr. 4

6 Budokan Regensburg; Fitnessstudio Bodystyle Tegernheim

7 DJK Nord Regensburg e.V.; Sportgelände Amberger Straße (Am Regen)

8 DJK Sportbund Regensburg e.V.; Sportgelände Weinmannstr. 3

9 DJK SV Keilberg Regensburg e.V.; Sportgelände Alfons-Sigl-Str.

10 Deutscher Alpenverein - Sektion Regensburg; Geschäftsstelle Luitpoldstraße

11 Eissportclub Regensburg; Donau-Arena, Walhalla Allee

12 Eissportverein Regensburg e.V.; Donau-Arena Walhalla Allee

13 ESV 1927 Regensburg e.V.; Geschäftsstelle, Dechbettener Brücke 2

14 Fechtclub; Städt. Sporthalle Nord, Isarstr. 24

15 Freier Turn- und Sportverein Regensburg e.V., Geschäftsstelle, An der Schillerwiese 2

16 FSV Regensburg-Prüfening Geschäftsstelle/Gauschützenheim, Am Pflanzgarten

17 Gleitschirmclub Ratisbona e.V.; Geschäftsstelle, Graudenzer Str. 2a

18 Golfclub Regensburg Sinzing am Minoritenhof e.V.; Golfplatz Sinzing

19 Golf- und Landclub Regensburg; Golfanlage Thiergarten

20 Inline- und Speedskating-Club; Geschäftsstelle, Donaulände 7

21 Karate-Zentrum, Dahlienweg 4

22 Leichtathletik-Gemeinschaft Domspitzmilch Regensburg; Geschäftsstelle, Arberstraße 25

23 Luftsportverein Regensburg e.V.; Geschäftsstelle, Obertraubling

24 Regensburger Kanu-Club; An der Schillerwiese 4

25 Regensburger Legionäre; Armin-Wolf-Arena, Donaustaufer Straße 260

26 Regensburger Ruder-Klub von 1890 e.V.; Ruderzentrum, Messerschmidtstraße 2

27 Regensburger Turnerschaft e.V.; Geschäftsstelle, Schopperplatz 6

28 RCR - Reitclub Regensburg e.V.; Reitanlage Haslbach

29 Reitsportverein Regensburg e.V.; Reitanlage Bruckdorf

30 Segelsportgemeinschaft Regensburg; Vereinsheim am Guggenberger Weiher

31 SG Post/Süd; Geschäftsstelle, Kaulbachweg 31

32 SG Walhalla; Geschäftsstelle, Am Holzhof 1

33 Sport-Kegler-Verein Regensburg; Dechbettener Straße 50

34 SpVgg Ziegetsdorf; Sportgelände, Ziegetsdorfer Str. 50

35 SSV Jahn von 1889 e.V. Regensburg; Geschäftsstelle, Prüfeninger Straße 57a

36 SSV Jahn 2000 Regensburg e.V.; Geschäftsstelle, Prüfeninger Straße 57a, Sportplätze am Weinweg

37 SV Burgweinting; Geschäftsstelle, Kirchfeldallee 4

38 SV Fortuna Regensburg; Sportgelände, Isarstr. 24

39 SV Harting; Sportgelände, Kreuzhofstraße

40 SV Sallern Regensburg; Sportgelände, Sattelbogener Straße

41 SV Weichs Regensburg e.V.; Sportplatz

42 Taekwondo Schule Song Kumpfmühl; Kumpfmühler Str. 49

43 Tanzclub Blau-Gold Regensburg e.V.; Geschäftsstelle/Clubheim, Puricellistraße 11

44 TC Rot-Blau Regensburg; Tenniscenter, Dürerstraße 3

45 TSV Kareth- Lappersdorf; Sportzentrum, Am Sportzentrum 1/Lappersdorf

46 TSV Oberisling; Tennisanlage Oberisling

47 Veloclub Ratisbona; Geschäftsstelle/Vereinsheim, Ziegetsdorfer Str. 46 a

48 VfB Regensburg e.V.; Geschäftsstelle, Aussiger Straße 22

49 VfR Regensburg e.V.; Trainingsgelände, Deggendorfer Str. 21, Trainingsplatz Ostheim

50 Waldverein Regensburg; Geschäftsstelle, Fidelgasse 11

51 Wasserwacht - Ortsgruppe Regensburg; Messerschmidtstraße 2

52 Sportclub Regensburg; Geschäftsstelle, Alfons-Auer-Straße

253

ADFC e.V. – Allgemeiner Deutscher Fahrradclub Kreisverband Regensburg
Vors.: Dr. Klaus Wörle, Dr.-Johann-Maier-Str. 4, 93049 Regensburg
0941/8 70 30 07 (Anrufbeantworter) · kontakt@adfc-r.de · www.adfc-r.de
Radsport

1. Athleten-Club Regensburg 1965 e.V.
Roland Lehner, Hauptstraße 71 a, 93105 Tegernheim, © 09403/47 76
Vereinsadresse: Frobenius-Forster-Str. 1a, 93055 Regensburg; ac-regensburg@web.de · www.athleten-club.de
Ringen, Gewichtheben

Automobilclub Regensburg e.V. im ADAC
Peter Illmann, Friedrich-Ebert-Straße 9 b, 93051 Regensburg, © 0941/96478 · peter.illmann@t-online.de
Motorsport

Ball-Spiel-Club Regensburg e.V.
Rudolf Meier, Lusenstraße 13, 93197 Zeitlarn, © 09402/3276
Sportheim BSC Regensburg: Haidhofweg 3, 93055 Regensburg, © 0941/45720 · www.bsc-regensburg.de
Fußball, Kegeln, Eisstockschießen (Asphalt)

BC Boxfit Regensburg e.V.
Geschäftsstelle: Lichtenfelserstr. 12, 93057 Regensburg, © 0941/6400790
1. Vorsitzender: Gerhard Süß, Tannenweg 11, 93173 Wenzenbach
Boxen

Behinderten- und Versehrten-Sportverein e.V.
Reinhold Amann, Zirngiblstraße 17, 93051 Regensburg, © 0941/99/4/8

Billard-Club 1926 Regensburg e.V.
Prof. Dr. Aslanidis Charalampos, Lilienweg 11, 93092 Barbing, © 09401/80532
Postanschrift Verein: Schottenstr. 4, 93047 Regensburg © Fax: 0941/53563 ·
vorstand@Billardclub-Regensburg.de · www.billardcafe-regensburg.de
Billard

Bogenschützen Regensburg e.V.
Bruno Held, Lappersdorfer Straße 62, 93059 Regensburg, © 0941/87873
Bogenschießen

Bootscooters e.V.
Georg Kiesewetter, Erlenweg 15, 93096 Köfering
0171/2873213 oder 09406/2577 · Fax 09406/959879 · georg.kiesewetter@bootscooters.de · www.bootscooters.de
Tanzsport (Country, Western)

Boule Club Ratisbonne e.V.
Vorstand: Alexander Bauer, Lutherstr. 17, 93105 Tegernheim, © 09403-968113, alecb@gmx.de · www.ratisbonne.de
Spielfeld im Stadtpark, westlich der Ostdeutschen Galerie
Boule, Pétanque

1. Bowling-Verein 1968 e. V. Regensburg
Richard Spieß, Janusstraße 7, 93051 Regensburg
0941/96036 o. 0171/3130724 · Fax 0941/947132 · rspiess@t-online.de · www.bv68.de
(Training im Superbowl: Im Gewerbepark 24, © 99588; Golden Bowl: Dr.-Gessler-Str. 2, © 401077)
Bowling

BSG Berufsfeuerwehr Regensburg
Berufsfeuerwehr, 93055 Regensburg, © 0941/7987-0
Faustball, Fußball, Inlineskaten, Skifahren, Tennis

BSG Regierung/Bezirk e.V.

Herr Werner Jäger, Emmeramsplatz 8, 93047 Regensburg, 0941/5680-112

Badminton, Basketball, Gymnastik, Kegeln, Volleyball

BSG der Mittelbayerischen Zeitung Regensburg

Otto Maier, Neuprüll 27, 93051 Regensburg, 0941/9 67 03

Badminton, Fußball, Tennis, Tischtennis, Wandern

BSG Siemens Regensburg

Walter E. Hupf, Martin-Ernst-Straße 11, 93049 Regensburg

0941/202-2570 • Fax 202-92-2570 • walter.hupf@infineon.com • www.bsg-siemens-rbg.de

Badminton, Bowling, Eisstockschießen, Fussball, Golf, Inlineskating, Kanu, Kegeln, Laufen, Radsport, Schwimmen, Ski, Squash, Tanzsport, Tennis, Tischtennis, Volleyball, Wandern

Galaxy Gym e. V.

Cai Waldenberger, Günztr. 4, 93059 Regensburg, 23853

Selbstverteidigung, Muay-Thai (Thai-Boxen), Kick-Boxen, Boxen

BRK Bergwacht

Dieter Nikol, Hoher-Kreuz-Weg 7, 93055 Regensburg, 0941/7960545

Bergsport

Budokan Regensburg

Gerhard Enders, Peter-Rosegger-Straße 3, 93152 Nittendorf

Training: im Fitnessstudio Bodystyle, Dahlienweg 4, 93105 Tegernheim

0171/1254185, webmaster@budokan-regensburg.de, www.budokan-regensburg.de

JuJutsu

Deutsche Jugendkraft (DJK) Diözesanverband Regensburg

Sportreferent: Konrad Gietl, Obermünsterplatz 10, 93047 Regensburg, 5 97-22 40, djk@bistum-regensburg.de, www.djk-dioezesanverband-regensburg.de

DJK Nord Regensburg e.V.

Geschäftsstelle: Isarstraße 52, 93057 Regenburg, 0941/400328, Fax: 0941/4672429, webmaster@djk-regensburg-nord.de, www.djk-regensburg-nord.de, Sportgelände: Amberger Straße (am Regen)

Basketball, Fußball, Handball, Gesundheitsorientierter Sport (Gymnastik 50plus, Aerobic, Nordic Walking, Wirbelsäulentraining), Leichtathletik, Tischtennis, Turnen, Schach, Ski, Volleyball

DJK Sportbund Regensburg e.V.

Helmut Petz, Roritzerstraße 12, 93047 Regensburg, +Fax 5 46 66, E-Mail: Vorstand@djk-sportbund-regensburg.de, www.djk-sportbund-regensburg.de, Sportplatz: Weinmannstr. 3

Badminton (www.djksb-badminton.de), *Fußball, Faustball, Handball* (www.sg-regensburg.de), *Kegeln, Leichtathletik* (www.djk-sb-la.de), *Nordic Walking, Schwimmen* (www.djk-regensburg-schwimmen.de) (auch Behinderte), *Tischtennis, Turnen, Volleyball, Wandern*

DJK SV Keilberg Regensburg e.V.

Geschäftsstelle: Zur Hohen Linie 28, 93055 Regensburg, www.djk-sv-keilberg.de, 0941/4 80 90

Vors.: Heinz Wegscheid: Alfons-Sigl-Str. 28, 93055 Regensburg-Keilberg, 47395

Eissockschießen (Asphalt), Fußball, Gymnastik (Rücken-Fit, Bodystyling, Rope-Skipping Kinderturnen 6-9 Jahre, Step & Style, Problemzonentraining, Kinderturnen 3-6 Jahre, Mutter-Kind-Turnen bis 3 Jahre, Well-Yo/Wirbelsäulengymnastik, Seniorenturnen), Ski, Walking, Wandern

Deutsche Vereinigung Morbus Bechterew

Richard Steiger, Roter Brachweg 42, 93049 Regensburg, 0941/33905

Deutscher Alpenverein - Sektion Regensburg

Geschäftsstelle: Luitpoldstraße 20, 93047 Regensburg

0941/560159 • Fax 0941/51917 info@alpenverein-regensburg.de, www.alpenverein-regensburg.de

Bergsport, Klettern, Lauftreff, Skitraining

DLRG - Deutsche Lebens-Rettungs-Gesellschaft

Ortsverband Regensburg, Wöhrdstraße 61, 93059 Regensburg; Vors.: Werner Kammermeier

0941/52699 • Fax 0941/52619 • info@regensburg.dlrg.de, www.regensburg.dlrg.de

Schwimmkurse für Anfänger, Tauchen, Bootssport

Eishockeyclub Regensburg e.V. – EHC Spiders Regensburg

Erwin Weiß, Nelkenweg 4, 93053 Regensburg, 0941/75241, Fax 0941/73702, www.ehc-regensburg.de

Eishockey

Eissportclub Regensburg e.V.

Büro in der Donau-Arena: 0941/6987747, Fax 0941/6987748, info@ec-regensburg.de, www.ec-regensburg.de

Eiskunstlauf, Short-Track

Eissportverein Regensburg e.V.

Geschäftsstelle: Walhalla Allee 22, 93059 Regensburg, (09 41) 46 72 27 0, Fax (09 41) 46 10 50 50,

eissportverein-regensburg@netzblick.com, www.evregensburg.de

Eishockey, Eiskunstlauf, Inline-Hockey, Eisstockschießen (Eis)

ESV 1927 Regensburg e.V.

Geschäftsstelle: Dechbettener Brücke 2, 93051 Regenburg, 0941/33791, Fax 0941/32533,

info@esv1927-regensburg.de, www.esv1927-regensburg.de;

Vors.: Inge Gerischer, Amselweg 14, 93077 Bad Abbach, 09405/1371

Aerobic, American Football, Badminton, Mountainbiken, Faustball, Fußball, Gymnastik, Handball, Kegeln, Kinderturnen, Kraftsport, Leichtathletik, Rad (Straße), Rollsport (Rollkunstlauf, Rollhockey), Seniorenclub, Ski u. Wandern, Walking, Eisstockschießen, Tennis, Tischtennis, Volleyball

Fechtclub

Igor Soroka, Prüfeninger Straße 79, 93049 Regensburg, 0941/28639, www.fechtclub-regensburg.de.vu

Training: Städtische Sporthalle Nord, Isarstr. 24, 93053 Regensburg

Fechten

Firmen- und Behördensportliga Regensburg e.V.

Jochen Wegmann, Erikaweg 6, 93092 Barbing, 0941/7843232; 09401/4655

Fußball, Tennis, Tischtennis, Kegeln, Badminton, Eisstockschießen

FK Phönix Regensburg

Bernhard Frimberger, Karether Weg 1, 93138 Lappersdorf

Fußball

Freier Turn- und Sportverein Regensburg e.V.

Geschäftsstelle: An der Schillerwiese 2, 93049 Regensburg, 0941/2 19 71 • info@freier-tus.de, www.freier-tus-regensburg.de; Vors.: Reinhold Faderl, Lilienthalstr. 22, 93049 Regensburg, 35977

Fußball Fußball - Jugend (von G- bis B-Jugend), Skiabteilung Skigymnastik, Kegeln, Eisstockschießen, Kanu, Inline-Skater-Hockey, Nordic Walking, Kinderturnen (Turnen für Kleinkinder von 2 bis 5 Jahren)

FSV Regensburg-Prüfening e.V.

Götz Gündel, Kurt-Schumacher-Straße 19 c, 93049 Regensburg, 0941/34258, webmaster@fsv-pruefening.de, www.fsv-pruefening.de

Fussball, Kegeln, Schießsport, Damengymnastik

Gehörlosen-Sportverein Regensburg

1.Vorstand: Heinrich Trimpl, Winkelfeldweg 19, 93053 Regensburg, © und Fax.: 0941/700558, Fax-Büro: 0941/7010945, Mobil 0171-9301962, Heinrich.Trimpl@t-online.de, www.gsv-regensburg.de

Kegeln

Gleitschirmclub Ratisbona e.V.

GSC Ratisbona e.V., Graudenzer Str. 2a, 93057 Regensburg, © 0941/6001115, info@GSC-Ratisbona.de, www.gsc-ratisbona.de; Infotelefon: 0941/5992-45433, 0941/5992-GLIDE

Gleitschirmfliegen

Golfclub Regensburg-Sinzing am Minoritenhof e.V.

Minoritenhof 1, 93161 Sinzing, © 0941/3 78 61 00, Fax 0941/37 86 107, welcome@golfsinzing.de, www.golfsinzing.de

Golf

Golf- und Landclub Regensburg

Geschäftsstelle: 93093 Jagdschloss Thiergarten, © 09403/505, Fax 09403/4391, sekretariat@golfclub-regensburg.de, www.golfclub-regensburg.de

Golf

Handballgemeinschaft HG Jahn Nord

Zusammenschluss der Handballabteilungen der DJK Nord Regensburg und des SSV Jahn Regensburg

Michael Frank, Cecilie-Vogt-Weg 7, 93055 Regensburg, © 0941/7000374, www.hg-regensburg.net.ms

Handball

Inline- und Speedskating-Club

Geschäftsstelle: Donaulände 7, 93047 Regensburg, ww.isc-regensburg.de, © 09401/2406

Inlineskaten

Kampfkunstverein Regensburg e.V.

Kumpfmühler Straße 49, 93051 Regensburg, © 0941/9 45 58 25 • info@dantraeger.de, www.dantraeger.de

Kickboxen, Boxen

Karate-Zentrum

Dahlienweg 4, 93105 Regensburg; Leiter: Heiner Gomeier, Mozartstraße 5, 93093 Donaustauf, © 0 94 03/95 21 888, Fax: 0 94 03/95 21 888, Markus.Gomeier@t-online.de, www.karate-zentrum-regensburg.de

Karate

Kraftsportverein Bavaria Regensburg

Michael Werner, Erikaweg 39, 93053 Regensburg, © 0941/77441

Kraftdreikampf

Leichtathletik-Gemeinschaft Domspitzmilch Regensburg

Norbert Lieske, Hofgartenweg 3, 93051 Regensburg, © 0941/96636
Geschäftsstelle: Thomas Stockmeier, Arberstraße 25, 93059 Regensburg, © 0941/43828, Fax 0941/43828
info@lg-regensburg.de, www.lg-regensburg.de

Leichtathletik, Laufen

LLC Marathon Regensburg

Manfred Hübner, Otto-Prager-Weg 1, 93051 Regensburg

© 0941/9429136 o. 09401/80043 • Fax 0941/9429156 • info@llc-marathon-regensburg.de, www.llc-marathon-regensburg.de

Laufen, Nordic Walking, Triathlon

Luftsportverein Regensburg e.V.

Geschäftsstelle: Postfach 1126, 93081 Obertraubling
1.Vorsitzender: Fritz Lechner, © 0941/76452, fritzlechner@luftsportverein-regensburg.de, www.luftsportverein-regensburg.de

Segelfliegen

Marschfreunde Regensburg e.V.

✉ Hans Neumann, Otto-Hahn-Str. 16, 93053 Regensburg, ✆ und Fax 0941/74842

Wandern

1. Motorboot- u. Wasserskiclub Regensburg e.V.

✉ Johann Lehner, Andreasstraße 21, 93059 Regensburg, ✆ 0941/905050

Wasser- und Bootsport

Motorfluggruppe Regensburg e.V.

✉ Postf. 120242 Regensburg; Vors.: Richard Müller, Regenstaufer Str. 3, 93142 Maxhütte-Haidhof, ✆ 09471/302111; Flugplatz Regenstauf-Oberhub

Modellflug

NaturFreunde Deutschlands, Ortsgruppe Regensburg e.V.

✉ Herbert Utz, Wolfseggerstraße 1, 93138 Lappersdorf, ✆ 0941/80704

Ski-Gymnastik, Wandern, Bergsteigen, Klettern, Lauftreff, Skisport

Pferdesportverein St. Leonhard

✉ Sabine Schneider, Wiedmannstraße 13, 93105 Tegernheim, ✆ 0941/7807-436

Reiten

Pool-Billard-Club 1995 eV

✉ Erwin Hartl, Grunewaldstraße 10, 93053 Regensburg, ✆ 0175/6942454

Billard

Radsport Victoria Regensburg e.V.

✉ Martin Pirzer, Iglauer Straße 45, 93197 Zeitlarn, ✆ 0941/6400879, radsport_victoria@yahoo.de, www.radsport-victoria.de

Radsport (Rennrad)

Tipp: 35 Touren in Kurzbeschreibung (allerdings ohne Karte) auf der homepage unter »Touren«

Ratisbona Squash Team Regensburg

✉ Dagmar Morasch, Hintere Keilbergstraße 40, 93055 Regensburg, ✆ 0941/6001399, info@bundesliga-squash.de, www.bundesliga-squash.de (nicht mehr ganz aktuell)

Squash

Regensburg Legionäre

Baseball/Softball-Abteilung, SV Schwabelweis e.V.

✉ Geschäftsstelle: Armin-Wolf-Arena, Donaustaufer Straße 260, 93055 Regensburg, ✆ (0941) 49617, Fax: (0941) 4612441; info@legionaere.de, www.legionaere.de

Baseball, Softball

Regensburger Hockey- u. Tennis-Club e. V.

✉ Peter Löffler, Utastr. 60, 93049 Regensburg, ✆ 0941/51221, 0941/25791(priv.), regensburgerhtc@yahoo.de, www.regensburgerhtc.de

Hockey

Regensburger Kanu-Club

✉ Martin Heidrich, Eichenstraße 7, 93161 Sinzing, ✆ 0941/31512, Martin.Heidrich@suedzucker.de,
Verein: An der Schillerwiese 4, 93049 Regensburg (Bootshaus), ✆ 0941/26203 (Bootshaus), info@regensburger-kanuclub.de, www.regensburger-kanu-club.de

Kanu

Regensburger Motorboot- und Wassersportverein

✉ Josef Antes, Bischof-Wittmann-Straße 5, 93051 Regensburg, ✆ 0941/997777, Fax 0941/90508, www.bmyv.de/rmwv1.htm

Wasser- und Bootsport

Regensburger Ruder-Klub von 1890 e.V.

✉ Vorstand: Hans Thumann, Hemauer Str. 5, 93047 Regensburg, ✆ 0941/51454, vorstand@regensburger-ruder

klub.de; Verein: Messerschmittstr. 2/Ost, 93049 Regensburg; ✆ 0941/2 55 14, 2 96 68 15, Fax (09 41) 2 96 68 17, www.regensburger-ruderklub.de
Rudern

Regensburger Ruderverein 1898 e.V.

Helmut Lederer, Kurt-Schumacher-Straße 27, 93049 Regensburg, ✆ 0941/34861
Bootshaus: Messerschmittstr. 2, 93049 Regensburg, ✆ 0941/25826
Rudern

Regensburger Segelsportgemeinschaft am Brücklsee e.V.

Helmut Hrouda, Gronsdorfer Hang 44, 93309 Kelheim, ✆ 09441/2506, www.rsb-ev.de, www.rsb-ev.de
Segeln

1. Regensburger Tennis-Klub von 1927

Peter Schötz, Postfach 110622, 93019 Regensburg, ✆ 0941/5997222
Tennis

Regensburger Triathleten (Tristar)

Roritzerstraße 6, 93047 Regensburg, ✆ 0941/5041395, www.tristar-regensburg.de; Vors. Dieter Urbanowski, Brandlberger Str. 128
Triathlon

Regensburger Turnerschaft e.V.

Geschäftsstelle: Schopperplatz 6, 93059 Regensburg, ✆ 0941/85389 und 894046, •Fax: 0941 894045, rt-info@t-online.de, www.regensburger-turnerschaft.de; Vors.: Hans-Thomas Raith, ✆ 53537
Aerobic, Aikido, Badminton, Basketball, Boxen, Frauen in Bewegung, Fußball, Handball, Gymnastik Seniorinnen, Herzgruppe, Judo, Kanusport, Karate, Kegeln, Kinderturnen, Krebsnachsorge, Kung Fu, Schach, Schwimmen, Taekwondo, Tanzsport, Tanztheater, Tennis, Tischtennis, Volleyball

RCR - Reitclub Regensburg e.V.

Vorstand: Rainer Koder, Wiener Straße 18, 93055 Regensburg, ✆ 0941/ 798510 • info@reitclub-regensburg.de, www.reit-club-regensburg.de; Reitanlage Haslbach
Reiten

Reit-SC Ratisbona Regensburg

Max Uhl, Schwarzhöfe 5, 93182 Duggendorf, ✆ 09409/2205
Reiten

Reitsportverein Regensburg e.V

Bahnweg 1, 93161 Bruckdorf, ✆ 0171/6721025, Fax 0941/9455139, info@rsv-regensburg.de, www.rsv-regensburg.de; Vors.: Brigitte Tichy, Bischof-von-Senestrey-Str. 7a, 93051 Regensburg, ✆ 0941/99599; Geschäftsstelle: Postfach 100725, 93047 Regensburg, ✆ 0941/99599, Reitanlage: ✆ 09404/8118
Reiten

Rennsportclub 88 Regensburg - RSC 88 e.V.

Oliver Gref, Amberger Straße 27, 93059 Regensburg ✆ 09 41/4 22 63, Fax: 09 41/4 22 45, oliver.gref@rsc88.com, www.rsc88.com
Mountainbike, Radsport (Rennrad)

Rugby-Club Regensburg 2000 e.V.

Sebastian Krieger, Spiegelgasse 1, 93047 Regensburg, ✆ 0941/2 06 08 22, www.regensburg-rugby.de
Rugby

Schachclub Bavaria Regensburg von 1881 e.V.

Walter Erhard, Udetstraße 31, 93049 Regensburg, ✆ 0941/83602, 1.vorsitzender@schachclub-bavaria-regensburg.de, www.schachclub-bavaria-regensburg.de
Schach

Segelclub Ratisbona e.V.

1. Vorstand und Vereinsadresse: Michael Bauer, Geberichstr. 6, 93080 Pentling, ✆ 09405/2200, michael.bauer@scrr.de, www.scrr.de; Vereinsheim am Guggenberger Weiher: ✆ 09401/8677

Segeln

Segelsportgemeinschaft Regensburg

Udo Saar, Ödenthal 4, 93057 Regensburg, ✆ 0941/699601, Fax: 0941-699602, vorstand@sgr-regensburg.de, www.sgr-regensburg.de; Vereinsheim am Guggenberger Weiher: ✆ 09401-2294

Segeln

Segel- und Hochseesportverein Regensburg e.V.

Geschäftsstelle: Riesengebirgstraße 89, 93057 Regensburg, ✆ 0941/62151

Segeln

Seglertreff des deutschen Hochseesportverbandes "Hansa" e.V. (DHH)

Dr. Holger Ertelt, Alte Kneitinger Straße 11, 93152 Etterzhausen, ✆ 09404/961443 · dr.h.ertelt@t-online.de, www.dhh.de/Regensburg

Segeln

SG Behinderte-Nichtbehinderte an der Uni Regensburg

Florian Stangl, Erich-Kästner-Straße 15, 93077 Bad Abbach, ✆ 09405/500470, www.sg-beni.de
Postadresse: SG BeNi, Postfach 100 729, 93007 Regensburg

Rollstuhlbasketball, Kindersport, Tischtennis, Schwimmen, Bogenschießen

SG Post/Süd

Kaulbachweg 31, 93051 Regensburg, ✆ 0941/92052-0 · Fax 0941/92052-15 · feierler@postsued-regensburg.de, www.postsued-regensburg.de

Wing Tsun, Aikido, Badminton, Basketball, Faustball, AVCI WT, Damengymnastik, Ski, Handball, Wandern, Kung Fu Li-Bo, Koronarsport, Kegeln, Schießsport, Ninjutsu, Radsport, Rock´n´Roll, Leichtathletik, Schach, Volleyball, Tennis, Tischtennis, Seniorensport, Rehasport, Eisstockschießen (Asphalt)

SG Walhalla

Geschäftsstelle: Am Holzhof 1, 93059 Regensburg, ✆ 0941/8 46 20 · info@sg-walhalla.de, www.sg-walhalla.de; Vors.: Karin Gritsch, Görresstr. 7, 93051 Regensburg, ✆ 0941/99667

Faustball, Fußball, Judo, Ju-Jutsu, Kegeln, Skisport, Eisstockschiessen, Turnen, Gymnastik, Tennis, Tischtennis, Aerobic/Step-Aerobic, Nordic Walking, Kobudo

Skiclub Harting e.V.

Max Solleder, Gartenweg 9, 93055 Regensburg, ✆ 0941/700881

Skisport

Ski- und Wanderclub 1946 e.V. Regensburg

Franz Obermeier, Ortsstraße 14, 93161 Sinzing-Riegling, ✆ 0941/31110
Vereinsanschrift: Prinz-Rupprecht-Straße 38/III, 93053 Regensburg, www.swc-regensburg.de

Breitensport, Kegeln, Leichtathletik, Schwimmen, Ski alpin, Ski nordisch, Turnen, Wandern

Sonnlandbund Regensburg

Anton Koch, Am Gutshof 10, 93055 Regensburg, ✆ 0941/760015

Gymnastik, Schwimmen, Indiaka, Tischtennis, Boccia, Speckbrett

Sportabteilung Mobile e.V.

Geschäftsstelle: Puricellistraße 11, 93053 Regensburg, ✆ 0941/297080;
Vors.: Astrid Groß, Bayerwaldstr. 46, 93093 Donaustauf

Volleyball

Sportclub Regensburg
Geschäftsstelle: Alfons-Auer-Straße 26, 93053 Regensburg, ✆ 0941/70 10 9-11 • Fax 701 09 -13, mail@sportclub-regensburg.de, www.sportclub-regensburg.de; Vors.: Alexander Ochs, Graf-Spee-Str. 22, 93053 Regensburg, ✆ 7040070
Badminton, Faustball, Fußball, Fußballjugend, Fußballdamen, Gymnastik, Handball, Kegeln, Rock´n´Roll, Schießsport, Skisport, Wandern, Tischtennis, Volleyball

Sportgemeinschaft E.ON Ostbayern e.V.
Hans Wollitzer, Prüfeninger Str. 20, 93049 Regensburg, ✆ 0941/2014093
Fußball, Kegeln, Radsport, Tennis, Schießsport, Tischtennis, Eisstockschießen, Volleyball

Sport-Kegler-Verein Regensburg
1.Vorsitzende: Elfriede Zellner, Dornierstraße 18, 93049 Regensburg, ✆, Fax 0941 - 27 57 1
Verein: Dechbettener Straße 50, 93049 Regensburg, ✆ 0941/23659 • Fax 0941/270981, SKVR-Vorstand@t-online.de, www.skvr.de
Kegeln

Sporttauchverein Donauhaie Regensburg e.V.
Geschäftsstelle: Markusweg 15, 93164 Waldetzenberg, ✆ 9498/902275, Fax 9498/902276, info@donauhaie.de, www.donauhaie.de
Tauchsport

SpVgg Stadtamhof
1.Vorstand: Walter Jakomet, Irlinger Weg 5, 93102 Pfatter, ✆ 09481/959430, kontakt@spvgg-stadtamhof.de, www.spvgg-stadtamhof.de
Fußball, Ski, Damengymnastik, Kegeln, Volleyball

SpVgg Ziegetsdorf
Günther Dietz, Bernhard-Suttner-Weg 3, 93051 Regensburg, ✆ 0941/993125, www.spvgg-ziegetsdorf.de
Fußball Herren, Fußball Frauen, Fußball Jugend, Fußball Mädchen, Schießsport, Damengymnastik

SSV Jahn von 1889 e.V. Regensburg
Geschäftsstelle: Prüfeninger Straße 57a, 93049 Regensburg, ✆ 0941/6983-100 • Fax 0941/6983-122
Aerobic, Boxen, Handball, Kegeln, Kendo, Klettern, Schwimmen, Turnen, Volleyball, Wandern

SSV Jahn 2000 Regensburg e.V.
Geschäftsstelle: Prüfeninger Straße 57 a, 93049 Regensburg, ✆ 0941/6983-100 • Fax 0941/6983-122, info@ssv-jahn.de, www.ssv-jahn.de; Vors.: Franz Nerb, ✆ 504-7102
Fußball

Straight Pool Regensburg 1987 e. V.
1.Vorsitzender: Robert Hasenthaler, Aussichtsweg 14, 93138 Lappersdorf, ✆ 0171 – 80 65 47 6
Spiellokal: Äußere Wiener Straße 9, 93055 Regensburg, ✆ 171 - 80 65 47 6, info@sp-regensburg.de, www.sp-regensburg.de
Billard

SV Burgweinting
SV Burgweinting e.V., Kirchfeldallee 4, 93055 Regensburg, ✆ 0941 7851623, Fax 0941 7851610, info@sv-burgweinting.de, www.sv-burgweinting.de
Aerobic, Damengymnastik, Fußball - Jugend, Fußball - Senioren, Go, Hip-Hop/Moderner Tanz, Kampfsport, Kegeln, Kinderturnen, Lauftreff, Radsport, Schach, Schießsport, Skigymnastik, Tischtennis, Volleyball

SV Fortuna Regensburg e. V.
1.Vorsitzender: Dieter Sichert, Ziegenhofstraße 5, 93173 Wenzenbach, ✆ 09407/90060, Fax 0 94 07/9 00 69, Dieter.Sichert@badminton-bezirk-no.de, www.sv-fortuna-regensburg.de

Vereinsheim: Isarstr. 85 • 93057 Regensburg, ℡ 0941/40 17 39
Aikido, Badminton, Fußball, Karate, Schach, Eisstockschießen, Turnen, Taekwondo, Volley-ball, Freistilringen/Sambo

SV Harting
Karl Reithmeier, Kreuzhofstraße 15, 93055 Regensburg, ℡ 0941/7060565, www.sv-harting.de
Geschäftsstelle: Wiesenweg 2, 93055 Regensburg
Eisstockschießen (Asphalt), Fußball

SV Sallern Regensburg
1. Vorstand: Hans Otter, Rodingerstrasse 6, 93057 Regensburg, ℡ 0941/63519, Fax: 0941/66694
Geschäftsstelle: Kumpfmühler Straße 8, 93047 Regensburg, ℡ 0941/2803250, Fax: 2803255, www.sv-sallern.de
Fußball, Damengymnastik, Kegeln, Skisport, Wandern

SV Schwabelweis
siehe auch ›Regensburg Legionäre‹
Geschäftsstelle: Donaustaufer Straße 260, 93055 Regensburg, ℡ 0941/40553, webmaster@sv-schwabelweis.de, www.sv-schwabelweis.de; Vors.: Karlheinz Rohrbach, Fellingerbergstr. 71, 93055 Regensburg, ℡ 0941/40553
Fußball, Tennis, Baseball, Softball

SV Weichs Regensburg e.V.
Hans Schmidt, Weichser Schlossgasse 2, 93059 Regensburg, 0160/6578465
Kegeln, Fußball

Taekwon-Do Sportverein Regensburg e. V.
Johannes Bartelmann, Bergstraße 5, 93138 Lappersdorf, ℡ 0941/9466959 o. 01/0/3025314 • j.bartelmann@gmx.de, www.taekwondo-sv-regensburg.de
Taekwondo

Taekwondo Schule Song Kumpfmühl
Armin Burkert, Kumpfmühler Straße 49, 93051 Regensburg, ℡ 0941/9455825 • info@dantraeger.de, www.dantraeger.de
Taekwondo

Tanzclub Blau-Gold Regensburg e.V.
Von-Reiner-Str. 22b, 93053 Regensburg, info@Tanzclub-Blau-Gold.de, www.der-tanzclub.de
Geschäftsstelle und Clubheim: Puricellistraße 11, 93053 Regensburg, ℡ 0941/7040955 • Fax 0941/22030
Tanzsport (Ballett, Jazzdance, HipHop, Modern Dance, Steptanz, Turniersport)

Tauchclub Ratisbona Regensburg
Vorstand: Ronald Gläser, Roritzerstr. 4, 93072 Neutraubling, ℡ 09401/91 32 55, vorstand@tauchclub-ratisbona.de, www.tauchclub-ratisbona.de; Geschäftsstelle: Postf. 120545, 93027 Regensburg
Tauchsport

TC Rot-Blau Regensburg e.V.
1. Vorstand: Dr. Lothar Koniarski, Rosenstr. 12, 93077 Bad Abbach, ℡ 09405/5859 (priv.), 0941/4008111 (gesch.), Fax: 0941/4008197, koniarski@t-online.de
Clubsekretariat: Dürerstraße 3, 93051 Regensburg, ℡ 0941/98763, info@tc-rot-blau.de, www.tc-rot-blau.freezope.org
Tennis

TSV Kareth-Lappersdorf e.V.
Am Sportzentrum 1, 93138 Lappersdorf, Vorsitzender: Heinz Lauterbach, Rilkestraße 2, 93138 Lappersdorf, 0941/81355
Eisstockschießen, Frauenturnen, Fußball (www.tsv-kareth-lappersdorf.de), Herzsport, Karate (www.karate-lappersdorf.de), Kegeln, Leichtathletik, Männerturnen, Rockn Roll (www.rrc-tutti-frutti.de), Schach (http://homepages.uni-regensburg.de/~aph24743/kareth/), Ski (www.tsv-skiabteilung.de), Schießsport, Tennis, Tischtennis (www.tsv-kareth-tt.de.vu), Trampolin, Volleyball

TSV Oberisling
Vorstand: Werner Schenkel, Weingartenstr. 25, 93053 Regensburg, ✆ 09401/709696,
www.tsv-oberisling.de/Home/home.html
Fußball, Tennis, Kinderturnen, Damengymnastik, Aerobic, Ski

Türk Ata Spor Regensburg
Werner Schlauderer, Rosenstraße 12, 93197 Neuhof, ✆ 09402/3809
Fußball

Turniergemeinschaft Fuchsenhof Regensburg
Brigitte Zirm, Frauenberger Straße 1, 93164 Brunn-Münchsried, ✆ 09409/1078
Reiten

Unterwasserclub Regensburg e.V.
1. Vorstand: Andreas Boy, 1.vorstand@ucr-regensburg.de, Postfach 12 05 31, 93027 Regensburg, www.ucr-regensburg.de
Tauchsport

Veloclub Ratisbona
Geschäftsstelle: Ziegetsdorfer Straße 46 a, 93051 Regensburg, ✆ 0941/54982 • Fax 0941/567031,
info@veloclub-ratisbona.de, www.veloclub-ratisbona.de
Radsport (Rennrad, Mountainbike), Laufen, Triathlon, Nordic Walking

Verein für Schwerhörige e.V.
1. Vorstand: Eleonore Brendel, Mitterweg 6, 93053 Regensburg, ✆ 0941/72667 • Fax 0941/78531020,
schwerhoerige-regensburg@gmx.de, http://people.freenet.de/schwerhoerige-regensburg
Infotreff-Büro: Luitpoldstr. 5, 93047 Regensburg
Kegeln, Badminton, Gymnastik, Schwimmen, Wandern, Radltouren

Vereinigung für Modellflugsport Regensburg
Peter Lessner, Augsburger Straße 1, 93077 Bad Abbach, ✆ 09405/2732 • Fax 09405/2495
vmr@modellflug-regensburg.de, www.modellflug-regensburg.de
Luft- und Flugsport

VfB Regensburg e.V
Geschäftsstelle: Aussiger Straße 22, 93057 Regensburg, ✆ 0941/62682, www.vfb-regensburg.de;
Vors.: Klaus Hauner, Hangstr. 22, 93173 Grünthal
Fußball, Fußball-Jugend, Kegeln, Eisstockschießen (Asphalt), Tennis, Ski & Wandern, Gymnastik

VfR Regensburg e.V.
Verein: Deggendorfer Str. 21a, 93055 Regensburg, ✆ 0941/792140, info@vfr-regensburg.de, vfr-regensburg.de
Fußball, Ski, Damengymnastik

Volleyball-Freizeitliga
Hans-Jürgen Poschenrieder, Agricolaweg 3, 93049 Regensburg, ✆ 0941/2085729
Volleyball

Waldverein Regensburg - (Sektion des Bayerischen Waldvereins e.V.)
1. Vorsitzender: Dieter Häckl, Holzgartenstr. 35c, 93059 Regensburg, ✆ 0941/43212, dieter.haeckl@freenet.de
Geschäftsstelle: Fidelgasse 11, 93047 Regensburg, ✆ 0941/567282, Fax.: 0941/5865523, waldverein-regensburg@t-online.de,
www.waldverein-regensburg.de
Wandern

Wasserwacht-Ortsgruppe Regensburg
Messerschmittstraße 2b, 93049 Regensburg, ✆ 09 41/2 08 53 06   - Fax: 09 41/2 08 50 06, info@wasserwacht-regensburg.de,
www.wasserwacht-regensburg.de
Rettungsschwimmen, Motorboot, Rettungstauchen

Stadtteil-Highlights

Informationen

www.jugend-regensburg.de:
Unter »Service« finden sich die Stadtteilbroschüren Nord, Sü/Ost und Burgweinting, die die Spiel- und Sportflächen im Detail darstellen.

Die Pflege der Bolzplätze, Basketballplätze, der städtischen Beachvolleyballfelder, der Skaterparks, der Spielplätze und des Dirtparks obliegt dem *Stadtgartenamt*.
Für Anregungen, Fragen und Wünsche in dieser Hinsicht nehmen Sie Kontakt mit dem Stadtgartenamt auf:
Sekretariat: 0941/507-1672

Erklärungen zur Karte: siehe S. 266.

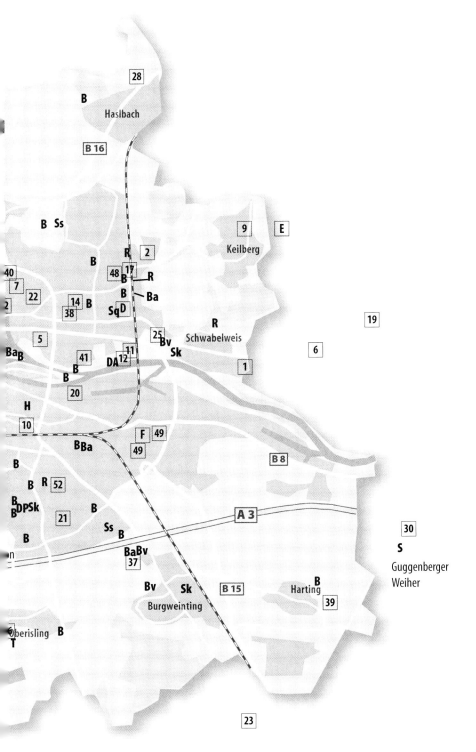

28

B
Haslbach

B 16

B Ss

9   **E**
Keilberg

R   2

40
7   48 **17**
22   **B**   **R**
2   14 **B**   **Ba**
38   **B**
Sq**D**
5   **R**
25   Schwabelweis   19
Ba**B**   **Bv**   6
41   **Sk**
DA**12** **11**   1
B
20

H
10
B Ba   F 49
49
B   B 8
B R 52
B   A 3
B DP Sk   **B**
21
B   **Ss**   30
B
Ba**Bv**   **S**
37   Guggenberger
Weiher
Bv   **Sk**   B 15   **B**
Burgweinting   Harting
39
Oberisling **B**
T

23

Sportanlagen

B	Bolzplatz	**S**	Badeplatz/Schwimmen/
Ba	Basketball		See
Bv	Beachvolleyball	**Sk**	Skateranlage
DA	Donau-Arena*	**Sq**	Squash
DP	Dirtpark*	**Ss**	Sommerstockbahnen
F	Freibad	**T**	Spielplatz mit Tischtennis
H	Hallenbad	**Te**	Tennis
J	Jahnstadion	*siehe unten	
K	Kegeln		
Kw	Kletterwand DAV, Städt. Sport-	7	Sportvereine (Karte auf S. 252/253)
	halle Königswiesen		
R	Rodeln	A	Sportanlagen (Karte auf S. 252/253)

Donau-Arena – Eissporthalle mit multifunktionaler Nutzung
Walhalla Allee 22, 93059 Regensburg, ✆ 0941/601-2988, info@donau-arena.de, www.donau-arena.de

In den Wintermonaten dominieren die Sportveranstaltungen der EVR-Eisbären, des EC Regensburg, der Eisstockschützen etc. Von September bis März bietet die Donau-Arena zusätzlich zu den sonst stattfindenden Veranstaltungen (Konzerte, Messen, Ausstellungen) nachmittags und abends den öffentlichen Eislauf an. Mittwochs und Samstags Abend sorgen eine spezielle Lichtanlage und DJs mit der richtigen Musik für Disco-Stimmung.

Öffentlicher Eislauf: Dienstag – Sonntag 14:30 – 16:30 Uhr, Dienstag – Donnerstag 20 – 22 Uhr, Samstag 19:30 – 22:30 Uhr. Mittwoch und Samstag Abend ist Discolauf.

Dirtpark
info@dirtpark.de, www.dirtpark.de

Die 15 Sprünge für BMX oder Mountainbike. Egal, ob Anfänger oder Profi, den Dirtpark muss man gefahren sein.

Anfahrt:
Unterislinger Weg stadteinwärts, vor Zirngibl-Bau (bei Einmündung Burgunderstr.) links in den Fußweg, nach wenigen hundert Metern linker Hand.

Kids & Jugendliche

Angebote

Sportamt Regensburg

Von-der-Tann-Straße 1, 93047 Regensburg, Leitung: Bernhard Plutz, ✆ 0941/507-1532, Fax: 0941/507-4539, Sportamt@regensburg.de; Postfach 11 06 43, 93019 Regensburg

– Das Sportamt gibt verschiedene Broschüren über Sport für Kinder und Jugendliche heraus. Sportamt Regensburg, Von-der-Tann-Str. 1, Zi, Nr. 103, Tel. 507-1535

– Sportprogramme für Kinder und Jugendliche:

Aus dem Sommerprogramm 2005: Segeln, Klettern, Rudern, Inlineskaten, Tennis, Windsurfen, Mountainbiken, Golf, Basketball, Kanu, Reiten, Bowling, Baseball, Tischtennis.

– Faltblatt: »Sport, Spiel und Fun in Regensburg. Das Angebot für Kinder von 3 – 14 Jahren«

www.regensburg.de/buerger/leben/freizeit/weitereangebote.shtml

Weitere Veranstalter von (Ferien-)Aktionen

www.jugend-regensburg.de

Unter »Service« finden sich die Stadtteilbroschüren Nord, Süd/Ost und Burgweinting, die die Spiel- und Sportflächen im Detail darstellen.

Siehe dazu auch die Karte auf S. 264/265.

Amt für kommunale Jugendarbeit

Ostengasse 29, 93047 Regensburg, ✆ 507-1552, -1554

Ferienaktionen: etwa Bike-Seminar, Regensburger Sportvereine kennen lernen

Die junge vhs
VHS Regensburg

Thon-Dittmer-Palais, Haidplatz 8, Rückgebäude, 93047 Regensburg, 507-2433, Fax 507-4439, service.vhs@regensburg.de, www.vhs-regensburg.de

Sport- und Bewegungskurse für Kinder und Jugendliche: Tanz, Aerobic, Yoga etc.

Katholische Erwachsenenbildung in der Stadt Regensburg e.V

Obermünsterplatz 7, 93047 Regensburg, Telefon 0941/597-2231 und 597-2269, Fax 0941/597-2215, info@keb-regensburg-stadt.de, www.keb-regensburg-stadt.de

Vor allem Bewegungsangebot für Tanz

Vereine

Viele Vereine bieten Schnupperkurse an, die den Kindern den Einstieg in eine Sportart spielerisch vermitteln sollen. Informieren Sie sich beim Verein Ihrer Wahl entweder über die homepage oder rufen Sie an.

Fitnessstudios

Bieten Kinderbetreuung an, damit Mama und Papa ungestört traiinieren können. Da die Geräte erst ab einer gewissen Körpergröße benutzt werden können, beträgt bei vielen Studios das Mindestalter 14 Jahre.

Einige Studios bieten gesonderte Kurse für Kinder an.

Vereine mit Sportangebot für Kinder und Jugendliche

1 1. Athleten-Club Regensburg 1965 e.V., Geschäftsstelle Frobenius-Forster-Str. 1a

2 **Ball-Spiel-Club Regensburg; Sportheim BSC, Haidhofweg 3**

3 **Billard-Club 1926 Regensburg e.V.; Billardcafé, Schottenstr. 4**

4 **1. Bowling-Verein 1968 e.V. Regensburg; Golden Bowl/Bowling-Center, Dr. Gessler-Str. 2**

   Super Bowl, Im Gewerbepark 24
5 Galaxy Gym e.V., Günzstr. 4

6 **Budokan Regensburg; Fitnessstudio Bodystyle, Tegernheim**

7 **DJK Nord Regensburg e.V.; Sportgelände Amberger Straße (Am Regen)**

8 **DJK Sportbund Regensburg e.V.; Sportgelände, Weinmannstr. 3**

9 **DJK SV Keilberg Regensburg e.V.; Sportgelände Alfons-Sigl-Str.**

10 **Deutscher Alpenverein - Sektion Regensburg; Geschäftsstelle, Luitpoldstr.**

11 **Eissportclub Regensburg; Donau-Arena, Walhalla Allee**

12 **Eissportverein Regensburg e.V.; Donau-Arena, Walhalla Allee**

13 **ESV 1927 Regensburg e.V.; Geschäftsstelle, Dechbettener Brücke 2**

14 **Fechtclub; Städt. Sporthalle Nord, Isarstr. 24**

15 **Freier Turn- und Sportverein Regensburg e.V.; Geschäftsstelle, An der Schillerwiese 2**

16 **FSV Regensburg-Prüfening; Geschäftsstelle, Am Pflanzgarten**

17 Gleitschirmclub Ratisbona e.V.; Geschäftsstelle, Graudenzer Str. 2a
18 Golfclub Regensburg Sinzing am Minoritenhof e.V., Golfplatz Sinzing
19 Golf-und Landclub Regensburg; Golfanlage Thiergarten
20 Inline- und Speedskating-Club; Geschäftsstelle, Donaulände 7
21 Karate-Zentrum; Dahlienweg 4
22 Leichtathletik-Gemeinschaft Domspitznilch Regensburg; Geschäftsstelle, Arberstraße 25
23 Luftsportverein Regensburg e.V.; Geschäftsstelle, Obertraubling
24 Regensburger Kanu-Club; An der Schillerwiese 4
25 Regensburger Legionäre; Armin-Wolf-Arena, Donaustaufer Straße 260

26 **Regensburger Ruder-Klub von 1890**

e.V.; Ruderzentrum, Messerschmidtstraße2

27 **Regensburger Turnerschaft e.V.; Geschäftsstelle, Schopperplatz 6**

28 **RCR - Reitclub Regensburg e.V.; Reitanlage Haslbach**

29 Reitsportverein Regensburg e.V.; Reitanlage Bruckdörf

30 **Segelsportgemeinschaft Regensburg; Vereinsheim am Guggenberger Weiher**

31 **SG Post/Süd; Geschäftsstelle, Kaulbachweg 31**

32 **SG Walhalla; Geschäftsstelle, Am Holzhof 1**

33 Sport-Kegler-Verein Regensburg; Dechbettener Straße 50

34 **SpVgg Ziegetsdorf; Sportgelände, Ziegetsdorfer Str. 50**

35 SSV Jahn von 1889 e.V. Regensburg; Geschäftsstelle, Prüfeninger Str. 57a

36 **SSV Jahn 2000 Regensburg e.V.; Geschäftsstelle, Prüfeninger Straße 57a**

37 **SV Burgweinting; Geschäftsstelle, Kirchfeldallee 4**

38 **SV Fortuna Regensburg, Sportgelände, Isarstr. 24**

39 **SV Harting; Sportgelände, Kreuzhofstraße**

40 **SV Sallern Regensburg; Sportgelände, Sattelbogener Straße**

41 SV Weichs Regensburg e.V.; Sportplatz
42 Taekwondo Schule Song Kumpfmühl; Kumpfmühler Str. 49

43 **Tanzclub Blau-Gold Regensburg e.V.; Geschäftsstelle, Puricellistraße 11**

44 **TC Rot-Blau Regensburg; Tenniscenter, Dürerstraße 3**

45 **TSV Kareth- Lappersdorf; Sportzentrum, Am Sportzentrum 1/Lappersdorf**

46 **TSV Oberisling, Tennisanlage Oberisling**

47 Veloclub Ratisbona Geschäftsstelle/Vereinsheim Ziegetsdorfer Str. 46 a

48 **VfB Regensburg e.V.; Geschäftsstelle, Aussiger Straße 22**

49 **VfR Regensburg e.V.; Trainingsgelände, Deggendorfer Str. 21, Trainingsplatz Ostheim**

50 Waldverein Regensburg, Geschäftsstelle, Fidelgasse 11
51 Wasserwacht - Ortsgruppe Regensburg; Messerschmidtstraße 2

52 **Sportclub Regensburg; Geschäftsstelle, Alfons-Auer-Straße**

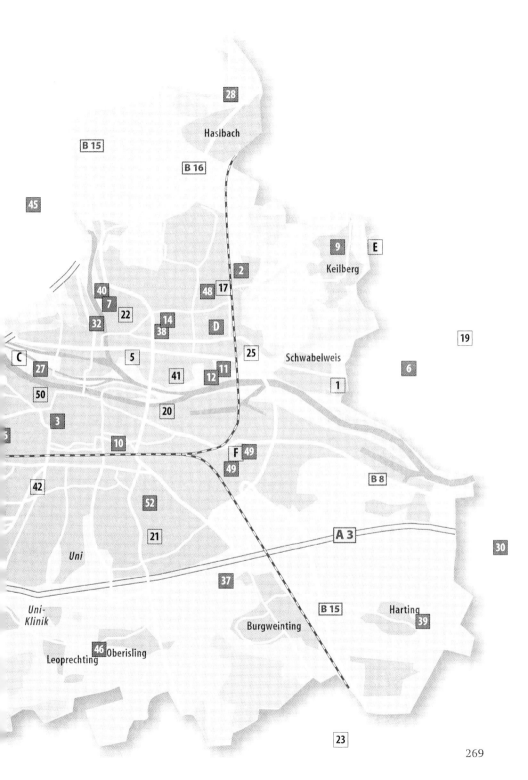

28

Haslbach

B 15

B 16

45

9   E

Keilberg

2

40

7   22

48 17

32

14

38   D

19

C   5

25

Schwabelweis

6

27

41

12 11

1

50

20

3

10

F 49

49

B 8

42

B 15

52

A 3

21

30

37

Uni

Uni-
Klinik

B 15   Harting

39

Burgweinting

46 Oberisling

Leoprechting

23

Nachgefragt bei: Hans Dorfner, Ex-Fußball-Profi und -Nationalspieler, über Jugendfußball

LAS: Ab welchem Alter macht Fußball im Vereinssport für Kinder Sinn?

Hans Dorfner: Ab dem Zeitpunkt, wo es den Kindern Spaß macht. Es sollte nicht zu früh sein, damit sich die Kinder nicht gezwungen fühlen zum Training zu gehen; es sollte auch nicht zu spät sein. Wenn die Lust da ist, sich mit anderen Kindern zu messen, dann ist der Zeitpunkt genau richtig.

LAS: Also, der Impuls sollte von den Kindern ausgehen?

Hans Dorfner: Ja, im Prinzip; allerdings kann ein 5- oder 6-Jähriger nicht entscheiden, ob ihm Sport im Verein gut tut. Einfach mal testen, rausgehen kann man immer wieder. Eine Altersbegrenzung gibt es eigentlich nicht, der Spaß am Sport ist das Wichtigste.

LAS: Wie finden die Eltern oder das Kind den richtigen Verein?

Hans Dorfner: Der ist leider ganz schwierig zu erkennen. Ausschlaggebend ist letztlich wie die Trainer mit den Kindern umgehen; ob der Trainer den Kindern Freude an der Sache vermitteln kann, ob er pädagogisch geschult ist. Das ist leider vielerorts ein Problem, dass die Vereinsarbeit hinterher hinkt, dass es zu wenig ausgebildete Jugendtrainer gibt.

Im Seniorenbereich wird sehr viel bezahlt an Trainer und Übungsleiter. Den Jugendbereich dagegen stellt man eher zurück.

LAS: Woran erkennt man einen guten Jugendtrainer?

Hans Dorfner: Daran, wie er mit den Kindern umgeht. Dass er die richtige Mischung findet zwischen Spaß und Lernen. Das sieht man sehr schnell.

LAS: Wenn also die kids nach Hause kommen und sich auf das nächste Training freuen, dann kann es nicht so verkehrt sein?

Hans Dorfner: Das ist meine Meinung. Auch bei meiner Fußballschule steht der Spaß im Vordergrund. Wenn man »cool« und »geil« und »schön« hört, dann ist das in Ordnung.

LAS: Worauf sollte im Jugendbereich, ab 14, 15 Jahren, der Trainingsschwerpunkt gelegt werden?

Hans Dorfner: Auf Techniktraining und taktische Spielformen. Der Ball sollte im Mittelpunkt stehen, und die Übungen sich um den Ball herum aufbauen. Es ist ja nicht so, dass man unbedingt Kondition bolzt und viele Runden im Training läuft. Wer sich informieren will: Es gibt ja mittlerweile jede Menge Literatur und CDs, womit man ein vernünftiges Training zusammenstellen kann.

LAS: Halten Sie Krafttraining und Grundlagenausdauer, etwa über zusätzliches Lauftraining, für sinnvoll?

Hans Dorfner: Es kommt auf mein Ziel an. Wenn ich mal in der Kreisklasse spielen will, dann brauche ich das nicht. Wenn ich höherklassig spielen will, dann ist Krafttraining wichtig, spezifische Gymnastik, Rückenstabilisierung, Grundlagenausdauer sowieso. Im Verein selber lässt sich das alles bei ein- bis zweimal Training pro Woche kaum unterbringen.

Einen Trainer zeichnet es aus, wenn er die einzelnen Elemente so unterbringt, dass das Training Spaß macht und jeden Einzelnen vorwärtsbringt.

LAS: Welche »Karrieretipps« haben Sie für einen hochtalentierten Jugendlichen?

Hans Dorfner: Die Entscheidungen sind nicht immer einfach. Ich selber bim erst mit 17 vom ASV Undorf, aus der C-Klasse, weggegangen und bin Profi geworden. Jeder sagt, das ist schlecht, man sollte so früh wie möglich zu einem großen Verein wechseln. Das hat alles seine Vor- und Nachteile. Der Vorteil bei mit war, dass ich in der Jugendmannschaft alle Positionen gespielt habe. Bei Spielbeginn war ich im Sturm, habe die Tore geschossen; als wir 2 : 0 oder 3 : 0 vorne waren, bin ich ins Mittelfeld, dann haben wir vielleicht eins bekommen. Und dann bin ich zurück als Libero, damit wir kein Tor mehr kriegen. Dass ich alle Positionen gespielt habe, hat mich stark geprägt und weitergebildet.

Wenn man früher höherklassig wechselt, dann misst man sich halt schon im Training mit gleich Starken. Also. pauschale Empfehlungen zu geben, ist schwierig. Wenn man wechseln will–der Verein sollte nicht nur höherklassig spielen, sondern auch in Training, Betreuung und Umfeld gut sein–, dann frühestens mit 14, 15.

Und dann, wenn man wirklich Talent mitbringt, muss man seine Chance nutzen. Da reicht es dann nicht mehr, zwei- bis dreimal in der Woche zum Training zu gehen. Da muss man auch Einiges für sich selber tun.

LAS: Sie sind den Weg des erfolgreichen Profi-Fußballers gegangen? Würden Sie diesen Weg nochmal einschlagen?

Hans Dorfner: Sofort wieder! Es war eine wunderschöne Zeit, von der ich keine Sekunde missen will. In der Rückschau würde ich, wie jeder, der etwas älter wird, einige Dinge anders angehen: Ich wäre doch noch öfter in den Kraftraum gegangen, hätte mehr für die Technik, und auch mehr für die Gesundheit gemacht, kurzum: Ich wäre einfach intensiver an die Sache herangegangen.

Ich bin viel rumgekommen, habe viel gesehen und auch gutes Geld verdient. Ich habe da jetzt abgeschlossen und einen anderen Lebensabschnitt begonnen. Ich bin jetzt genauso glücklich, aber die Zeit als Fußballprofi ist natürlich unvergesslich.

LAS: Herr Dorfner, vielen Dank für das Intervew.

Sportarten für Kids & Jugendliche bis 14 Jahren

Badminton

DJK Sportbund Regensburg e.V.

✉ Helmut Petz, Roritzerstraße 12, 93047 Regensburg, ✆+Fax 5 46 66, E-Mail: Vorstand@djk-sportbund-regensburg.de, www.djk-sportbund-regensburg.de; Ort: Sporthalle Prüfeninger Straße

SG Post/Süd

✉ Kaulbachweg 31, 93051 Regensburg, ✆ 0941/92052-0 • Fax 0941/92052-15 • feierler@postsued-regensburg.de, www.postsued-regensburg.de; Ort: Sporthalle Königswiesen

Sportclub Regensburg

✉ Geschäftsstelle: Alfons-Auer-Straße 26, 93053 Regensburg, ✆ 0941/70 10 9-11 • Fax 701 09 -13, mail@sportclub-regensburg.de, www.sportclub-regensburg.de; Vors.: Alexander Ochs, Graf-Spee-Str. 22, 93053 Regensburg, ✆ 7040070 Till Froschauer, Mühlhausener Str. 24, 93057 Regensburg, ✆ 61186; Ort: Kerschensteiner Sporthalle

SV Fortuna Regensburg e. V.

✉ 1.Vorsitzender: Dieter Sichert, Ziegenhofstraße 5, 93173 Wenzenbach, ✆ 09407/90060, Fax 0 94 07/9 00 69, Dieter.Sichert@badminton-bezirk-no.de, www.sv-fortuna-regensburg.de; Ort: Nordhalle (Isarstraße)

Baseball

SV Schwabelweis

✉ Geschäftsstelle: Donaustaufer Straße 260, 93055 Regensburg, ✆ 0941/40553, webmaster@sv-schwabelweis.de, www.sv-schwabelweis.de; Vors.: Karlheinz Rohrbach, Fellingerbergstr. 71, 93055 Regensburg, ✆ 0941/40553; Ort: Armin-Wolf-Arena

Basketball

DJK Nord Regensburg e.V.

✉ Geschäftsstelle: Isarstraße 52, 93057 Regenburg, ✆ 0941/400328, Fax: 0941/4672429, webmaster@djk-regensburg-nord.de, www.djk-regensburg-nord.de; Ort: Sallerner Berg, Konradschule

Regensburger Turnerschaft e.V.

✉ Geschäftsstelle: Schopperplatz 6, 93059 Regensburg, ✆ 0941/85389 und 894046, • Fax: 0941 894045, rt-info@t-online.de, www.regensburger-turnerschaft.de; Vors.: Hans-Thomas Raith, ✆ 53537; Fritz Baier, ✆ 09401/4380; Ort: Sporthalle Clermont-Ferrand

SG Post/Süd

✉ Kaulbachweg 31, 93051 Regensburg, ✆ 0941/92052-0 • Fax 0941/92052-15 • feierler@postsued-regensburg.de, www.postsued-regensburg.de; Ort: Sporthalle Königswiesen

Billard

Straight Pool Regensburg 1987 e.V.

✉ 1.Vorsitzender: Robert Hasenthaler, Aussichtsweg 14, 93138 Lappersdorf, ✆ 0171 – 80 65 47 6 Spiellokal: Äußere Wiener Straße 9, 93055 Regensburg, ✆ 171 - 80 65 47 6, info@sp-regensburg.de, www.sp-regensburg.de Ort: Äußere Wiener Straße 9

Billard-Club 1926 Regensburg e.V.

✉ Prof. Dr. Aslanidis Charalampos, Lilienweg 11, 93092 Barbing, ✆ 09401/80532
✉ Postanschrift Verein: Schottenstr. 4, 93047 Regensburg ✆ Fax: 0941/53563 • vorstand@Billardclub-Regensburg.de • www.billardcafe-regensburg.de; Ralf Betz, ✆ 53563, Ort: Schottenstraße 4

Bogenschießen

Bogenschützen Regensburg e.V.

Bruno Held, Lappersdorfer Straße 62, 93059 Regensburg, ✆ 0941/87873
Ort. Sommer: Neuhof, Winter: Sporthalle AAG

Bowling

1. Bowling-Verein 1968 e.V. Regensburg

Richard Spieß, Janusstraße 7, 93051 Regensburg

✆ 0941/96036 o. 0171/3130724 • Fax 0941/947132 • rspiess@t-online.de • www.bv68.de
Ort: Golden Bowl, Königswiesen

Eissport (Eishockey, Eiskunstlauf)

Eissportverein Regensburg e.V.

Geschäftsstelle: Walhalla Allee 22, 93059 Regensburg, ✆ (09 41) 46 72 27 0, Fax (09 41) 46 10 50 50,
eissportverein-regensburg@netzblick.com, www.evregensburg.de
Helmut Gessendorfer, ✆ 4672270 (Stadion), Ort: Donau-Arena, Walhalla Alklee 22

Eissportclub Regensburg e.V.

Büro in der Donau-Arena: ✆ 0941/6987747, Fax 0941/6987748, info@ec-regensburg.de, www.ec-regensburg.de
Ferdinand Dedovich, Paul-Meisinger-Str. 9, 93180 Deuerling, ✆ 6987747; Ort: Donau Arena, Walhalla Allee

Flag Football

Die entschärfte Variante des American Football

Bambini-Mannschaft im Aufbau

ESV 1927 Regensburg e.V.

Geschäftsstelle: Dechbettener Brücke 2, 93051 Regensburg, ✆ 0941/33791, Fax 0941/32533,
info@esv1927-regensburg.de, www.esv1927-regensburg.de;
Vors.: Inge Gerischer, Amselweg 14, 93077 Bad Abbach, ✆ 09405/1371
Kontakt: Petra Herbst, ✆ 09407/810618, www.regensburg-phoenix.de

Fechten

Fechtclub

Igor Soroka, Prüfeninger Straße 79, 93049 Regensburg, ✆ 0941/28639, www.fechtclub-regensburg.de.vu
Training: Städtische Sporthalle Nord, Isarstr. 24, 93053 Regensburg

Faustball

SG Walhalla

Geschäftsstelle: Am Holzhof 1, 93059 Regensburg, ✆ 0941/8 46 20 • info@sg-walhalla.de, www.sg-walhalla.de;
Vors.: Karin Gritsch, Görresstr. 7, 93051 Regensburg, ✆ 0941/99667
Ort: Am Holzhof 1, Städtische Sporthalle Nord, Isarstr. 24, 93053 Regensburg

Fußball

Ball-Spiel-Club Regensburg e.V.

Rudolf Meier, Lusenstraße 13, 93197 Zeitlarn, ✆ 09402/3276
Sportheim BSC Regensburg: Haidhofweg 3, 93055 Regensburg, ✆ 0941/45720 • www.bsc-regensburg.de
Christian Schönsteiner, ✆ 88625, Ort: Haidhofweg 3

DJK Nord Regensburg e.V.

Geschäftsstelle: Isarstraße 52, 93057 Regensburg, ✆ 0941/400328, Fax: 0941/4672429, webmaster@djk-regensburg-nord.de, www.djk-regensburg-nord.de; Ort: Werner-v.-Siemens-Gymnasium, Otterbachweg

DJK SV Keilberg Regensburg e.V.

Geschäftsstelle: Zur Hohen Linie 28, 93055 Regensburg, www.djk-sv-keilberg.de, ✆ 0941/4 80 90
Vors.: Heinz Wegscheid: Alfons-Sigl-Str. 28, 93055 Regensburg-Keilberg, ✆ 47395; Ort: Alfons-Sigl-Straße 28

Freier Turn- und Sportverein Regensburg e.V.

Geschäftsstelle: An der Schillerwiese 2, 93049 Regensburg, ✆ 0941/2 19 71 • info@freier-tus.de, www.freier-tus-regensburg.de; Vors.: Reinhold Faderl, Lilienthalstr. 22, 93049 Regensburg, ✆ 35977; Andreas Steger, Ostpreußenstr. 54, 93057 Regensburg, ✆ 61354, Ort: An der Schillerwiese 7

FSV Regensburg-Prüfening e.V.

Götz Gündel, Kurt-Schumacher-Straße 19 c, 93049 Regensburg, ✆ 0941/34258, webmaster@fsv-pruefening.de, www.fsv-pruefening.de; Ronald Kiefer, Fikentscherstr. 14, 93051 Regensburg, ✆ 97863, Ort: Am Pflanzgarten, Killermannschule

Sportclub Regensburg

Geschäftsstelle: Alfons-Auer-Straße 26, 93053 Regensburg, ✆ 0941/70 10 9-11 • Fax 701 09 -13, mail@sportclub-regensburg.de, www.sportclub-regensburg.de; Vors.: Alexander Ochs, Graf-Spee-Str. 22, 93053 Regensburg, ✆ 7040070
Ort: Alfons-Auer-Straße

SpVgg Stadtamhof

1.Vorstand: Walter Jakomet, Irlinger Weg 5, 93102 Pfatter, ✆ 09481/959430, kontakt@spvgg-stadtamhof.de, www.spvgg-stadtamhof.de; Ewald Müßig, An der Tränke, 93186 Reifenthal, ✆ 4602789, Ort: Städt. Sportanlage Oberer Wöllrd

SG Walhalla

Geschäftsstelle: Am Holzhof 1, 93059 Regensburg, ✆ 0941/8 46 20 • info@sg-walhalla.de, www.sg-walhalla.de; Vors.: Karin Gritsch, Görresstr. 7, 93051 Regensburg, ✆ 0941/99667; Ort: Am Holzhof 1

SpVgg Ziegetsdorf

Günther Dietz, Bernhard-Suttner-Weg 3, 93051 Regensburg, ✆ 0941/993125, www.spvgg-ziegetsdorf.de
Franz Ehlis, Roter-Brach-Weg 71, 92051 Regensburg, ✆ 37799, Ort: Ziegetsdorferstr.

SSV Jahn 2000 Regensburg e.V.

Geschäftsstelle: Prüfeninger Straße 57 a, 93049 Regensburg, ✆ 0941/6983-100 • Fax 0941/6983-122, info@ssv-jahn.de, www.ssv-jahn.de; Vors.: Franz Nerb, ✆ 504-7102; Detlef Staude, ✆ 29799600, Ort: Städt. Sportanlage am Weinweg

SV Burgweinting

SV Burgweinting e.V., Kirchfeldallee 4, 93055 Regensburg, ✆ 0941 7851623, Fax 0941 7851610, info@sv-burgweinting.de, www.sv-burgweinting.de; Johann Zilk, Droste-Hülshof-Weg 18, 93055 Regensburg, ✆ 7000681, Ort: Burgweinting

SV Fortuna Regensburg e.V.

1.Vorsitzender: Dieter Sichert, Ziegenhofstraße 5, 93173 Wenzenbach, ✆ 09407/90060, Fax 0 94 07/9 00 69, Dieter.Sichert@badminton-bezirk-no.de, www.sv-fortuna-regensburg.de; Ort: Sportanlage Isarstraße

SV Harting

Karl Reithmeier, Kreuzhofstraße 15, 93055 Regensburg, ✆ 0941/7060565, www.sv-harting.de
Geschäftsstelle: Wiesenweg 2, 93055 Regensburg; Ort: Sportgelände Harting

SV Sallern Regensburg

1.Vorstand: Hans Otter, Rodingerstrasse 6, 93057 Regensburg, ✆ 0941/63519, Fax: 0941/66694
Geschäftsstelle: Kumpfmühler Straße 8, 93047 Regensburg, ✆ 0941/2803250, Fax: 2803255, www.sv-sallern.de; Hans Mayer, Fluderstr. 35, 93059 Regensburg, ✆ 44233, Ort: Sportplatz Sallern

SV Schwabelweis

Geschäftsstelle: Donaustaufer Straße 260, 93055 Regensburg, ✆ 0941/40553, webmaster@sv-schwabelweis.de, www.sv-schwabelweis.de; Vors.: Karlheinz Rohrbach, Fellingerbergstr. 71, 93055 Regensburg, ✆ 0941/40553

Ort: Sportgelände Schwabelweis

TSV Oberisling
 Vorstand: Werner Schenkel, Weingartenstraße 25, 93053 Regensburg, ✆ 09401/709696, www.tsv-oberisling.de/Home/home.html; Ort: Oberisling

VfB Regensburg e.V
 Geschäftsstelle: Aussiger Straße 22, 93057 Regensburg, ✆ 0941/62682, www.vfb-regensburg.de;
Vors.: Klaus Hauner, Hangstr. 22, 93173 Grünthal;
Klaus Böttcher, Am Thiergarten 13, 93170 Bernhardswald, ✆ 09407/1339, Ort: Aussiger Str.

VfR Regensburg e.V.
 Verein: Deggendorfer Str. 21a, 93055 Regensburg, ✆ 0941/792140, info@vfr-regensburg.de, vfr-regensburg.de
Felix Niebling, Viereimergasse 2, 93047 Regensburg, ✆ 560250, Ort: Plattlinger Str. 7, Sportplatz Ostheim

Handball

DJK Nord Regensburg e.V.
 Geschäftsstelle: Isarstraße 52, 93057 Regenburg, ✆ 0941/400328, Fax: 0941/4672429,
webmaster@djk-regensburg-nord.de, www.djk-regensburg-nord.de; Ort: Werner-v.-Siemens Gymnasium

DJK Sportbund Regensburg e.V.
 Helmut Petz, Roritzerstraße 12, 93047 Regensburg, ✆+Fax 5 46 66, E-Mail: Vorstand@djk-sportbund-regensburg.de,
www.djk-sportbund-regensburg.de; Ort: Kerschensteiner Sporthalle

ESV 1927 Regensburg e.V.
 Geschäftsstelle: Dechbettener Brücke 2, 93051 Regenburg, ✆ 0941/33791, Fax 0941/32533,
info@esv1927-regensburg.de, www.esv1927-regensburg.de;
Vors.: Inge Gerischer, Amselweg 14, 93077 Bad Abbach, ✆ 09405/1371
Dieter Müller, ✆ 91970, Ort: Dechbettener Str. 8

SG Post/Süd
 Kaulbachweg 31, 93051 Regensburg, ✆ 0941/92052-0 • Fax 0941/92052-15 • feierler@postsued-regensburg.de, www.post-sued-regensburg.de; Ort: Sporthalle Königswiesen

Regensburger Turnerschaft e.V.
 Geschäftsstelle: Schopperplatz 6, 93059 Regensburg, ✆ 0941/85389 und 894046, • Fax: 0941 894045, rt-info@t-online.de,
www.regensburger-turnerschaft.de; Vors.: Hans-Thomas Raith, ✆ 53537; Ort: Städt. Sportanlage am Oberen Wöhrd

Sportclub Regensburg
 Geschäftsstelle: Alfons-Auer-Straße 26, 93053 Regensburg, ✆ 0941/70 10 9-11 • Fax 701 09 -13, mail@sportclub-regens-burg.de, www.sportclub-regensburg.de; Vors.: Alexander Ochs, Graf-Spee-Str. 22, 93053 Regensburg, ✆ 7040070
Ort: Alfons-Auer-Str.

Handballgemeinschaft HG Jahn Nord
 Michael Frank, Cecilie-Vogt-Weg 7, 93055 Regensburg, ✆ 0941/7000374, www.hg-regensburg.net.ms
Wilhelm Karsten, ✆ 67473, Ort: Nordhalle, Isarstraße

Judo/Aikido

Budokan Regensburg
 Gerhard Enders, Peter-Rosegger-Straße 3, 93152 Nittendorf; Training: im Fitnessstudio Bodystyle, Dahlienweg 4, 93105 Te-gernheim, ✆ 0171/1254185, webmaster@budokan-regensburg.de, www.budokan-regensburg.de
Franz Stadler, ✆ 4022-512

SG Post/Süd
 Kaulbachweg 31, 93051 Regensburg, ✆ 0941/92052-0 • Fax 0941/92052-15 • feierler@postsued-regensburg.de, www.post-

sued-regensburg.de; Ort: Kaulbachweg

SG Walhalla
Geschäftsstelle: Am Holzhof 1, 93059 Regensburg, ✆ 0941/8 46 20 • info@sg-walhalla.de, www.sg-walhalla.de;
Vors.: Karin Gritsch, Görresstr. 7, 93051 Regensburg, ✆ 0941/99667; Ort: Am Holzhof 1

SV Fortuna Regensburg e. V.
1. Vorsitzender: Dieter Sichert, Ziegenhofstraße 5, 93173 Wenzenbach, ✆ 09407/90060, Fax 0 94 07/9 00 69,
Dieter.Sichert@badminton-bezirk-no.de, www.sv-fortuna-regensburg.de; Ort: Hans-Herrmann-Schule

Regensburger Turnerschaft e.V.
Geschäftsstelle: Schopperplatz 6, 93059 Regensburg, ✆ 0941/85389 und 894046, • Fax: 0941 894045, rt-info@t-online.de,
www.regensburger-turnerschaft.de; Vors.: Hans-Thomas Raith, ✆ 53537; Ort: Städt. Sporthalle am Oberen Wöhrd

Kanu

Freier Turn- und Sportverein Regensburg e.V.
Geschäftsstelle: An der Schillerwiese 2, 93049 Regensburg, ✆ 0941/2 19 71 • info@freier-tus.de,
www.freier-tus-regensburg.de; Vors.: Reinhold Faderl, Lilienthalstr. 22, 93049 Regensburg, ✆ 35977; Ort: An der Schillerwiese 7

Regensburger Kanu-Club
Martin Heidrich, Eichenstraße 7, 93161 Sinzing, ✆ 0941/31512, Martin.Heidrich@suedzucker.de,
Verein: An der Schillerwiese 4, 93049 Regensburg (Bootshaus), ✆ 0941/26203 (Bootshaus), info@regensburger-kanuclub.de,
www.regensburger-kanu-club.de; Franz Lang, Langer Weg 10, 93055 Regensburg, ✆ 701673, Ort: An der Schillerwiese (ab 12 J.)

Karate

Shorin Ryu KVGG Oberpfalz
Herbert Altendorfer, ✆ 0171/8055506; Ort: Nelkenweg 4

Kartsport

Automobilclub Regensburg e.V. im ADAC
Peter Illmann, Friedrich-Ebert-Straße 9 b, 93051 Regensburg, ✆ 0941/96478 • peter.illmann@t-online.de
Ort: Verkehrsübungsplatz

Kegeln

SG Post/Süd
Kaulbachweg 31, 93051 Regensburg, ✆ 0941/92052-0 • Fax 0941/92052-15 • feierler@postsued-regensburg.de, www.post-sued-regensburg.de; Ort: Kaulbachweg

Sportclub Regensburg
Geschäftsstelle: Alfons-Auer-Straße 26, 93053 Regensburg, ✆ 0941/70 10 9-11 • Fax 701 09 -13, mail@sportclub-regens-burg.de, www.sportclub-regensburg.de; Vors.: Alexander Ochs, Graf-Spee-Str. 22, 93053 Regensburg, ✆ 7040070
Ort: Alfons-Auer-Str.

SG Walhalla
Geschäftsstelle: Am Holzhof 1, 93059 Regensburg, ✆ 0941/8 46 20 • info@sg-walhalla.de, www.sg-walhalla.de;
Vors.: Karin Gritsch, Görresstr. 7, 93051 Regensburg, ✆ 0941/99667; Ort: Am Holzhof 1

VfB Regensburg e.V
Geschäftsstelle: Aussiger Straße 22, 93057 Regensburg, ✆ 0941/62682, www.vfb-regensburg.de;
Vors.: Klaus Hauner, Hangstr. 22, 93173 Grünthal; Ort: Aussiger Str.

Klettern

Deutscher Alpenverein - Sektion Regensburg
Geschäftsstelle: Luitpoldstraße 20, 93047 Regensburg
0941/560159 • Fax 0941/51917 info@alpenverein-regensburg.de, www.alpenverein-regensburg.de
Kleinkindergruppe: Martin Gritsch, ✆ 09403/8925,
Jugend: Anne Reuther, ✆ 0941/598187,
Sportklettergruppe: Stefan Kronschnabl, ✆ 09407/30470
Ort: Sporthalle Königswiesen

Sonstige Anbieter

MEGA Sports
Enrst-Frenzel-Str. 14, 93083 Obertraubling, ✆ 09401/6767, Fax 09401/6666, www.megasports-regensburg.de

Leichtathletik

DJK Nord Regensburg e.V.
Geschäftsstelle: Isarstraße 52, 93057 Regenburg, ✆ 0941/400328, Fax: 0941/4672429,
webmaster@djk-regensburg-nord.de, www.djk-regensburg-nord.de; Ort: Werner-v.-Siemens-Gymnasium, Schwabelweis

DJK Sportbund Regensburg e.V.
Helmut Petz, Roritzerstraße 12, 93047 Regensburg, ✆+Fax 5 46 66, E-Mail: Vorstand@djk-sportbund-regensburg.de,
www.djk-sportbund-regensburg.de; Ort: Weinmannstraße

ESV 1927 Regensburg e.V.
Geschäftsstelle: Dechbettener Brücke 2, 93051 Regenburg, ✆ 0941/33791, Fax 0941/32533,
info@esv1927-regensburg.de, www.esv1927-regensburg.de;
Vors.: Inge Gerischer, Amselweg 14, 93077 Bad Abbach, ✆ 09405/1371Ort: Dechbettener Straße

SG Post/Süd
Kaulbachweg 31, 93051 Regensburg, ✆ 0941/92052-0 • Fax 0941/92052-15 • feierler@postsued-regensburg.de, www.post-sued-regensburg.de; Ort: Kaulbachweg, Von-Müller-Gymnasium

Ski- und Wanderclub 1946 e.V. Regensburg
Franz Obermeier, Ortsstraße 14, 93161 Sinzing-Riegling, ✆ 0941/31110
Vereinsanschrift: Prinz-Rupprecht-Straße 38/III, 93053 Regensburg, www.swc-regensburg.de
Ort: Städt. Sportanlage am Weinweg, Kreuzschule

Reiten

RCR - Reitclub Regensburg e.V.
Vorstand: Rainer Koder, Wiener Straße 18, 93055 Regensburg, ✆ 0941/ 798510 • info@reitclub-regensburg.de, www.reit-club-regensburg.de; Reitanlage Haslbach; Herr Woick, ✆ 67550, Ort: Coburgerstr. 21, Haslbach

Ringen

1. Athleten-Club Regensburg 1965 e.V.
Roland Lehner, Hauptstraße 71 a, 93105 Tegernheim, ✆ 09403/47 76
Vereinsadresse: Frobenius-Forster-Str. 1a, 93055 Regensburg; ac-regensburg@web.de • www.athleten-club.de
Manfred Stadelmayer, Lilienstr. 17, 93173 Wenzenbach, ✆ 09407/30595, Ort: Schule Schwabelweis (ab 6 Jahren)

Rollschuhlaufen/Rollhockey

ESV 1927 Regensburg e.V.
Geschäftsstelle: Dechbettener Brücke 2, 93051 Regenburg, ✆ 0941/33791, Fax 0941/32533,

info@esv1927-regensburg.de, www.esv1927-regensburg.de;
Vors.: Inge Gerischer, Amselweg 14, 93077 Bad Abbach, ℭ 09405/1371
Jutta Wiener, ℭ 91581, Ort: Dechbettenerstraße (ab 3 Jahren)

Rollstuhlsport

SG Behinderte-Nichtbehinderte an der Uni Regensburg

Florian Stangl, Erich-Kästner-Straße 15, 93077 Bad Abbach, ℭ 09405/500470, www.sg-beni.de
Postadresse: SG BeNi, Postfach 100 729, 93007 Regensburg; Ort: Sporthalle Pater-Ruppert-Mayer-Zentrum

Rudern

Regensburger Ruder-Klub von 1890 e.V.

Vorstand: Hans Thumann, Hemauer Str. 5, 93047 Regensburg, ℭ 0941/51454, vorstand@regensburger-ruder
klub.de; Verein: Messerschmittstr. 2/Ost, 93049 Regensburg; ℭ 0941/2 55 14, 2 96 68 15, Fax (09 41) 2 96 68 17,
www.regensburger-ruderklub.de; Achim Meyerdierks, ℭ 891473, Ort: Ruderzentrum Messerschmittstr. 2 (ab 10 Jahren)

Regensburger Ruderverein 1898 e.V.

Helmut Lederer, Kurt-Schumacher-Straße 27, 93049 Regensburg, ℭ 0941/34861
Bootshaus: Messerschmittstr. 2, 93049 Regensburg, ℭ 0941/25826; Christine Pfahler, ^ 33887, Ort: Messerschmittstr. 2

Schach

DJK Nord Regensburg e.V.

Geschäftsstelle: Isarstraße 52, 93057 Regensburg, ℭ 0941/400328, Fax: 0941/4672429,
webmaster@djk-regensburg-nord.de, www.djk-regensburg-nord.de; Ort: Isarstraße 52

Schachclub Bavaria Regensburg von 1881 e.V.

Walter Erhard, Udetstraße 31, 93049 Regensburg, ℭ 0941/83602, 1.vorsitzender@schachclub-bavaria-regensburg.de,
www.schachclub-bavaria-regensburg.de; Jürgen Brassat, Großberger Weg 5, 93080 Pentling, ℭ 99657, Ort: Landshuterstraße

SG Post/Süd

Kaulbachweg 31, 93051 Regensburg, ℭ 0941/92052-0 • Fax 0941/92052-15 • feierler@postsued-regensburg.de, www.post-
sued-regensburg.de; Ort. Kaulbachweg

SV Fortuna Regensburg e.V.

1.Vorsitzender: Dieter Sichert, Ziegenhofstraße 5, 93173 Wenzenbach, ℭ 09407/90060, Fax 0 94 07/9 00 69,
Dieter.Sichert@badminton-bezirk-no.de, www.sv-fortuna-regensburg.de; Ort: Isarstraße

Schwimmen

DJK Sportbund Regensburg e.V.

Helmut Petz, Roritzerstraße 12, 93047 Regensburg, ℭ+Fax 5 46 66, E-Mail: Vorstand@djk-sportbund-regensburg.de,
www.djk-sportbund-regensburg.de; Ort: Westbad

Regensburger Turnerschaft e.V.

Geschäftsstelle: Schopperplatz 6, 93059 Regensburg, ℭ 0941/85389 und 894046, • Fax: 0941 894045, rt-info@t-online.de,
www.regensburger-turnerschaft.de; Vors.: Hans-Thomas Raith, ℭ 53537; Ort: Westbad

Ski- und Wanderclub 1946 e.V. Regensburg

Franz Obermeier, Ortsstraße 14, 93161 Sinzing-Riegling, ℭ 0941/31110
Vereinsanschrift: Prinz-Rupprecht-Straße 38/III, 93053 Regensburg, www.swc-regensburg.de;
Ort: Hallenbad, Gabelbergerstraße

Segeln

Segelclub Ratisbona e.V.

1. Vorstand und Vereinsadresse: Michael Bauer, Geberichstr. 6, 93080 Pentling, ✆ 09405/2200, michael.bauer@scrr.de, www.scrr.de; Vereinsheim am Guggenberger Weiher: ✆ 09401/8677; Ort: Guggenberger See (ab 9 Jahren)

Skisport

DJK Nord Regensburg e.V.

Geschäftsstelle: Isarstraße 52, 93057 Regenburg, ✆ 0941/400328, Fax: 0941/4672429, webmaster@djk-regensburg-nord.de, www.djk-regensburg-nord.de; Ort: Isarstraße 52

DJK SV Keilberg Regensburg e.V.

Geschäftsstelle: Zur Hohen Linie 28, 93055 Regensburg, www.djk-sv-keilberg.de, ✆ 0941/4 80 90 Vors.: Heinz Wegscheid: Alfons-Sigl-Str. 28, 93055 Regensburg-Keilberg, ✆ 47395; Ort: Alfons-Sigl-Str. 28

Freier Turn- und Sportverein Regensburg e.V.

Geschäftsstelle: An der Schillerwiese 2, 93049 Regensburg, ✆ 0941/2 19 71 • info@freier-tus.de, www.freier-tus-regensburg.de; Vors.: Reinhold Faderl, Lilienthalstr. 22, 93049 Regensburg, ✆ 35977

SG Post/Süd

Kaulbachweg 31, 93051 Regensburg, ✆ 0941/92052-0 • Fax 0941/92052-15 • feierler@postsued-regensburg.de, www.postsued-regensburg.de

Skiclub Harting e.V.

Max Solleder, Gartenweg 9, 93055 Regensburg, ✆ 0941/700881

Sportclub Regensburg

Geschäftsstelle: Alfons-Auer-Straße 26, 93053 Regensburg, ✆ 0941/70 10 9-11 • Fax 701 09 -13, mail@sportclub-regens-burg.de, www.sportclub-regensburg.de; Vors.: Alexander Ochs, Graf-Spee-Str. 22, 93053 Regensburg, ✆ 7040070

SG Walhalla

Geschäftsstelle: Am Holzhof 1, 93059 Regensburg, ✆ 0941/8 46 20 • info@sg-walhalla.de, www.sg-walhalla.de; Vors.: Karin Gritsch, Görresstr. 7, 93051 Regensburg, ✆ 0941/99667

Ski- und Wanderclub 1946 e.V. Regensburg

Franz Obermeier, Ortsstraße 14, 93161 Sinzing-Riegling, ✆ 0941/31110 Vereinsanschrift: Prinz-Rupprecht-Straße 38/III, 93053 Regensburg, www.swc-regensburg.de

TSV Oberisling

Vorstand: Werner Schenkel, Weingartenstraße 25, 93053 Regensburg, ✆ 09401/709696, www.tsv-oberisling.de/Home/home.html

VfB Regensburg e.V

Geschäftsstelle: Aussiger Straße 22, 93057 Regensburg, ✆ 0941/62682, www.vfb-regensburg.de; Vors.: Klaus Hauner, Hangstr. 22, 93173 Grünthal

VfR Regensburg e.V.

Verein: Deggendorfer Str. 21a, 93055 Regensburg, ✆ 0941/792140, info@vfr-regensburg.de, vfr-regensburg.de

Squash

Ratisbona Squash Team Regensburg

Dagmar Morasch, Hintere Keilbergstraße 40, 93055 Regensburg, ✆ 0941/6001399, info@bundesliga-squash.de Ort: Im Gewerbepark D 40, Park-Sqash

Taekwondo

Taekwon-Do Sportverein Regensburg e.V.

✉ Johannes Bartelmann, Bergstraße 5, 93138 Lappersdorf, ✆ 0941/9466959 o. 0170/3025314 • j.bartelmann@gmx.de, www.taekwondo-sv-regensburg.de;
Mark Rickhey, Schwandorfer Str. 18, 93059 Regensburg, ✆ 0160/95477143, Ort: Kreuzschule, AAG

Tanzsport/Rock'n Roll

Regensburger Turnerschaft e.V.

✉ Geschäftsstelle: Schopperplatz 6, 93059 Regensburg, ✆ 0941/85389 und 894046, • Fax: 0941 894045, rt-info@t-online.de, www.regensburger-turnerschaft.de; Vors.: Hans-Thomas Raith, ✆ 53537; Ort: Sporthalle Oberer Wöhrd, Bühne

SG Post/Süd

✉ Kaulbachweg 31, 93051 Regensburg, ✆ 0941/92052-0 • Fax 0941/92052-15 • feierler@postsued-regensburg.de, www.postsued-regensburg.de; Ort: Von-Müller-Gymnasium

Sportclub Regensburg

✉ Geschäftsstelle: Alfons-Auer-Straße 26, 93053 Regensburg, ✆ 0941/70 10 9-11 • Fax 701 09 -13, mail@sportclub-regensburg.de, www.sportclub-regensburg.de; Vors.: Alexander Ochs, Graf-Spee-Str. 22, 93053 Regensburg, ✆ 7040070
Ort: Alfons-Auer-Straße

Tanzclub Blau-Gold Regensburg e.V.

✉ Von-Reiner-Str. 22 b, 93053 Regensburg, info@Tanzclub-Blau-Gold.de, www.der-tanzclub.de
Geschäftsstelle und Clubheim: Puricellistraße 11, 93053 Regensburg, ✆ 0941/7040955 • Fax 0941/22030; Ort: Purlcellistr. 11

Tennis

ESV 1927 Regensburg e.V.

✉ Geschäftsstelle: Dechbettener Brücke 2, 93051 Regenburg, ✆ 0941/33791, Fax 0941/32533, info@esv1927-regensburg.de, www.esv1927-regensburg.de;
Vors.: Inge Gerischer, Amselweg 14, 93077 Bad Abbach, ✆ 09405/1371
Martin Hastreiter, ✆ 560322, Ort: Dechbettener Straße

1. Regensburger Tennis-Klub von 1927

✉ Peter Schötz, Postfach 110622, 93019 Regensburg, ✆ 0941/5997222
Brigitte Geuss, ✆ 84417, Ort: Weinweg

Regensburger Turnerschaft e.V.

✉ Geschäftsstelle: Schopperplatz 6, 93059 Regensburg, ✆ 0941/85389 und 894046, • Fax: 0941 894045, rt-info@t-online.de, www.regensburger-turnerschaft.de; Vors.: Hans-Thomas Raith, ✆ 53537

TC Rot-Blau Regensburg e.V.

✉ 1. Vorstand: Dr. Lothar Koniarski, Rosenstr. 12, 93077 Bad Abbach, ✆ 09405/5859 (priv.), 0941/4008111 (gesch.), Fax: 0941/4008197, koniarski@t-online.de; Ort: Dürerstr. 3

SG Post/Süd

✉ Kaulbachweg 31, 93051 Regensburg, ✆ 0941/92052-0 • Fax 0941/92052-15 • feierler@postsued-regensburg.de, www.postsued-regensburg.de; Ort: Kaulbachweg

SG Walhalla

✉ Geschäftsstelle: Am Holzhof 1, 93059 Regensburg, ✆ 0941/8 46 20 • info@sg-walhalla.de, www.sg-walhalla.de; Vors.: Karin Gritsch, Görresstr. 7, 93051 Regensburg, ✆ 0941/99667; Ort: Am Holzhof 1

SV Schwabelweis

✉ Geschäftsstelle: Donaustaufer Straße 260, 93055 Regensburg, ✆ 0941/40553, webmaster@sv-schwabelweis.de, www.sv-schwabelweis.de; Vors.: Karlheinz Rohrbach, Fellingerbergstr. 71, 93055 Regensburg, ✆ 0941/40553
Ort: Sportgelände Schwabelweis

TSV Oberisling

Vorstand: Werner Schenkel, Weingartenstraße 25, 93053 Regensburg, ✆ 09401/709696, www.tsv-oberisling.de/Home/home.html; Ort: Oberisling

VfB Regensburg e.V

Geschäftsstelle: Aussiger Straße 22, 93057 Regensburg, ✆ 0941/62682, www.vfb-regensburg.de; Vors.: Klaus Hauner, Hangstr. 22, 93173 Grünthal Ort: Aussiger Straße

Tischtennis

DJK Sportbund Regensburg e.V.

Helmut Petz, Roritzerstraße 12, 93047 Regensburg, ✆+Fax 5 46 66, E-Mail: Vorstand@djk-sportbund-regensburg.de, www.djk-sportbund-regensburg.de; Ort. Weinmannstraße

SG Post/Süd

Kaulbachweg 31, 93051 Regensburg, ✆ 0941/92052-0 • Fax 0941/92052-15 • feierler@postsued-regensburg.de, www.postsued-regensburg.de; Ort: Kaulbachweg

Sportclub Regensburg

Geschäftsstelle: Alfons-Auer-Straße 26, 93053 Regensburg, ✆ 0941/70 10 9-11 • Fax 701 09 -13, mail@sportclub-regens-burg.de, www.sportclub-regensburg.de; Vors.: Alexander Ochs, Graf-Spee-Str. 22, 93053 Regensburg, ✆ 7040070 Ort: Alfons-Auer-Str.

SV Burgweinting

SV Burgweinting e.V., Kirchfeldallee 4, 93055 Regensburg, ✆ 0941 7851623, Fax 0941 7851610, info@sv-burgweinting.de, www.sv-burgweinting.de; Ort: Schulturnhalle Burgweinting

Turnen/Kinderturnern/Mutter-Kind

DJK Nord Regensburg e.V.

Geschäftsstelle: Isarstraße 52, 93057 Regenburg, ✆ 0941/400328, Fax: 0941/4672429, webmaster@djk-regensburg-nord.de, www.djk-regensburg-nord.de; Ort: Isarstr. 52

DJK SV Keilberg Regensburg e.V.

Geschäftsstelle: Zur Hohen Linie 28, 93055 Regensburg, www.djk-sv-keilberg.de, ✆ 0941/4 80 90 Vors.: Heinz Wegscheid: Alfons-Sigl-Str. 28, 93055 Regensburg-Keilberg, ✆ 47395; Ort: Schule Keilberg

DJK Sportbund Regensburg e.V.

Helmut Petz, Roritzerstraße 12, 93047 Regensburg, ✆+Fax 5 46 66, E-Mail: Vorstand@djk-sportbund-regensburg.de, www.djk-sportbund-regensburg.de; Ort: Pestalozzistraße

ESV 1927 Regensburg e.V.

Geschäftsstelle: Dechbettener Brücke 2, 93051 Regenburg, ✆ 0941/33791, Fax 0941/32533, info@esv1927-regensburg.de, www.esv1927-regensburg.de; Vors.: Inge Gerischer, Amselweg 14, 93077 Bad Abbach, ✆ 09405/1371; Ort. Dechbettener Straße (ab 3 Jahren)

SG Post/Süd

Kaulbachweg 31, 93051 Regensburg, ✆ 0941/92052-0 • Fax 0941/92052-15 • feierler@postsued-regensburg.de, www.postsued-regensburg.de; Ort: Wolfgangschule, Von-Müller-Gymnasium

Skiclub Harting e.V.

Max Solleder, Gartenweg 9, 93055 Regensburg, ✆ 0941/700881; Ort: Schule am Napoleonstein

SG Walhalla

Geschäftsstelle: Am Holzhof 1, 93059 Regensburg, ✆ 0941/8 46 20 • info@sg-walhalla.de, www.sg-walhalla.de; Vors.: Karin Gritsch, Görresstr. 7, 93051 Regensburg, ✆ 0941/99667; Ort: Am Holzhof 1

Sportclub Regensburg

Geschäftsstelle: Alfons-Auer-Straße 26, 93053 Regensburg, ✆ 0941/70 10 9-11 • Fax 701 09 -13, mail@sportclub-regens-burg.de, www.sportclub-regensburg.de; Vors.: Alexander Ochs, Graf-Spee-Str. 22, 93053 Regensburg, ✆ 7040070
Ort: Alfons-Auer-Straße

SV Burgweinting

SV Burgweinting e.V., Kirchfeldallee 4, 93055 Regensburg, ✆ 0941 7851623, Fax 0941 7851610, info@sv-burgweinting.de, www.sv-burgweinting.de; Ort: Schulturnhalle Burgweinting

SV Fortuna Regensburg e. V.

1. Vorsitzender: Dieter Sichert, Ziegenhofstraße 5, 93173 Wenzenbach, ✆ 09407/90060, Fax 0 94 07/9 00 69, Dieter.Sichert@badminton-bezirk-no.de, www.sv-fortuna-regensburg.de; Ort: Städtische Sporthallen

SV Schwabelweis

Geschäftsstelle: Donaustaufer Straße 260, 93055 Regensburg, ✆ 0941/40553, webmaster@sv-schwabelweis.de, www.sv-schwabelweis.de; Vors.: Karlheinz Rohrbach, Fellingerbergstr. 71, 93055 Regensburg, ✆ 0941/40553
Ort: Grundschule Schwabelweis

Ski- und Wanderclub 1946 e.V. Regensburg

Franz Obermeier, Ortsstraße 14, 93161 Sinzing-Riegling, ✆ 0941/31110
Vereinsanschrift: Prinz-Rupprecht-Straße 38/III, 93053 Regensburg, www.swc-regensburg.de
Ort: Kreuzschule, Nonnenplatz, Grundschule Prüfening

TSV Oberisling

Vorstand: Werner Schenkel, Weingartenstraße 25, 93053 Regensburg, ✆ 09401/709696,
www.tsv-oberisling.de/Home/home.html; Ort: Bajuwarenstraße

VfR Regensburg e.V.

Verein: Deggendorfer Str. 21a, 93055 Regensburg, ✆ 0941/792140, info@vfr-regensburg.de, vfr-regensburg.de
Ort. Plattlinger Straße

Volleyball

SV Burgweinting

SV Burgweinting e.V., Kirchfeldallee 4, 93055 Regensburg, ✆ 0941 7851623, Fax 0941 7851610, info@sv-burgweinting.de, www.sv-burgweinting.de; Ort: Schulturnhalle Burgweinting (ab 10 Jahren)

SV Fortuna Regensburg e. V.

1. Vorsitzender: Dieter Sichert, Ziegenhofstraße 5, 93173 Wenzenbach, ✆ 09407/90060, Fax 0 94 07/9 00 69, Dieter.Sichert@badminton-bezirk-no.de, www.sv-fortuna-regensburg.de; Ort: Städtische Sporthallen

Senioren

Infos und Angebote

Sportamt Regensburg

⊡ Von-der-Tann-Straße 1, 93047 Regensburg, Leitung: Bernhard Plutz, ✆ 0941/507-1532, Fax: 0941/507-4539, Sportamt@regensburg.de; ⊡ Postfach 11 06 43, 93019 Regensburg

Faltblatt: »Bewegung, Spiel und Spaß im Alter, Seniorensport in Regensburg« mit Auflistung des Angebots der Regensburger Sportvereine für Senioren

Treffpunkt Seniorenbüro

Kumpfmühler Str. 52a, 93051 Regensburg, ✆ 507-1547, -1549; Fax: 507-4549, www.regensburg.de/buerger/leben/treffpunkt_seniorenbuero

– In der Umgebung: Geführte Wanderungen ganzjährig, Radfahren in der wärmeren Jahrezeit

– Mehrtagesfahrten: Skilanglauf, Skiurlaub, Wandern, Bergwandern, Bergtouren

VHS Regensburg

Thon-Dittmer-Palais, Haidplatz 8, Rückgebäude, 93047 Regensburg, 507-2433, Fax 507-4439, service.vhs@regensburg.de, www.vhs-regensburg.de

Sport- und Bewegungskurse für Senioren

Katholische Erwachsenenbildung in der Stadt Regensburg e.V

Obermünsterplatz 7, 93047 Regensburg, Telefon 0941/597-2231 und 597-2269, Fax 0941/597-2215, info@keb-regensburg-stadt.de, www.keb-regensburg-stadt.de

Verschiedene Angebote für Senioren

Fitnessstudios

Einige Fitness-Studios bieten auch Programme speziell für die ältere Generation an.
Siehe Kapitel »Die top fitnesslocations« auf S. 290 – 294.

Sportarten für Senioren von A – Z

Bowling

1. Bowling-Verein 1968 e. V. Regensburg

✉ Richard Spieß, Janusstraße 7, 93051 Regensburg

✆ 0941/96036 o. 0171/3130724 • Fax 0941/947132 • rspiess@t-online.de • www.bv68.de

Kurt Scharrer, Aussiger Str. 45, 93057 Regensburg, ✆ 63706, Ort: Golden Bowl, Königswiesen

Bewegung für ältere MitbürgerInnen

DJK Nord Regensburg e.V.

✉ Geschäftsstelle: Isarstraße 52, 93057 Regenburg, ✆ 0941/400328, Fax: 0941/4672429,

webmaster@djk-regensburg-nord.de, www.djk-regensburg-nord.de

Erika Ziegler, Altmühlstr. 14, 93059 Regensburg, ✆ 44162, Ort: Isarstr. 52

Gymnastik

DJK Sportbund Regensburg e.V.

✉ Helmut Petz, Roritzerstraße 12, 93047 Regensburg, ✆+Fax 5 46 66, E-Mail: Vorstand@djk-sportbund-regensburg.de,

www.djk-sportbund-regensburg.de; Ort: Weinmannstr., Schule am Napoleonstein

DJK SV Keilberg Regensburg e.V.

✉ Geschäftsstelle: Zur Hohen Linie 28, 93055 Regensburg, www.djk-sv-keilberg.de, ✆ 0941/4 80 90

Vors.: Heinz Wegscheid: Alfons-Sigl-Str. 28, 93055 Regensburg-Keilberg, ✆ 47395

Astrid Brzezina, Keilsteiner Weg 22, 93055 Regensburg, ✆ 46131, Ort: Sportheim, Alfons-Sigl-Straße 28

Kneipp-Verein Regensburg

✉ Dr.-Martin-Luther-Str. 14, 93047 Regensburg,, ✆ 0941/52117, Fax 0941/565163

SG Post/Süd

✉ Kaulbachweg 31, 93051 Regensburg, ✆ 0941/92052-0 • Fax 0941/92052-15 • feierler@postsued-regensburg.de, www.post-sued-regensburg.de; Ort: Kaulbachweg

SV Fortuna Regensburg e. V.

✉ 1.Vorsitzender: Dieter Sichert, Ziegenhofstraße 5, 93173 Wenzenbach, ✆ 09407/90060, Fax 0 94 07/9 00 69,

Dieter.Sichert@badminton-bezirk-no.de, www.sv-fortuna-regensburg.de

Vereinsheim: Isarstr. 85 • 93057 Regensburg, ✆ 0941/40 17 39

Josef Gietl, Sonderburger Str. 3, 93057 Regensburg, ✆ 62986 oder Gerhard Hutzler, ✆ 62720, Ort: Isarstraße

TSV Oberisling

✉ Vorstand: Werner Schenkel, Weingartenstraße 25, 93053 Regensburg, ✆ 09401/709696,

www.tsv-oberisling.de/Home/home.html; Hanni Jehl, ✆ 72968, Ort: Oberisling

Sportclub Regensburg

✉ Geschäftsstelle: Alfons-Auer-Straße 26, 93053 Regensburg, ✆ 0941/70 10 9-11 • Fax 701 09 -13, mail@sportclub-regens-burg.de, www.sportclub-regensburg.de; Vors.: Alexander Ochs, Graf-Spee-Str. 22, 93053 Regensburg, ✆ 7040070

Till Froschauer, Mühlhausener Str. 24, 93057 Regensburg, ✆ 61186, Ort: Alfons-Auer-Straße

Boxen

Regensburger Turnerschaft e.V.

✉ Geschäftsstelle: Schopperplatz 6, 93059 Regensburg, ✆ 0941/85389 und 894046, • Fax: 0941 894045, rt-info@t-online.de,

www.regensburger-turnerschaft.de; Vors.: Hans-Thomas Raith, ✆ 53537; Ludwig Kriechbaum, ✆ 09402/2387

Eistockschießen

Eissportverein Regensburg e.V.
Geschäftsstelle: Walhalla Allee 22, 93059 Regensburg, ℅ (09 41) 46 72 27 0, Fax (09 41) 46 10 50 50, eissportverein-regensburg@netzblick.com, www.evregensburg.de; Helmut Gessendorfer, ℅ 54642 (Stadion), Ort: Donau Arena

SV Fortuna Regensburg e. V.
1. Vorsitzender: Dieter Sichert, Ziegenhofstraße 5, 93173 Wenzenbach, ℅ 09407/90060, Fax 0 94 07/9 00 69, Dieter.Sichert@badminton-bezirk-no.de, www.sv-fortuna-regensburg.de
Vereinsheim: Isarstr. 85 • 93057 Regensburg, ℅ 0941/40 17 39
Josef Gietl, Sonderburger Str. 3, 93057 Regensburg, ℅ 62986 oder Gerhard Hutzler, ℅ 62720
Ort: Donau Arena und Anlage Posenerstraße

SV Schwabelweis
siehe auch ›Regensburg Legionäre‹
Geschäftsstelle: Donaustaufer Straße 260, 93055 Regensburg, ℅ 0941/40553, webmaster@sv-schwabelweis.de, www.sv-schwabelweis.de; Vors.: Karlheinz Rohrbach, Fellingerbergstr. 71, 93055 Regensburg, ℅ 0941/40553
Hugo Rückerl, ℅ 09403/1712, Ort: Sportgelände Schwabelweis

Freizeitprogramme

SG Post/Süd
Kaulbachweg 31, 93051 Regensburg, ℅ 0941/92052-0 • Fax 0941/92052-15 • feierler@postsued-regensburg.de, www.post-sued-regensburg.de; Ort: Kaulbachweg

SV Fortuna Regensburg e. V.
1. Vorsitzender: Dieter Sichert, Ziegenhofstraße 5, 93173 Wenzenbach, ℅ 09407/90060, Fax 0 94 07/9 00 69, Dieter.Sichert@badminton-bezirk-no.de, www.sv-fortuna-regensburg.de
Vereinsheim: Isarstr. 85 • 93057 Regensburg, ℅ 0941/40 17 39
Josef Gietl, Sonderburger Str. 3, 93057 Regensburg, ℅ 62986 oder Gerhard Hutzler, ℅ 62720; Ort: Isarstraße

ESV 1927 Regensburg e.V.
Geschäftsstelle: Dechbettener Brücke 2, 93051 Regenburg, ℅ 0941/33791, Fax 0941/32533, info@esv1927-regensburg.de, www.esv1927-regensburg.de;
Vors.: Inge Gerischer, Amselweg 14, 93077 Bad Abbach, ℅ 09405/1371; Ort: Sportheim, Kirchmeier-Straße

Gesundheitssport

SG Post/Süd
Kaulbachweg 31, 93051 Regensburg, ℅ 0941/92052-0 • Fax 0941/92052-15 • feierler@postsued-regensburg.de, www.post-sued-regensburg.de; Ort: Kaulbachweg

Handball

Regensburger Turnerschaft e.V.
Geschäftsstelle: Schopperplatz 6, 93059 Regensburg, ℅ 0941/85389 und 894046, • Fax: 0941 894045, rt-info@t-online.de, www.regensburger-turnerschaft.de; Vors.: Hans-Thomas Raith, ℅ 53537; Bruno Fischer, Tel 3077658, Ort: Oberer Wöhrd

Herzsport

Siehe auch »Behindertensport« im Kapitel »Alle Sportarten von A – Z«

Kneipp-Verein Regensburg
Dr.-Martin-Luther-Str. 14, 93047 Regensburg, , ℅ 0941/52117, Fax 0941/565163

SG Post/Süd

✉ Kaulbachweg 31, 93051 Regensburg, ☎ 0941/92052-0 • Fax 0941/92052-15 • feierler@postsued-regensburg.de, www.post-sued-regensburg.de; Ort: Kaulbachweg

Regensburger Turnerschaft e.V.

✉ Geschäftsstelle: Schopperplatz 6, 93059 Regensburg, ☎ 0941/85389 und 894046, • Fax: 0941 894045, rt-info@t-online.de, www.regensburger-turnerschaft.de; Vors.: Hans-Thomas Raith, ☎ 53537

Oskar Friedl, Egglfingerstr. 6, 93096 Köfering, ☎ 09406/958947, Ort: Oberer Wöhrd

Kanu

Regensburger Turnerschaft e.V.

✉ Geschäftsstelle: Schopperplatz 6, 93059 Regensburg, ☎ 0941/85389 und 894046, • Fax: 0941 894045, rt-info@t-online.de, www.regensburger-turnerschaft.de; Vors.: Hans-Thomas Raith, ☎ 53537; Brigitte Rösch, Ort: ObererWöhrd

Kegeln

SG Post/Süd

✉ Kaulbachweg 31, 93051 Regensburg, ☎ 0941/92052-0 • Fax 0941/92052-15 • feierler@postsued-regensburg.de, www.post-sued-regensburg.de; Ort: Kaulbachweg

Regensburger Turnerschaft e.V.

✉ Geschäftsstelle: Schopperplatz 6, 93059 Regensburg, ☎ 0941/85389 und 894046, • Fax: 0941 894045, rt-info@t-online.de, www.regensburger-turnerschaft.de; Vors.: Hans-Thomas Raith, ☎ 53537

Herbert Schmid, Holzgartenstr. 65b, 93059 Regensburg, ☎ 465050, Ort: Oberer Wöhrd

Nordic Walking

Kneipp-Verein Regensburg

✉ Dr.-Martin-Luther-Str. 14, 93047 Regensburg,, ☎ 0941/52117, Fax 0941/565163

Rudern

Regensburger Ruder-Klub von 1890 e.V.

✉ Vorstand: Hans Thumann, Hemauer Str. 5, 93047 Regensburg, ☎ 0941/51454, vorstand@regensburger-ruderklub.de; Verein: Messerschmittstr. 2/Ost, 93049 Regensburg; ☎ 0941/2 55 14, 2 96 68 15, Fax (09 41) 2 96 68 17, www.regensburger-ruderklub.de; Ort: Ruderzentrum, Messerschmittstraße 2

Regensburger Ruderverein 1898 e. V.

✉ Helmut Lederer, Kurt-Schumacher-Straße 27, 93049 Regensburg, ☎ 0941/34861

Bootshaus: Messerschmittstr. 2, 93049 Regensburg, ☎ 0941/25826;

Herbert Conrad, Altmühlstr. 14, 93059 Regensburg, ☎ 42643

Schach

Regensburger Turnerschaft e.V.

✉ Geschäftsstelle: Schopperplatz 6, 93059 Regensburg, ☎ 0941/85389 und 894046, • Fax: 0941 894045, rt-info@t-online.de, www.regensburger-turnerschaft.de; Vors.: Hans-Thomas Raith, ☎ 53537; Dieter Braun, ☎ 891550, Ort: Oberer Wöhrd

Seniorensport

Ski- und Wanderclub 1946 e.V. Regensburg

✉ Franz Obermeier, Ortsstraße 14, 93161 Sinzing-Riegling, ☎ 0941/31110

Vereinsanschrift: Prinz-Rupprecht-Straße 38/III, 93053 Regensburg, www.swc-regensburg.de;
Ort: Prüfeningerstr., Weinweg, Nonnenplatz

Tanzen

Tanzclub Blau-Gold Regensburg e.V.

Von-Reiner-Str. 22b, 93053 Regensburg, info@Tanzclub-Blau-Gold.de, www.der-tanzclub.de
Geschäftsstelle und Clubheim: Puricellistraße 11, 93053 Regensburg, ✆ 0941/7040955 • Fax 0941/22030
Oliver Lamml, ✆ 7040955, Ort: Puricellistr. 11

Tischtennis

SG Post/Süd

Kaulbachweg 31, 93051 Regensburg, ✆ 0941/92052-0 • Fax 0941/92052-15 • feierler@postsued-regensburg.de, www.post-sued-regensburg.de; Ort: Kaulbachweg

Regensburger Turnerschaft e.V.

Geschäftsstelle: Schopperplatz 6, 93059 Regensburg, ✆ 0941/85389 und 894046, • Fax: 0941 894045, rt-info@t-online.de, www.regensburger-turnerschaft.de; Vors.: Hans-Thomas Raith, ✆ 53537; Johann Meister, ✆ 91312, Ort: Oberer Wöhrd

DJK Sportbund Regensburg e.V.

Helmut Petz, Roritzerstraße 12, 93047 Regensburg, ✆+Fax 5 46 66, E-Mail: Vorstand@djk-sportbund-regensburg.de, www.djk-sportbund-regensburg.de; Ort: Weinmannstr., Schule am Napoleonstein

Volleyball

SV Fortuna Regensburg e. V.

1. Vorsitzender: Dieter Sichert, Ziegenhofstraße 5, 93173 Wenzenbach, ✆ 09407/90060, Fax 0 94 07/9 00 69, Dieter.Sichert@badminton-bezirk-no.de, www.sv-fortuna-regensburg.de
Vereinsheim: Isarstr. 85 • 93057 Regensburg, ✆0941/40 17 39
Josef Gietl, Sonderburger Str. 3, 93057 Regensburg, ✆ 62986 oder Gerhard Hutzler, ✆ 62720; Ort: Städtische Sporthallen

Wandern

Deutscher Alpenverein - Sektion Regensburg

Geschäftsstelle: Luitpoldstraße 20, 93047 Regensburg
✆ 0941/560159 • Fax 0941/51917 info@alpenverein-regensburg.de, www.alpenverein-regensburg.de
Ferdinand Hausmann, Böhmerwaldstr. 39, 93105 Tegernheim, ✆ 09403/8755

ESV 1927 Regensburg e.V.

Geschäftsstelle: Dechbettener Brücke 2, 93051 Regenburg, ✆ 0941/33791, Fax 0941/32533,
info@esv1927-regensburg.de, www.esv1927-regensburg.de;
Vors.: Inge Gerischer, Amselweg 14, 93077 Bad Abbach, ✆ 09405/1371; Ort: Sportheim Kirchmeier Straße

Kneipp-Verein Regensburg

Dr.-Martin-Luther-Str. 14, 93047 Regensburg,, ✆ 0941752117, Fax 0941/565163

SV Fortuna Regensburg e. V.

1. Vorsitzender: Dieter Sichert, Ziegenhofstraße 5, 93173 Wenzenbach, ✆ 09407/90060, Fax 0 94 07/9 00 69, Dieter.Sichert@badminton-bezirk-no.de, www.sv-fortuna-regensburg.de
Vereinsheim: Isarstr. 85 • 93057 Regensburg, ✆0941/40 17 39
Josef Gietl, Sonderburger Str. 3, 93057 Regensburg, ✆ 62986 oder Gerhard Hutzler, ✆ 62720

Sonstige Sportanbieter

Uni-Sport

 Sportzentrum der Universität Regensburg
Universitätsstraße 31, 93053 Regensburg, ✆.0941/943 2507, Fax 0941/943 4490, institut.sport@psk.uni-regensburg.de

Hochschulsport
Leitung: AOR Dr. Christoph Kößler, Zi 4012, ✆.943 2523, christoph.koessler@psk.uni-regensburg.de

Behindertensport
AOR Dr. Hans Lobmeyer, Zi 4010, ✆.943 4194

Übersicht
Die aktuellen Programm und Kurse, Preise, Organisation etc. findet man unter:

www-cgi.uni-regensburg.de/Einrichtungen/Sportzentrum/ahs/uebersicht.html

Angebot
Ein dicker Sportbrocken, der nur einen Haken hat: Teilnahmeberechtigt sind nur Studierende und Bedienstete der Universität und der Fachhochschule Regensburg.
An **Facilities** stehen zur Verfügung:
Indoor: Mehrzweckhalle mit Kraftraum, Gymnastikhalle, Spiel- und Sporthalle mit Kletterwand und Boulderanlage, Turnhalle, Schwimmhalle, Sauna
Outdoor: Rasenplatz, Mehrzweckplatz, Sprung- und Stoßanlage, Stadion, Tennisplätze, Faustballplatz

Sportarten (Auswahl, wechselnd von Semester zu Semester)
Aerobic in allen Schattierungen, Aikido, Akrobatik, Autogenes Training, Badminton, Ballett, Basketball, Behindertensport (Fitnessgymnastik, Schwimmen, Tischtennis, Bogenschießen), Bogenschießen, Capoeira, Eishockey, Fechten, Fußball, Hallenhockey, Handball, Jonglieren, Judo, Kajak, Karate, Klettern, Kraft- u. Ausdauertraining, Kung Fu, Lauftreff, Motorbootführerschein See, Orientierungslauf, Rücken und Stretch, Sauna, Schwimmen, Selbstverteidigung, Snowboard, Snowkiten, Sportküstenschifferschein SKS, Taekwondo, Tai Chi, Tanzsport von Ballett bis MTV Dance, Tauchen, Tischtennis, Trampolinturnen, Turnen, Unihockey-Floorball, Volleyball, Yoga

Volkshochschule der Sadt Regensburg

 VHS Regensburg
Thon-Dittmer-Palais, Haidplatz 8, Rückgebäude, 93047 Regensburg, 507-2433, Fax 507-4439, service.vhs@regensburg.de,
www.vhs-regensburg.de

Angebot

Gesundheitsorientierte, von Sommer zu Winter wechselnde Angebote, im gedruckten Programm
(liegt überall in der Stadt aus) oder auf der homepage **www.vhs-regensburg.de** im Bereich »Gesundheit« abrufbar.

Kurse (in Auswahl):

Callanetics, Gymnastik (Fitness-, Fuß-, Rücken-, Tanz-, Senioren-), Nordic Walking, Pilates, Qi Gong,
Selbstverteidigung, Schwimmkurse, Tai Chi, Yoga.

Katholische Erwachsenenbildung in der Stadt Regensburg e.V – KEB

 Katholische Erwachsenenbildung in der Stadt Regensburg e.V
Obermünsterplatz 7, 93047 Regensburg, Telefon 0941/597-2231 und 597-2269, Fax 0941/597-2215,
info@keb-regensburg-stadt.de, www.keb-regensburg-stadt.de

Gesundheits- und fitnessorientiertes Angebot für Familien und die ältere Generation.

Kurse in Auswahl

Fit und beweglich ab 50, Tanz (Hip-Hop-Kurs für Mädchen und Frauen ab 12, Bauchtanz, meditativer
Tanz), verschiedene Gymnastik-Kurse für Frauen, Rückengymnastik, Nordic Walking, Gymnastik für
Senioren, Tai Chi, Qi Gong, Pilates, Yoga

Die top fitnesslocations: Sieben mal fit!

Warum Fitness-Studio?

In Regensburg gibt es eine reiche Fitness-Szene. Vorteil der Fitnessstudios im Vergleich zum Vereinstraining ist, dass sie mehr und modernere Geräte sowie ausgebildeteres Personal vorweisen können. Auch Trendsportarten fassen hier eher Fuß als im organisierten Vereinssport. Die Spannbreite reicht von Fun-Orientierung bis hin zur medizinischen Ausrichtung. In der Regel zahlt mehr, wer mehr und bessere Betreuung haben will. Sauna, Solarium und Ernährungsberatung (meist extra bezahlen) gehören mittlerweile eigentlich zum Standard, bei manchen auch der Wellness-Bereich.

Das Angebot umfasst fast durchgehend neben dem Kraft- und Cardio-Park Kurse mit verschiedenen Schwerpunkten.

Wir haben hier eine Auswahl von Studios im Stadtbereich zusammengestellt, die wir nicht werten, sondern beschreiben wollen. Die eher in medizinischer Richtung tendierenden KIESER und RFZ ist in einem Extra-Kapitel beschrieben (S. 170–177). Aktuelle Angebote und Stundenpläne gibt es auf den homepages.

Frage an die Studio-Betreiber: Warum gibt es eigentlich kein Winter-Abo für die Outdoor-Sportler, vor allem die Radler, so von Oktober an, das im März automatisch ausläuft?

Billiger einsteigen!

Es gibt laufend Sonderaktionen, Rabatte etc., um die Kunden zu gewinnen. Fragen Sie nach!

Viele Studios bieten auch Kurse speziell im Rücken- und Ausdauerbereich an, die von der Krankenkasse bezuschusst werden.

Wer ist wo?

Vom Westen ausgehend im Uhrzeigersinn

1 Injoy
2 Fitness West
3 Fitness Company a Frankenstr. b Bahnhofstr.
4 Swiss Training
5 Boxfit Fitnesscente
6 Reebok Fitness Club
7 inform Frauen Fitness

Injoy Sports- und Wellnessclub

Yorckstr. 20-22, 93055 Regensburg; ✆ 0941/3074144; info@o2club.de; www.injoy-regensburg.de

Selbstverständnis

Für das Selbstverständnis von Injoy spielen eine Rolle: Kundenorientierung, persönliche Atmosphäre, ständige Weiterbildung der Mitarbeiter, höher Qualitätsstandard (TÜV-Zertifikat), Gesundheitsorientierung

Angebot, u. a.

- Workouts mit Betonung auf sanften Methoden wie Yoga und Pilates; mit Anleihen aus verschiedenen Kampfsportarten: Body Combat Ganzkörper-Muskulatur-Workout: Body Pump
- Dazu Aerobic in allen Varianten: Fatburner, Boxing, Salsa, Step
- Pilates
- Themen-Workouts: BauchBeinePo; Rückenfit: Wirbelsäule

Kinderbetreuung

vormittags 3 1/2 und nachmittags 2 Stunden

Besonderheiten

Wellness-Bereich: Ayurveda, Massage/Cycling von leicht bis Berg/Sauerstofftherapie/Firmenfitness

Preis

ab 52 EUR/Monat

Fitness West

Hochweg 89, 93049 Regensburg, ✆ 0941/22505; Fax 0941/270505, team@fitnesswest.de, www.fitnesswest.de

Selbstverständnis

»Familienstudio mit Herz«, auch für die ältere Generation; Persönliche Betreuung

Angebot

- Themen-Workouts: Rückenfit, Wirbelsäule; Ganzkörper, Push it (mit Langhantel), Fatburner, Bauch, Problemzonen
- Dance: MTV Moves, Salsa, Samba
- Pilates
- Spinning
- Stretching
- Step, Body-Step
- Yoga-Essentials

Kinderbetreuung

ja

Besonderheiten

Programm: Fit über 50! Kurs speziell für die Bedürfnisse der älteren Generation

Preise

Um die 50 EUR/Monat; Mitgliedschaft übertragbar.
Mitglied im Deutschen Sportstudio Verband (DSSV): gegen Aufpreis Training in den
600 DSSV-Partnerstudios in Deutschland möglich

 # Fitness Company

Am Europakanal 32/Frankenstr., 93059 Regensburg; ✆ 0941/83057-0, Fax 0941/83057-29
Bahnhofstr. 16, 93047 Regensburg, ✆ 0941/58407-0, Fax 58407-29
www.fitcom.de (page der Fitness Company Deutschland), mit Verweis auf die Regensburger Clubs und deren Angebote

Selbstverständnis

Fitness zu angemessenen Preisen, freundliche Atmosphäre, Betreuungskonzept
»Club-Training«

Angebot

Frankenstr. auf 2400 m²; Bahnhofstr. auf 2000 m²:
Kurse: u. a.
– Aerobic in verschiedenen Varianten (Basic, Energy, Step)
– Themenworkouts: Bauch, BauchBeine Po, Pilates, Yoga, Cycling, Fatburner, Fit-
Bo (Ausdauer mit Kamfsportelementen), Indoor Rowing (Rudergerät), Rücken
– Club-Training: Training in Modulen: Gewichtsreduktion, Gewichtsaufbau, Wir-
belsäule, Arme, Beine, Knie, Oberkörper, BauchBeinePo; Herz-Kreislauf, Fitness
fürs Büro, Body Shaping, Schwangerschaft/Rückbildung, Kids (14-18), Senioren,
Leistungsverbesserung für aktive Sportler.
Gruppentraining: Stretching; Zirkel; Herz-Kreislauf, sportlich ambitioniert

Kinderbetreuung

vormittag und nachmittags jeweils ca. 3 Stunden

Besonderheiten

2 x in Regensburg
ca. 100 x in Deutschland/über 400 x international; gegen Aufpreis Training in den
anderen Studios in Deutschland und international möglich.
Fitcom läuft unter dem Dach der britischen Kette Fitness First.
Clubvideothek (1 Video/DVD pro Tag kostenlos ausleihbar)

Preise

ab 50 EUR/Monat; verschiedene Angebote

Swiss Training

Swiss Training HYBRI Fitness GmbH, Im Gewerbepark D9, 93059 Regensburg, ☏ 0941/4612646, Fax 0941/4612645
www.swiss-training.com (homepage der Franchise-Kette, mit Verweis auf die einzelnen Standorte)

Selbstverständnis

Auf das Herz-Kreislauf-System ausgerichtetes schonendes Training der Muskulatur.
Training nach physiologisch individuellen Gesichtspunkten ausgerichtet.
Der maximale körperliche Nutzen des Kunden steht im Vordergrund

Angebot

– Training nach eigenem System
– Aerobic, mit Elementen aus aktuellen Trends im Thai Boxen, Tai Chi, Yoga, Pilates, Step, BauchBeinePo etc.
– Muskulaturtraining an Geräten, die eher im medizinisch-therapeutischen Bereich verwendet werden. Training der Skelettmuskulatur, der großen und der kleinen Muskelgruppen mit eigenem System.
– Cardio-Training an speziellen Geräten

Kinderbetreuung

keine

Besonderheiten

Franchise-Unternehmen: ca. 30 x im deutschsprachigen Bereich (D, CH, Ö)
Hauptsitz in der Schweiz.

Preise

Jahresabo 299 EUR, all inclusive: Betreuung, Ernährungsberatung, Trainingsplan

Boxfit

Lichtenfelser Str. 12, 93057 Regensburg; ☏ 0941/6400790, Fax 0941/6768, info@boxfit.de, www.boxfit.de

Selbstverständnis

»Das etwas härtere Fitnesscenter
Umfassendes Workout-Programm mit Schwerpunkt auf Box-Fitness

Angebot

– Ganzkörpertraining, orientiert am Boxtraining. Man muss, falls man nicht will, nicht selber in den Ring steigen.
– Sonstiges: Krafttraining, Aerobic, Spinning, Rückenschule, BauchBeinePo
– Kickboxen

Kinderbetreuung

keine

Besonderheiten

richtet auch verschiedentliche Amateur-Boxmeisterschaften aus

Preise:

auf Anfrage

Reebok Fitness Club

Langobardenstr. 2, 93053 Regensburg, Hotline 0800-0941-007, ✆ 0941/70860-10, Fax 0941/70860-11
info@reebok-fitnessclub-regensburg.de, www.regensburg-fitness.de

Selbstverständnis

Rundum-Fitness, Beratung, Gesundheitscheck und Ernährungsberatung

Angebot

– Kurse zu Fatburning, BBP, Bauch, Rücken, Cycling Salsa, Step, Dance, PILATES, Box-FITNESS, Martial Arts
– Kraftgeräte, Cardiogeräte mit Betonung auf Laufband
– Ernährungsberatung

Kinderbetreuung

fast täglich v;ormittags und nachmittagss je etwa 3 Stunden

Besonderheiten

Großer Laufband-Park

Preise

ab ca. 9, 90 EUR/Woche

inform Frauen Fitness

Kumpfmühler Str. 8 a, 93047 Regensburg, ✆ F 0941/27363, www.inform-frauen-fitness.de

Selbstverständnis

Gymnastik und Tanz für die Frau

Angebot

– Kurse: Step, BauchBeinePo, Rücken, Fatburner, Pilates, Yoga, Bike
– Kinder: HipHop ab 13, Kinderjazz, Kindertanz ab 5
– Ernährungsberatung, individuelle Betreuung,

Kinderbetreuung

ja, nur vormittags

Besonderheiten

nur für Frauen; nur vormittags geöffnet,
Geräte auf die Bedürfnisse von Frauen ausgerichtet
Effective Circle: Zirkeltraining in der Gruppe
Wellness-Nacht: Pretty Women

Preise

ab 22 EUR/Monat

Sportveranstaltungen in Regensburg

Info im Internet
www.regensburg.de/buerger/leben/sport
Dort den »Sportkalender« anklicken

 Sportamt Regensburg
Von-der-Tann-Straße 1, 93047 Regensburg, Leitung: Bernhard Plutz, ✆ 0941/507-1532, Fax: 0941/507-4539,
Sportamt@regensburg.de
Der »Sportkalender« ist als Faltblatt auch beim Sportamt erhältlich.

www.reg-dich.de
Bereich »events«

www.regensburg.de/veranstaltungen/index.php
Dort den Bereich »Sport« mit gewünschter Datumseingabe wählen

Veranstaltungen, die sich über die Jahre hinweg bewährt haben

Monat	Veranstaltung	Veranstalter	Info
April	Burgweintinger Nepallauf	Sportverein Burgweinting e.V.	Walking + Nordic Walking; 5 km/ Kinderlauf/10 km; www.nepal-lauf.de
April/Mai	Internationales Saisonanschwimmen auf der Donau	DLRG - Deutsche Lebens-Rettungs-Gesellschaft, Ortsverband Regensburg Wöhrdstraße 61, 93059 Regensburg, Vors.: Werner Kammermeier, Tel. 0941/52699, Fax 0941/52619, info@regensburg.dlrg.de	meist von der Staustufe Pfaffenstein unter der Steinernen Brücke durch bis Schwabelweis Info und Anmeldung: www.dlrg.de/Gliederung/ Bayern/Oberpfalz/Regensburg/anschwimmen.html
Mai	Regensburg Marathon	LLC Marathon Regensburg e.V, Donaustaufer Straße 120, 93059 Rgbg. Tel. 0941 5 86 28 03, Fax: -02 presse@regensburg-marathon.de www.regensburg-marathon.de	Wochenende nach Christi Himmelfahrt; mit Marathon, Halbmarathon, Speedskating, Nordic Walking Halbmarathon und Rahmenprogramm, wie etwa Frühstückslauf und Minimarathon; wird gerne kombiniert mit Meisterschaften, so etwa 2007 mit den Senioren-Europameisterschaften
Juni/Juli	gong fm Skate Night	Funkhaus Regensburg Lilienthalstr. 3c, 93049 Regensburg Tel. 0941/50 20 7-920, Fax -901	Inlineskaten durch die ganze Stadt, mit Disco am Neupfarrplatz
Juli	Regensburger Altstadtlauf	Bayerischer Landessportverband e.V, Kreis Rgbg; www.blsv-regensburg.de; BLSV-Kreisvorsitzender Matthias Meyer, matthias.meyer@blsv-regensburg.de Tel. 09491/90 21 24, Fax: 09491/903105	Breitensport-Lauf, Walking; schöne Strecke durch die Altstadt und die Parks am Grüngürtel; Start und Ziel: Stadtamhof
Juli	Arber Radmarathon	Veloclub Regensburg www.arberradmarathon.de	Letzter Sonntag im Juli; Mehrere Rad-Strecken von Familie (56 km) bis 250 km mit 3300 Höhenmetern plus MTB-Strecken.
August	Regensburger tyco Triathlon	Regensburger Triathleten (Tristar)	Volksdistanz (500 m Schwimmen, 20 km Rad, 5 km Laufen); Kurzdistanz (1500 m Schwimmen, 40 km Rad, 10 km Laufen)
Oktober	Regensburger Leukämielauf	LLC Marathon Regensburg	Breitensport-Lauf: Kids Running 2,1 km, Mittel: 5,1 km, Lang 10,2 km

Ausblick: Sportarten, die in Regensburg (noch) nicht angeboten werden

Last, but not least:
Diese Liste ist als Anregung für die Zukunft gedacht. Sie umfasst ganz traditionelle Sportarten, aber auch in anderen Ländern verbreitete, oder erst jüngst entstandene, trendige Sportarten.
Vielleicht finden sich Interessenten oder Veranstalter, die die eine oder andere der unten aufgeführten Sportarten mit ins Programm aufnehmen.
Falls Sie eine der Sportarten schon jetzt (heimlich) oder in absehbarer Zeit organisiert ausüben werden, dann lassen Sie es uns wissen!

Afrodance
Afrogymnastik
Armbrustschießen
Beachhandball
Beachsoccer
Beachvolleyball
Bob- und Schlittensport
Böllerschießen
Boogie
Breakdance
Brennball
Bungeejumping
Canyoning
Capoeira
Cricket
Croquet
Curling
Drachenfliegen
Eisschnelllauf
Eisspeedway

Elektro-Rollstuhl-Hockey
Flossenschwimmen
Footbag
Frisbee, Ultimate Frisbee
Fußballtennis
Galopprennen
High-Jumping
Historischer Tanz
Hot Iron
Kitesurfen
Korbball
Korfball
Kunstradfahren
Kyudo
Lacrosse
Moderner Fünfkampf
Polo
Prellball
Radball
Rafting

Rhönradturnen
Ringtennis
Rollstuhlrugby
Schlagball
Schlittenhundesport
Skeleton
Skibobfahren
Snakebordfahren
Snowkiten
Streetball
Streethockey
Synchronschwimmen
Tischeishockey
Trampolinturnen
Trickski
Unihockey (Floorball)
Unterwasserrugby
Wasserball
Wasserspringen (Turmspringen)
Zirkuskünste